全国农学院协同发展联盟
农科学子联合实践行动

U0951339

全国农学院协同发展联盟

ACAD

不忘初心　砥砺前行

走进乡土乡村　助力精准扶贫　系列丛书

Qianmo Zhongxing

阡陌众行

——全国农科学子联合实践行动纪实录

全国农学院协同发展联盟　组编

曲瑛德　主编

中国农业大学出版社
CHINA AGRICULTURAL UNIVERSITY PRESS

内容简介

2015年底，由全国农学院协同发展联盟组织了全国近50所涉农大学的农学院形成了一个全国范围内的以知贫、识贫、述贫、解贫为目标的学生社会实践力量。自2016年起，每年暑期，组织在校大学生组成小分队在指导教师带领下到全国的国家级贫困县对中国的农业、农村、农民即“三农”进行实地调研，近距离地认识、了解贫困，积极开展支农帮学等社会实践活动，助力国家脱贫攻坚战略。本书基于2016年参与实践行动的农科学子对中国贫困农村的认知，得以理性地讲述中国农村的贫困情况，旨在帮助社会公众和广大致力于“三农”服务的学子们对中国农村的贫困有真正的认知。只有认识并懂得了什么是贫困，才能把学到的知识有理有序地运用到扶贫工作中，真正实现精准扶贫。

图书在版编目(CIP)数据

阡陌众行：全国农科学子联合实践行动纪实录/曲瑛德主编.—北京：中国农业大学出版社，2017.10

(不忘初心　砥砺前行　走进乡土乡村　助力精准扶贫　系列丛书)

ISBN 978-7-5655-1912-3

Ⅰ.①阡…　Ⅱ.①曲…　Ⅲ.①农村-扶贫-研究-中国　Ⅳ.①F323.8

中国版本图书馆CIP数据核字(2017)第205357号

书　名　阡陌众行——全国农科学子联合实践行动纪实录

作　者　全国农学院协同发展联盟　组编　　曲瑛德　主编

策划编辑　汪春林　童　云　　**责任编辑**　冯雪梅

封面设计　郑川　　**责任校对**　王晓凤

出版发行　中国农业大学出版社

社　址　北京市海淀区圆明园西路2号　　**邮政编码**　100193

电　话　发行部 010-62818525，8625　　读者服务部 010-62732336

编辑部 010-62732617，2618　　出　版　部 010-62733440

网　址　http://www.caupress.cn　　**E-mail**　cbsszs@cau.edu.cn

经　销　新华书店

印　刷　涿州市星河印刷有限公司

版　次　2017年10月第1版　2017年10月第1次印刷

规　格　787×1 092　16开本　24.25印张　390千字　插页1

定　价　68.00元

图书如有质量问题本社发行部负责调换

丛书编委会

编委会主任：姜沛民

编委会副主任：李召虎　丁艳锋　廖允成　曹凑贵

编委会委员（按照姓氏笔画顺序排列）：

丁艳锋　王化俊　孔令让　石书兵　朱　艳

刘　娜　刘　勇　刘巧泉　刘明久　刘颖慧

严建兵　李召虎　李华平　李金才　李宗仁

李建东　李俊凯　李彦生　吴为人　吴锡冬

何光华　邹德堂　张海清　陈学新　陈景堂

邵玺文　林　琪　林同保　郁松林　金危危

周　培　单卫星　赵　致　侯大斌　姜沛民

都兴林　顾明华　高志强　郭华春　黄玉碧

曹　兵　曹凑贵　章程辉　彭友良　韩振海

廖允成　熊仁次　樊明寿　潘金豹

《阡陌众行》编委会

主　编： 曲瑛德

副主编： 惠安堂　戴廷波　朱正宁　石中泉　胡　迅　衣春生　张展基

编委会委员（按照姓氏笔画顺序排列）：

王　平　王永杰　王德平　牛　奔　石中泉
白江平　毕艳玲　曲瑛德　朱正宁　刘金科
刘持忠　齐　红　衣春生　贠小波　李　超
李海滨　李鲁华　李富生　杨　刚　肖意风
吴锡冬　谷建杰　汪凤莲　初春霖　张永成
张美华　张展基　张银东　阿肯努尔·达那别克
陈书章　苑淑玲　赵子华　赵建明　胡　迅
侯占平　祖智波　袁忠林　郭文善　席丛林
葛志军　惠安堂　童庆满　燕　飞　戴廷波

《阡陌众行》参编人员名单

（按照姓氏笔画顺序排列）

于向国　马　静　王　巩　王　珺　王　彬　王　婷　王永杰

王利立　王曼琳　仇　飞　方凤玲　尹小华　甘敏思　石爱军

申　鸣　包月英　冯　伟　冯　沸　刘　岩　刘　康　刘文晓

刘姝言　刘晓荣　汤瑞瑞　许莹竹　孙　伟　杜　娟　李　超

李亚杰　李轩复　李茂兴　杨　华　杨海岩　吴　均　吴旭静

沙本才　沙爱红　宋　欢　宋岳镇　张　迪　张　涛　张　颖

张玉梅　张红新　张雨婷　张贵礼　张海成　张鑫琳　陈　利

陈宏涛　陈昌霞　林彬彬　欧阳文敏　虎燕子　金　敏　周　霞

周立云　郑中兵　郑龙章　郑纪午　赵宇昕　姜　涛　姜晓春

娄凯皓　徐　丽　殷　美　高　翔　郭　婧　郭　瑞　龚　强

梁　皓　梁佳煦　葛志军　韩　菡　程三宝　焦淑珍　鄢高翔

路建龙　蔡洁琼　薛林月　魏友伯

序

党的十八届五中全会提出，2020年要确保实现全面建成小康社会的奋斗目标，为进一步实现第二个百年奋斗目标、实现中华民族伟大复兴的中国梦奠定更为坚实的基础。2015年底，习近平总书记在中央扶贫开发工作会议上指出，要实现全面建成小康社会，最艰巨的任务就是扶贫攻坚，标志性指标就是农村贫困人口全部脱贫。百年大计，教育为本；扶贫攻坚，教育为先。由此，在党和国家的战略部署下，如何消除贫困，如何改善民生，如何扎根农村、情系乡土乡亲，如何点聚成线、实现精准扶贫，高等院校责无旁贷，农业院校一马当先，农科学子更是使命在肩。

中国农业大学作为我国现代农业高等教育的起源地，有着面向农村、面向农业、面向农民，凝聚人才、智慧与科技的特色与优势；更有着解民生之多艰、育天下之英才，服务国家"三农"事业发展的不懈追求。多年来，学校肩负促进农村繁荣、农业发展、农民富裕的重要责任，积极构建第一课堂与第二课堂的衔接桥梁，开拓大学生思想政治教育新途径，积极探索组织育人和实践育人的新途径。

2015年10月，由中国农业大学农学院发起，倡导成立了"全国农学院协同发展联盟"。联盟的首项任务便是团结凝聚全国农学院形成一个聚焦全国贫困县脱贫摘帽、助力扶贫攻坚为主要目标的师生联合体，汇聚了一支心中有阳光、脚下有力量的庞大队伍。2016年，联盟启动实施了"全国农科学子联合实践行动"，以"走进乡土乡村，助力精准扶贫"为主题，通过帮学支教、支农增收，精准帮扶、持续帮扶等，切实解决农村地区贫困问题，并将在“十三五”期间连续五年持续实施该行动计划。这体现了全国农科高校师生勇于担当、甘于奉献、教育济民、支农报国的拳拳赤子之心，更吹响了全国农科学子积极投身和助力国家脱贫攻坚战略部署的冲锋号角。联盟院校以开放共享之心，凝聚校际协同合作之力，心系家国天下、忧患贫苦苍生，勇挑助力党和国家脱贫攻坚、精准扶贫战略的重任。联合行动以实践育人之基，拓展大学生思想政治教育之第二课堂，搭建走进乡土乡村、心系乡音乡愁、情牵乡亲乡民的长期可持续的社会实践平台。农科学子以支农报国之情，行勤学力行、知行合一之事，在深入农村、服务人民的过程中磨砺意志、增长才干。

《不忘初心　砥砺前行——走进乡土乡村，助力精准扶贫》系列丛书是对“全国农科学子联合实践行动”的纪实，也是走进乡土农村、揭开贫地面纱、讲述扶贫故事、指导高校特别是农科院校师生助贫实践工作的参考用书。我殷切期望在党的“十九大”精神指引下，能够凝聚更多农林高校和其他高等院校，协同发力、持续发力、精准发力，紧密围绕立德树人的根本任务，聚焦精准扶贫主题，为国家脱贫攻坚工程献才智、做实事、创实效。我也更加祝愿和期待此系列丛书能够触动和激励更多青年人，积极投身于解决国家“三农”问题这一生动而伟大的实践中，成为可堪大用、能担重任的栋梁之材！期望参与这项伟大事业的莘莘学子能够自觉将个人的成长与祖国和人民的需要紧密联系起来，把个人的发展与社会的发展建设紧密结合起来，将个人的成长梦、成才梦融入到中华民族伟大复兴的中国梦之中。

谨此序，以恭读者。

姜沛民

2017 年 10 月

前言

2016年的暑假，在中国的21个省（自治区）、115个贫困县、207个贫困村，在夏日的艳阳下，街头巷尾、张家李户……，阡陌之上，行走着一群群朝气蓬勃的年轻学子。他们或立村头拉着老乡席地攀谈，或入家中对贫困户访谈调研，或伴孤寡老人聊家长里短，或携留守儿童共喜笑开颜。帮学支教、访贫支农、查虫看苗、洗衣做饭打猪草……这些青年人就是来自全国43所涉农大学45个农学院的农科学子们。年轻的他们正在成就一桩未来可能在他们青春记忆中留下最浓墨重彩一笔的事业——“走进乡土乡村，助力精准扶贫”全国农科学子联合实践行动。此刻呈现在您面前的《阡陌众行》，就是2016年全国农科学子走进乡土乡村、行于阡陌之间、感知乡音乡愁、助力乡亲乡民的纪实录。

2016年五四青年节期间，主题为“走进乡土乡村，助力精准扶贫”的全国农科学子联合实践行动启动仪式在中国农业大学召开，昭示全国农科学子助力精准扶贫的序幕正式开启。本项行动被列入中宣部、中央文明办、教育部、共青团中央和全国学联等五部委下发的三下乡文件中九个专项行动之首。此后的七至八月，由两千余名师生直接参与、上万余名师生间接参与的联合实践行动在全国陆续展开，联合实践行动取得了丰硕成果。全国203支实践小队每支小队都完成了一份实践总结和调研报告，队员撰写的实践日志和图片记录等已结集成册。全国共回收由扶贫专家所设计的农户级有效问卷3666份，村级有效问卷119份。调研将持续五年，以连续数据来分析和反映精准扶贫情况和成效。本书的内容即根据实践队员的调研日志、心得感想和工作思考等相关材料精选而成。

不同于以往常规的大学生社会实践，本次联合实践行动从一开始就进行了充分的顶层设计。第一，强调共同遵循的五个原则和理念：开放联合、共享平台；增强合作、协同发展；潜心调研、深入实践；问题导向、设问解问；责任担当、奉献成才。第二，形成全国统一的联合组织体系。在全国农学院协同发展联盟秘书处的统一协调组织下，全国分为华北、东北、西北、华中、华东、华南和西南七个片区，每个片区均有一个学校作为组长单位，统筹片区内高校的联合实践工作。第三，重视实践行动的联合实质。除全国联合、区域联合外，还倡导"教研本"三位一体的师生联合，即形成一支专业教师带队指导、辅导员老师直接组织、本硕博学生积极参与的联合队伍。第四，保障行动的持续性和连续性。联合实践行动启动初，即按中央确定的脱贫攻坚期统一部署，将贯穿整个"十三五"期间。为此，联盟要求实践小队、专家、组织单位与农户建立联系，以"一个组织联系一个村"、"一个队员联系一个儿童"的方式进行精准帮扶；要求实践队员与农户建立感情，鼓励小队队员成为贫困户的"家庭一员"、贫困儿童的"兄弟姐妹"，实现"组织＋村＋农户"的点对点精准帮扶，并通过组织保障实现"薪火相传、爱心接力"。最后，固化"两学一做"学习教育的常态化和制度化机制。联合实践行动要求联盟各学院党委书记领导和主抓此项工作，院长带领教师组成专业指导团队积极参与行动。在此基础上，积极倡导"三带"模式，即党建带团建、党支部带团支部、党员带团员，从而初步实现了以组织育人带动实践育人的有效衔接和机制融合。

联合实践行动实施以来得到了教育部、国务院扶贫办、团中央、中国科协、全国妇联、北京市等上级领导机关相关部门的高度重视与关怀，得到了中国扶贫基金会和黑土麦田等社会公益组织的真诚帮助与合作，也得到了联盟各校领导和相关部门的大力支持与协助。同时，本书的顺利出版还得到了中国农业大学出版社领导和编辑们的鼎力相助。对此我们表示最诚挚的感谢！

建议本书作为教育系统实践育人的参考用书，也可供有意了解并参与精准扶贫的研究者和热心读者参阅，更欢迎一切热心公益、关爱青年成长、关心“三农”问题的读者赐阅。唯愿广大青年读者借由此书唤醒我们曾经共同的青春梦想与记忆，不忘初心，方得始终！让我们在党的“十九大”精神的指引下，牢固树立“四个意识”、恒久坚定“四个自信”、始终践行“四个服务”，共同为实现中华民族伟大复兴的中国梦而携手奋进、砥砺前行！

书中难免有不当错漏之处，请读者朋友批评斧正！

曲瑛德

2017年10月

目录
CONTENTS

西北大地 / 245

天山青松根连根，

各族人民心连心，

全面小康从来都是56个民族的2020愿景，

精准扶贫亦是一条众志成城的必经之路，

一如朝圣，

途中各族人民上演着一部部文化大戏、情感大戏。

华北大地

被称为中国“开眼看世界第一人”的魏源，硬是用铿锵的文字拽醒了东方“睡狮”，一个甲子弹指一挥间。

没有现实的正视，勿论发展，更勿论革新。

远赴乡野，认识国家存在的贫富差距问题，行青年学子力所能及之事，踏实行路。我们想，生命的底色大概就是泥土的颜色。

聚焦三农　精准扶贫

——北京农学院 2016 年暑期社会实践纪实

忆初心　忆旅途　话前进

2016 年盛夏，一支由农科学子及老师组成的社会实践团队由北京乘车赴河北省承德市丰宁满族自治县，看着窗外风光流逝，队员们的心情愈发激动，迫不及待地带着自己的专业素养和一颗赤诚的扶贫之心去为贫困百姓做贡献，为精准

岔沟门帮扶留念大合照　于璐佳 摄

扶贫奉献一份力量。

所谓精准扶贫，是指针对不同贫困区域环境、不同贫困农户状况，运用科学有效程序对扶贫对象实施精确识别、精确帮扶、精确管理的治贫方式。十八届五中全会提出到 2020 年要实现确保全面建成小康社会的奋斗目标，把精准扶贫、精准脱贫作为基本方略，坚持精准帮扶与集中连片特殊困难地区开发紧密结合，举全党全社会之力，坚决打赢脱贫攻坚战。作为农科学子面对这样的宏伟目标深知责任重大，认识到只有到实践中去、到基层中去，加强自身培养，服务国家脱贫攻坚战略，把个人的命运同社会、同国家的命运联系起来，才是青年成长成才的正确之路。于是我们成立精准扶贫实践团开展以“走进乡土乡村，助力精准扶贫”为主题的学生社会实践活动，走进国家扶贫工作重点县和集中连片贫困区的村庄社区，以建立联系、找准问题、精准帮扶、长期相助为原则入户调查研究。通过社会实践调研，我们更加深入地了解农村贫困现状，从而更加准确地找到解决农村贫困问题的关键点。

实践期间，实践团走访了四个贫困村，完成调研有效问卷 153 份，其中村级问卷包含问题 185 道，农户问卷包含问题 204 道，精准扶贫专项问卷包含问题 83 道。实地调研过程让我们每一位实践团成员意识到了自己一点一滴的努力都可能会为贫困农户的生活改善带去一丝希望，于是我们更加明确自己的专业责任，更加努力让“精准扶贫”成为一种脚踏实地的行动。

道阻且长　行则将至

抵达丰宁，远离城市的喧嚣。乡村，路，旷野和天空，令人心旷神怡。

为了更加贴近百姓，我们选取了一所当地小学作为住宿地。小学只有几间平房教室和一个小型操场，没有澡堂，只有一间小水房，清晨团员们轮流洗漱。厕所是卫生条件并不乐观的旱厕，这对于一些我们从小生活在城市的孩子来说无疑是一个考验。三餐我们则借用小学食堂自己解决，从买菜到做饭，从小到大第一次体会到完全靠自己的感觉。

7 月 17 日，实践团开始了调研的第一站——五道营乡五道营村。我们来到了五道营村的村委会，与村干部对接了解了村子的发展情况，贫困户的评选过程、低保户的确定程序是主要话题，扶贫政策的落实情况也是我们着重了解的问题之一，结束谈话后我们在村公示栏张贴了我们提前准备好的农业知识宣讲海报。其后我们开始进行对本村非贫困户（非建档立卡户）的调研。在对于非贫困户的调研过程中，村民们在农业生产方面提出了很多问题，实践团员充分发挥专业优势，用学过的理论知识耐心解答。第二天，带着前一天积累的经验以及调研技巧，我们对五道营村的贫困户（建档立卡户）展开了调研。调研发现，五道营村虽然交通还算便利，但是就业机会稀缺，所以农户家中青壮年及中年劳力大多外出务工，留守老人现象普遍。其中兰奶奶的故事最让人震撼，奶奶的丈夫是一位老党员，一辈子兢兢业业为国家工作，但在去年患上肝癌不幸于一个月前去世，两个儿子在外面打工，二儿媳妇还患有癌症，接二连三的打击使这个本不富裕的家庭几乎要支撑不住。奶奶说："他们都快把我这个老婆子忘了，没想到你们这群大学生还能来看我，我没有别的需求，只希望村里能把我这房子给修了。"经过与兰奶奶的交流，团员们明白了留守老人的孤苦，也明白了相比于单薄的扶贫资金，一些仍有可用劳动力的家庭更需要的是产业扶持。奶奶的话说得我们揪心，不少团员落了泪。我们深深地意识到自己身上背负的重要责任，更加努力地搜集村中农户的生活情况并整理问题反映上去，争取为村民解决更多的问题。

7月19日，实践团队到达社会实践的第二站——波罗诺镇岔沟门村。与五道营村相同，在完成与村干部的简单对接与张贴宣传海报之后，队员们开始分队进行调研。在调研过程中，我们发现了限制此村庄发展的一些显著问题。该村庄布局分散，农户依山而住，危房居多，山路交通极其不便，即使是我们这帮年轻气壮的年轻人在坐车攀爬那陡峭的山路的时候，都不由得紧张几分，农田水利等基础设施严重不足，农民困居在山里，只能经营自己家门口的几亩地，而水利设施十分落后，基本上是靠天吃饭；医疗教育等社会事业发展滞后，导致贫困户占的比例大，整个村庄的发展情况不容乐观。而令人欣慰的是，在这个物质条件严重受限的村庄，有一心为村民服务的村干部们。该村在建四个合作社，均有效地拉动了贫困家庭的经济发展，各种扶贫政策也都在有规律地进行中。我想，正是因为这个村庄村干部的努力，村民团结脱贫的决心，每个人都有了强大的精神支撑，所以脱贫不仅仅是物质上的脱贫，更应该是精神上的脱贫！"等、靠、要"思想不破除，精准扶贫、精准脱贫目标就不可能如期实现。贫困户不能一味地依赖国家政策以及各种补贴，应该努力地发展自己的产业或挖掘自己的优势，在各种政策的支持下，让自己能够稳定地脱贫。

7月20日，本就阴沉的天气突然变得更加恶劣，但冰冷的雨并没有浇灭团员心中的调研热情，颠簸在崎岖山路上，向着调研的第三站——汤河乡汤河村前进。调研过程中，孙老爷爷理解我们活动的目的是为了帮助村子脱贫之后，他那充满希望的眼神让团员们感动；因为看到张老爷爷的家境困难，所以团员们在送上种子之余，还送了一箱饼干，老爷爷当时眼里就泛起泪光，甚至要下跪感激。团员们简单的心意却能让爷爷如此感恩！一个眼神，一声感谢，就是因为这实践中的一点一滴，给了我们在前进道路上的无限动力。中午，团员们挤在不到12平方米的车中，向小卖部借热水泡面，即使天气再寒冷，但因为有团员的陪伴，有一群一起努力做事的朋友，像一家人一样，心里也是暖的。

7月21日，雨没有停，实践团到达第四站——汤河乡大草坪村。然而，此村的农户不配合的现象较严重，好像是因为这个村子曾经出现过诈骗现象，百姓们便不太信任陌生人。但是真心为了帮助贫困中的人们，我们挨家挨户地敲门，耐心地解释自己的身份与实践的目的，如果要为整个村子带去希望，不能因为一点苦难就退却。终于，皇天不负有心人，张爷爷家的门为团员们打开了，张爷爷看到被淋湿的孩子们急忙端上热水，团员们抱着杯子，一股暖流涌上心头。在了解了实践团来帮助村庄脱贫却不容易的经历后，热心的张爷爷不顾风雨为大家带路寻找可调研村民，终于我们在张爷爷的帮助下，完成了工作。

经过了对四个村庄的调研，实践团发现每个村庄贫困的主要原因有共性也有不同，意识到脱贫是一个长期而艰巨的任务，于是联系北京农学院植物保护系党支部与当地贫困村庄建立长期扶贫关系。党支部代表表示扶贫是长期性任务，会定期返乡继续调查给予相应帮助，并承诺会有专业人士及时为其解答相应问题，为该村提供种养技术的指导，长期跟进帮扶脱贫。我们也下定决心，身为农业院校学生，应更好地利用自己的专业优势，发挥自身价值，准确运用理论知识，为农民脱贫奉献出自己的一份力量，为精准扶贫贡献自己的一份力量。

精诚所至　金石为开

我们实践团自从抵达调研地后一直井然有序地开展着调研工作，白天走访调研，晚上录入数据，随时发现问题，及时回访。我们不仅对问卷做了问题归类，而且将每份数十张的问卷都做精确的数据统计。希望通过此次调研对于数据的精准分析，可以对当前农村发展状况有一个整体性的监测，充分了解政府扶贫政策，助力贫困农户脱贫。因此，无论任务量多么庞大，无论天气多么恶劣，我们始终都以饱满的热情奋战在扶贫工作中。在调研活动的工作总结会上，我们回忆这些天的调研经历，有许多复杂的情感交织在一起，有对于贫困百姓的心疼，有对于团队成员一起奋斗的知遇之情，更有对于扶贫工作的满腔热血！在工作总结过程中，我们从观点的提出到否定，从问题的表象到深入进行了激烈的讨论。其中，有同学提出应该合理调配大学生，做好高知返乡工作；有同学表示必须重视村民的精神扶贫，帮助村民摒弃安于现状的想法；也有同学强调提高农村的教育水平，及时为村民提供专业的技术指导。经过后期对于数据的处理以及分析，我们发现了几点贫困村发展建设过程中存在的问题：

1. 村干部及贫困户应增强发展意识　提高主动脱贫能力

通过实践团到达实践地村委会，进行初步对接并完成四个村的村级调查问卷的调研数据中了解到，56.7%的贫困村村干部对党和政府扶贫开发的决策部署，政策举措解读不到位，以为精准扶贫就是县、市、省派下的驻村干部的责任，村委会只是配合工作就可以了，个别人没有投注全部心思用在扶贫工作上，脱贫过程进度缓慢，缺乏带领贫困户脱贫的责任感与紧迫感。在深入农户，与村民交流沟通的过程中，实践团了解到多数村民文化素质低、思想保守，把贫穷原因归结到没有拿到贫困户资格没办法享受一系列国家惠民补助，甚至对调研队员说："你们是从北京特意来农村调研的大学生，你们就向上级反映给我安排低保。"这种依赖思想使他们失去了发展的动力，会影响着他们迟迟摘不掉贫困的帽子。

2. 产业扶持实施艰难　扶持政策有待完善

在调研的农户中，很多人都反映相比扶贫资金，更希望的是产业扶持。在问及产业扶持在当前精准扶贫工作中的具体成效时，有36.7%的农户反映政府出台的扶持产业发展政策、对产业规模的要求与贫困户的自身能力，生产水平不相匹配。很多的扶贫资源投向了实施效果相对明显的"大户"身上。据了解，现行的产业奖励扶持政策要求养殖规模较大，显然贫困农户达不到这样的标准，拿不到政府的扶贫支持。而"大户"与贫困户之间利益接轨机制不健全，导致部分扶贫项目最终未能落实到贫困户，解决不了贫困户的根本问题。

3. 农户自身能力素质不高　缺乏致富技能

在四个村的调研中，实践团发现农户中有 32.4%的外出务工人员从事体力输出工作，如建筑工地运输工等，有 41%从事一些技术需求低的低收入工作。之所以农村青壮年外出务工多从事体力且低收入工作，就是因为自身缺乏技术支撑，便没有致富技能。由于没有技术，在工厂做工也只能选取低回报的无需太多技能的工作。低收入的体力性无技能工作解决不了贫困问题，更可能会影响青壮年的技术积累，没有足够的致富技能，造成农村贫困的恶性循环。

4. 基础设施发展落后　滞后脱贫进程

在此次调研中，通往汤河乡汤河村，大草坪村两村的必经道路，雨后路面积水严重，路面坑洼不平，泥泞较多，主道路沥青路面大面积蚀毁没有及时养护，具有相当大的安全隐患。有句老话说“要想富，先修路”，闭塞交通影响到农村的现代化建设，仿佛城乡之间永远隔着的重重大山，使农村处于封闭状态，外界无法充分了解利用农村丰富的自然资源，农村的农资物资也无法得到顺利流通。

5. 农村信息化程度较低　互联网相关基础设施薄弱

在地理位置远离城市的农村，互联网传播是现代信息传播的重要媒介。信息的低转化加大了城乡之间的巨大鸿沟，农村农民接收外界信息迟缓，影响到了他们对外界事物的反应速度。实践团在实地考察过程中，发现调研村偏僻的农户住地都没有网络信号覆盖，拥有计算机的农民家庭比例不足 25.7%。甚至于在调研地点波罗诺镇岔沟门村的实践，由于处于村庄四面被高山环绕，队员们走访入户的过程中手机处于无信号状态，这对于农村信息化的发展形成了巨大的挑战。

针对这些问题以及当前贫困村发展现状，我们也提出了相应的建议与举措：

第一，引进优良品种，推广农业新技术。“十三五”规划指出，要积极发展草牧业，支持苜蓿和青贮玉米等饲草料种植，开展粮改饲和种养结合型循环农业试点这项重要任务。青贮玉米与普通籽实玉米不同，青贮玉米植株高大，以生产鲜秸秆为主，而籽实玉米则以产玉米籽实为主；青贮玉米的最佳收获期为籽粒的乳熟末期至蜡熟前期，此时产量最高，营养价值也最好，而籽实玉米的收获期必须在完熟期以后；青贮玉米还广泛用于饲料。可见，青贮玉米对于农户来说是产量高收益大的良好选择。

第二，联合农业企业，引资引智精准扶贫。调研发现波罗诺镇道路建设条件极差，山路崎岖不平，农户依山而住，非常分散，农户种植的农产品的收购渠道是个大问题。经实践团了解，受道路与经济条件的阻碍，农户无法自己找销路，只能靠每个月固定的人去收购，收购价格并不如人意，辛苦种植的农产品并不能带来一笔可观的经济收入。应多寻求农业企业，在技术帮扶以及产品收购方面提供帮助。

第三，联合全国农业高校专家组定期技术指导，全方位护航。调研发现汤河乡的两个村子粮食产量低，病虫害严重，农民对农药的了解微乎其微，病虫害防治不到位，种植技术水平低，缺乏农业技术指导。因此，应联合主攻植物真菌病害及其综合防治研究和昆虫生物多样性及害虫综合防治研究的专家对当地的土壤等进行勘测，从而更好地进行作物耕作。经过对当地各种自然条件与社会条件的考察，专家组将从种植作物的选择、种植的具体步骤以及需要注意的问题、病虫害防治，肥料及农药使用等方面进行指导，致力于改善低产现状，帮助汤河乡尽快脱贫。

第四，扶贫先扶志，增强脱贫意识，主动谋求发展。通过调研了解，我们提议应该在政府脱贫意识与农民脱贫意识两方面改进。政府作为地区经济发展的核心指挥，应当全力开展脱贫攻坚工作，认真研究中央政策文件精神，用足、用活、用好国家各类扶贫政策，把脱贫攻坚作为最大的发展机遇，在脱贫工作中起到带头作用，倡导自力更生，艰苦奋斗，把群众实干肯干想办法干的风气带起来，引导群众找脱贫方法。使物质扶贫与精神扶贫相结合，补齐贫困这块“短板”，全力以赴打赢脱贫攻坚战。

在增强农户脱贫意识的改进问题上，我们深知物质层面给予帮扶，是治标不治本的。贫困意识是束缚山区生产力发展的无形绳索，是横亘在贫困山区与富裕沿海之间的无形鸿沟。很多人把贫穷当成一种习惯就缺乏了振奋精神勤劳实干的志气，这是一种不思进取，没有奋斗目标的状态。真正帮助贫困地区群众脱贫，就要从过去“输血式”扶贫向“造血式”扶贫转变。因此，只有在政府与农户之间形成脱贫攻坚的强烈意识，双方共同找出路，便可以逐步打破封闭局面，实现政府带动下，农民强烈谋求发展的脱贫攻坚。

第五，逐步改善扶持政策，因地制宜实施产业扶持。以实践中了解到波罗诺镇的岔沟门村建立的产业扶持为例，该村在建的四个合作社对村民形成了很大

新时代的钥匙　赵桂莹 摄

的帮助，一是留住了一些村中可用的劳动力，留住了一些新鲜的血液；二是只有将村民自己的产业发展起来，保证了农户经济来源的稳定，他们才能真正实现脱贫。正所谓授人以鱼不如授人以渔的道理，村干部应寻求各方力量好好考察自己的村子适合发展何种产业，因地制宜，发展产业，为村民提供就业与发展机会，让村民有心理上的保障和较稳定的收入保障，逐步实现脱贫。同时，从社会大环境的角度分析，政府应当逐步缩小产业扶持时对产业规模的限制条件，真正让贫困户能够参与政府的扶持项目中，使愿意谋发展的农户能享受到政府福利，加快脱贫脚步。

栉风沐雨　砥砺前行

在我们的密切合作下，顺利完成了对河北省丰宁满族自治县五道营乡五道营村，波罗诺镇岔沟门村，汤河乡汤河村、大草坪村四个村农户基本家庭的抽样调查以及各村村干部的调研。这些天我们一起走过，共同回忆，温暖在我们心间不断汇集，有太多触碰泪点的人与事，有太多独一无二而又美好的回忆……忘不了村民热情邀请辛苦调研的我们进屋喝口热水，忘不了那坚信党的领导而努力生活的兰景荣老奶奶，忘不了队友齐心协力克服种种困难完成调研任务的感动，也还能回忆起被拒之门外的心酸。记得烈日当头马路边自带饼干做午饭简单充饥后继续调研，也记得通宵熬夜奋战整理调研数据直至疲倦不堪倒地稍作休息，更是记得时值河北地区 7·20 暴雨依旧打着雨伞带着一沓沓问卷卷起裤脚蹚着水坚持调研。

深厚的情谊，强大的团队精神支撑着我们每日高质量并超额完成调研及数据整理任务。带队老师的指导、鼓励与陪伴使我们不畏惧风雨与磨难，勇敢前行。也许我们的调研对农村的改善、农民生活质量的提高作用甚小，但正如老师教导我们所说，不仅要理智面对调研现状，更要从自身思考问题，在实践活动中直面问题，解决问题，完善自我，获得自身的历练与成长。此次实践活动更是我们农科学子走出校园，走向社会，面向基层，服务基层的过程，其中的历练使我们更早地了解农村现状，尝试用自己的视角捕捉贫困农村发展的症结，在实践活动进行中提高自己的综合能力，为将来更迅速地融入社会，投入三农事业打好基础。

（赵宇昕 陈馨蕊 文）

走入乡土乡村　助力精准扶贫

——河北北方学院农林科技学院科技支农小分队深入张家口村镇助力“精准扶贫”

每当见到辛苦劳作的农民们，记忆就不自觉地选择了这句话，为人者，不能忘其本。也许你我今天的生活早已脱离贫困而奔了小康，甚至堪称“奢华”，然而我们却不能忘却那最本源的，是我们生计之根本的辛苦劳作的农民们。很荣幸我可以作为学生代表参加由河北北方学院农林科技学院团委、园艺系学生党支部联合组建的暑期科技支农小分队20余人在张家口市宣化县南兴渠村、沙岭子村展开了为期5

精准扶贫之科技调研张杂谷种植情况　冀瑞朴 摄

天的调研及科技支农帮扶活动，为当地农民贡献自己的一份力量。

扶贫支农　积极进取

对于这次活动，学生们的呼声很高，仿佛觉得只有去支过一次农，才没有白学这个专业。还记得那是接到学校通知说校领导要在农学、农业技术、种子科学与工程、园艺技术、植物科学、植物保护等专业中选拔出品学兼优、具有较强表达能力和动手能力的应届毕业生和研究生，当时那种期待与向往的心情久久不能平复。第二天支农小分队的名单公布了，在名单中看到了我的名字，那简单的三个字就像天空中最闪亮的星，照耀在我的心房，激动得彻夜难眠，因为我总是梦想着有一天我可以走在扶贫支农的道路上，渐行渐远。

还记得那是 8 月 15 日早上，我们团队一行人带着激动与期待的心情到达了沙岭子村委，村支书热情地给我们介绍了沙岭子村的基本情况，介绍了本村主要的经济作物以及现有的耕作模式。本村现有人口 2000 余人，外流人口 600 余人，19 个村民组，总户数 400 余户。村民长期以来以种植谷子、玉米、马铃薯为主，缺少创业致富带头人。随后我们便随着村支书以及村民们一起来到了田间地头，听着村民们说着地道的张家口方言给我们讲现在村里的种植状态，我们很快进入了状态，听着不太懂的方言，竖着耳朵紧跟着，即使是这样，我们还是很快地理解了村民们诉说的意思。

我们一边听一边讨论，由于我们学的专业不同，所以大家都各抒己见，结合自身学习专业特长对村里农作物种植现状进行全面系统的分析并且和指导老师以及村民们进行了探讨。随后，农林科技学院党委副书记毕艳玲、团委书记刘岩老师对实际调研中的具体行程进行了规划讲解，并列出了每天的实践内容及任务分配，同时对社会实践中的安全问题进行了着重强调。我们民主选出了两位非常有责任心的队长，赵彬祥同学担任正队长、薛月同学担任副队长，两位队长将所有任务分配到人，采取小组长负责的制度，分为实践组、问卷组、宣传组；每个小组由一名小组长和 5～6 名组员组成，这样既能使每个队员明确自身的所有任务，又将责任分配到人，使每个队员都能在此次暑期社会实践中体现自身的价值。我被分到了宣传组并且担任小组长，我们所有组都要在每天小分队实践活动结束后将数据进行整理、总结经验并且汇报工作，遇到疑难杂症时及时求助学院的教授和导师，我们宣传组的任务就是每天根据所有组的数据进行分析，制订宣传计划。

不惧困难 坚持不懈

我们以非常投入的状态结束了第一天的工作，接下来的三天我们根据不同专业，小分队挨家挨户分别进入田间地头。我所在的组去的是一位60多岁的爷爷种的地，给我印象最深刻的就是爷爷说的那句话“现在年轻人都不种地了，都出去挣钱了，我们也不懂技术，也不知道还能种几年?”就这样短短的一句话，在我的内心深处生了根，发了芽，当时我就默默在心底发誓，我一定要学好农学，为了以后，为了未来，为了爷爷那句话。我们给爷爷指出了作物种植中存在的问题，并提出了应对策略。其他队员们也提出了很多意见，园艺技术、植物科学专业、植物保护专业的同学们为农民们解决了平时遇到的病虫害防治问题，提供相关的农作物培育知识和技巧，帮助农民们实现谷子、玉米、马铃薯的高产。

我们通过和老师交流讨论发现在这些贫困地区，缺乏高产抗病育种技术，农民们忽略品质育种观念，各种专用型品种尤其是加工品种奇缺，不能满足加工业发展、出口创汇和机械化操作的需要。于是我们小组利用晚上休息的时间制订了一个针对农民们的科普宣传计划，8月19日，在我们宣传组的带领下小分队队员对沙岭子村、南兴渠村的村民进行了科普宣传，通过网络、“农天下”APP、微信、QQ等新媒体方式挨家挨户对当地农民进行深入地科技帮扶指导，并且进行调查问卷的发放与回收，进一步了解农户基本生活以及农作物种植的基本情况。此次实践中共计发放调查问卷373份，其中有效问卷为350份，实践小分队对调查问卷进行统计整理，便于以后持续追踪农户种植情况的变化。

散发光芒 慰藉心灵

通过本次实践活动的开展，我们不仅深入地了解到贫困地区的现状，体会到农情、村情、民情的变化，感受到扶贫攻坚任务的艰巨，也更加坚定了我们对于国家精准扶贫、精准脱贫的信心和决心。同时同学们通过暑期科技支农实践活动，明白了自己所学学科的重要性，更明白了农户们最需要的是什么样的知识。活动结束后，各位同学纷纷表示回到学校以后会努力学习学科知识，在以后更好地为农户们服务。值得骄傲的是，我们的事迹于9月6日，在《张家口日报》、河北省人民政府网、光明网、河北新闻网、张家口新闻网等多家媒体相继报道。

此次实践活动是一堂生动的社会实践教育课，虽然我们在炎炎烈日下被晒成一个个“黑煤球”。但是同学们还是义无反顾地投身于科技支农的热情中，看到农民伯伯们一张张笑脸，队员们感到无比的自豪。党委毕书记、团委刘岩老师和我们同吃同住，让我们倍感温馨，每个人的脸上都洋溢着幸福的笑容。

通过科技支农社会实践活动，实施对贫困地区农户的技术帮助和农业科学知识的普及，帮助农户提高农作物产量和质量，实现经济的创收。此外，同学们也从耕作多年的农户身上学到了珍贵的耕种经验，扩充了同学们的知识面，开阔了同学们的眼界，让大家体验到了真正的耕作。同时队员们感受到了幸福生活的来之不易，更应加倍珍惜，今后队员们将继续发挥自身所长，为乡亲们答疑解惑，也为国家“十三五”脱贫攻坚开发的战略需求贡献农科学子的一份力量。

所谓人生在勤，不索何获，当今的农业，虽然发展缓慢，但是它的未来，由我们农科学子去谱写，我们必须肩负着身上的重任勇敢地走下去，我们暗自对未来许下承诺：我们一定尽自己所能在支农扶贫的道路上绽放光彩！

（毕艳玲　刘岩　文）

精准扶贫之社会调研　刘岩 摄

初心不改　行进在那片沃土上

——2016 年河北工程大学园林与生态工程学院社会实践纪实

河北工程大学园林与生态工程学院全力支持并参加全国农学院协同发展联盟“走进乡土乡村，助力精准扶贫”2016 年全国农科学子联合实践行动。7 月 9 日至 15 日农学院部分师生组成三支暑期志愿服务队分赴国家扶贫开发工作重点县河北省魏县、大名县开展社会调研和帮学支农实践活动。

回顾实践的短短一周时间，工作和生活情景历历在目，像一条记忆中飘摇的

专家为大名县千亩花生良种繁育高产示范基地进行技术指导　暴钊晨 摄

彩带，摇曳不息。迎着酷暑，实践旗帜和洁白的实践服装相得益彰，灿烂了我们明媚的笑容，珍贵了我们感动的泪水。看看走过的路，处处激情四溢，时时青春飞扬，那令人难以忘怀的一幕幕，始终萦绕不去。

唱响小城故事 带起梨花绽放

闭目乘车，一首《小城故事》带着我们走进“大名府”这座千年古城，不用睁开眼睛，小磨香油的香味扑鼻而来，伴着耳边不时传来邓丽君甜美的歌声。睁开双眼，目力所及，明朝遗风的城门楼和城墙与不远处哥特式华北第一大教堂——宠爱之母大教堂遥遥相对。

大名是典型的农业大县，是国家小麦商品粮生产基地，面粉、花生、香油特色产业和养殖主导产业推动了经济的快速、持续、健康发展。五得利集团面粉生产能力居世界第一；花生种植面积50万亩，产业产值达5.5亿元；小磨香油占全国香油产量的25%。“中国面粉之都”、“中国花生之乡”、“中国小磨香油之乡”实至名归。

“忽如一夜春来风，千树万树梨花开”。魏县鸭梨，早在北宋就开始种植，至今已有一千多年的历史。清朝知县毛天麒曾留下“长风响梨叶，秋光遍原埠”的诗句。在梨花开放的季节，千树万树的梨花一眼望不到边，香雪纷飞，暗香浮动，天空湛蓝，麦苗翠绿、油菜金黄，像一幅美丽的画卷；那含苞待放的梨花，露出稚嫩的花朵儿，白花花一片，远看赏心悦目，近观醉人心肠。两县位于冀、鲁、豫三省结合部，属黑龙港流域，均是农业大县、人口大县，又是革命老区县、财政穷县，农业产业化经营发展慢，大部分农民靠传统的农业种植，农民收入低，还有近30万人没有脱贫，这也是群众普遍反映的突出问题。

华北平原的夏天，到处充满着一种紧张、热烈、急促的旋律。麦子刚刚割过，麦田间有挑着七八片绿叶的棉苗，还有朝天举着喇叭筒的玉米，翠绿的花生秧和土垄相应，笔直地延伸到田野的远方，像方绒毯；还有那在地上匍匐前进的瓜秧，都迸发出旺盛的活力。池塘里，荷花竞相开放，鱼儿们躲在荷花的凉荫儿里纳凉，不时地吐个小泡儿，那是它们在说悄悄话。平原的夏天，热情澎湃，激情四射，到处充满着生命的旺盛。

“先天下之忧而忧，后天下之乐而乐”的意识激励着实践队伍的每一名师生。

前期由于准备工作充分，实践服务项目提前与大名县农牧局进行沟通，我们的到来也受到了地方政府和企业的热烈欢迎，贾局长代表农牧局与小分队进行对接，魏县的团队也受到了博浩农业科技有限公司的热烈欢迎。主人的热情和实践师生的工作热情瞬间转化为澎湃的动力，为期一周的实践已拉开帷幕，用心来书写支农篇章。服务队的师生不怕高温酷暑，深入农户、合作社及田间地头，细致走访调研，掌握第一手资料，汇总分析问题、寻找解决途径和措施。在博浩农业科技有限公司的农业示范园区，贾兵国老师提出了“一心、一带”的建设建议；在大名就花生和山药的栽培，从品种选择、播种收获、肥水管理及病虫防治等各方面进行了深入细致的技术指导。总计走访调查500多人次，发现存在问题20多项；共为乡村政府、企业和农户提供建议、技术方案或措施50余条；进行技术指导和培训300多人次。与3家农业合作社、20多农户建立了定点帮扶关系，今后将持续进行下去。

弘扬太行新愚公精神　陈敬谊团队助力精准扶贫

陈敬谊团队组建于20世纪80年代。30多年来，团队成员立足冀中南地区，辐射周边省份，深入农村第一线，帮助农民解决生产中遇到的技术难题，并逐渐凝练出果树高效栽培、果树节水灌溉、大型果园的规划设计及管理、绿色环控蔬菜高效栽培、食药用菌选育与栽培等工程特色明显的农业科技服务方向。团队在服务“三农”、科技扶贫等方面做出了突出贡献，受到了农村、农民及企业的广泛好评和普遍赞誉。2016年团队被授予河北省高校“李保国式的科技服务团队”。

团队的愿望：一是能帮助更多老乡脱贫致富，二是教出更多有真才实学的学生。

2016年暑期团队主要成员王丽萍、贾兵国、陈占洲三名老师为技术骨干，他们克服困难，加入到学院实践团队中来，为实践团队找准生产中存在的问题，提供精准的快捷的服务奠定基础。队员们按计划和农牧局技术人员及村民座谈调研，针对当地情况进行农业科普，围绕当地较为突出的病虫害问题提出了解决意见。孙甘店乡为花生种植常年种植区，产量低于平均水平。团队专家在技术上进行分析，查找原因，落实对策。王老师就重点落实地膜覆盖、增穴减粒、增施有机肥、浇好初花、荚果膨大两次关键水等技术给予具体指导，提出抓好花生关键节点促进增收方案，获得当地技术人员和农民的一致认可。在大名山药种植方面就地理环境、土壤质地、种苗数量、劳动力投入以及生产技术等多方面给予分析论证供当地政府参考。

冀南大地，既有夏天的高温难耐，也有突如其来的骤雨，北方的风雨，如苏轼的豪放词，酣畅淋漓。雨后，大地消除了自己的炎热，换上了一件清凉外衣，植物吮吸了充分的营养，重新绽开笑脸，清新的空气仿若善良的精灵，活泼地清理着人们身心里的浊气。花儿草儿都精神了，显出一身的青翠；鸟儿们也乐得相互打起招呼，整个世界都开朗了。

在某村入户走访，了解到了现今农村，还达不到我们期望的新农村的水平，家庭收入主要为青壮劳力进城务工所得，农业劳动力严重匮乏，农业种植成本高、收益低，农民不愿意种，留守多为老人、妇女和儿童。同学们为农民推广“农天下”APP时，当农民们知道可以及时有效地解决农民生产生活中遇到的各类问题，可以通过这个APP向专家提问时，农户们都非常感兴趣。但看到在实际操作中只有三分之一的农户会使用时同学们也跟着犯了愁。经多次研究讨论只能联户使用，即不会使用的如果出现问题再找到会使用操作的农户来解决。看到难解的问题解决得如此简单，大家的心情也正如午后的闷雨停歇后一样，豁然开朗了好多。

在博浩农业科技有限公司现代农业科技示范园，针对反季节蔬菜种植过程中的突出问题提出整改办法，贾兵国老师提出了“一心、一带”的建设建议，并与当地农业局的相关负责人进行对接洽谈，就产业发展、新品种的推广和种植模式进行讨论研究，达成共识。

实践服务团为全县的果树管理提出了相关技术的培训和指导，详细讲授了种植管理体系的建立和具体操作；解答了农户最关注的品种选择、果园管理要点及常见病虫害防治等方面的疑难问题。

对收集来的各家各户存在的问题进行细致解决，在蔬菜专家贾兵国老师和作物食用菌专家卢月霞老师的带领下，深入田间地头、走进一家一户，为贫困户进行技术指导，深入调研，传授先进的种植经验和种植技术。

躬身接地气　深入解民心

学院党委王建书书记在活动开展时多次强调，我们的活动重在了解民情、增强与农民感情，解决农民在生产中存在的问题，让师生在服务中接受教育。在调研中到王阿姨家走访，王阿姨在本村小学做教师退休在家，老公是一位地地道道的农民，家里的几亩地都是他俩利用闲暇时间种了一辈子，养的十几只鸡精神抖擞地在小院子里自由地跑动，不知什么品种的小狗见到我们就摇动尾巴迎接，院子里的那个不精致但收拾得干干净净的小菜园，里面是红红的西红柿、绿绿的韭菜、紫色的茄子等新鲜蔬菜，尤其是夕阳下的那一架丝瓜，看上去真是美极了。夕阳西下在院子里聊天，喜欢那里的人和空气以及那宁静得只能听见虫鸣的夜晚。儿子结婚在县城居住，老两口在家带孙子，接送孙子上学，儿子和媳妇周末才能回家。我们都喜欢小村子，喜欢那落日下的农家院落和一家人团聚时的喜悦。隔壁的二叔，两个女儿出嫁后，老两口自己生活，身体又不太好，已经不干农活了，多数是在大门口和老乡们聊天打发日子。每次在吃饭的时间路过，老两口都会亲热地让我们到家里吃饭，听得大家心里暖暖的，真切地感受到民风的淳朴，同学们更是经常去和老人聊天拉家常。习近平总书记在湖南考察时曾强调，“发展是甩掉贫困帽子的总办法，贫困地区要从实际出发，因地制宜，把种什么、养什么、从哪里增收想明白，帮助乡亲们寻找脱贫致富的好路子。”按照实践活动计划和全国农学院联盟的相关要求，我院实践服务团的同学分别完成了 2 个村的村级调查问卷 3 份、企业问卷 2 份、农户调查问卷 47 份，并在问卷调查的同时，记录了解了每个村的实际情况、农户的实际情况和普遍反映的问题。返校后，服务团的学生集体交流了体会收获，分析了各村贫困的原因所在，同时制定长期相助的方案。

大锅菜在北方地区较流行。食材多样，营养丰富，汤汁浓郁。此菜名称的由来，首先是它有很多种菜的风味，其次就是说在早年大家是在一起吃饭一起干活，所以就叫做了大锅菜。如今它是一种农家饭，简单地讲就是把几种菜与肉在锅里一块炖。在 20 世纪七八十年代，那是当地农村婚丧嫁娶时，招待客人用的。在当时经济条件较差的情况下，这已是很受人们欢迎的美味了。

大锅菜虽有些土，却能上得大席面。大锅菜只有用普通东西才做得地道，若放进山珍海味，反倒失了味道。所谓“百菜白菜美，诸肉猪肉香”。大锅菜为家常菜，要用家常吃法。没有了大锅，也就不能称作“大锅菜”，虽然还是那些东西，虽然仍是那样做法，但做出来只能改头换面唤作“炖大菜”，相比“大锅菜”，已不是原来面目。在讲究仪表、注重风度的诸多场合，在要求体型、讲求口味的时候，享用大锅菜如绅士般的吃法不仅少了韵味，更缺了底气。

一路走来，甘苦自知。实践队员最高兴的就是调研回来吃到地道的大锅菜。大家围坐一圈，一手拿馒头一手端着大碗比着吃。贾兵国老师是吃菜高手，吃菜不吃馍，至今保持三大碗实践队纪录。卢老师是过敏体质，因长时间太阳光暴晒，急性荨麻疹骤生，浑身刺痒难熬。由于距离医院较远，一时买不到药，队员们劝她休息，但是卢老师脾气很倔强，她说：“活儿不能撂下，老乡们还在等着我！”大家束手无策时，村民用当地土办法擦抹明矾水，症状暂时得到缓解。然后卢老师头顶红丝巾，身穿长衣长裤，依然坚持在实践一线，她的装束让队员们戏称“阿拉伯女人”。参加社会实践条件艰苦，虽然队员们早有准备，但蚊虫叮咬、中暑、拉肚子都是常有的事；洗衣、洗澡难，让大学生们感受到了水资源的珍贵。生活上的磨炼给大家上了生动的一课，让我们更好地认识自己、认识生活。正如那句话“汗水的味道有时也是甜的。”

离别不是终点 只是另一个开始

“人生难得是欢聚，唯有别离多”。离别是世界上最悲伤也最无奈的事情。一位学生在离别前这样说：“在一周的时间里，这里的每一天都铭记在我的青春记忆里，我爱这里的田野和老乡。最后这两天我一定要认真地、用心地过，用我的行动回报老乡们，我要让离别是铭记，不再是遗憾。”队员大二学生王昕哲表示，这次下乡，让自己学会了很多，生活得很充实。“三下乡，我明年还会再来”。她说想用自己的微薄之力，去帮助更多的农村孩子，让爱和知识倾洒每个角落。

“三下乡”就像一个大熔炉，锻炼了每一位深入其中的成员，带着心中对农村的那份眷恋和热爱，走出象牙塔的师生们关注农村，关注民生，关注社会，在这个炎热的夏季收获了人生的感动和成长。

心中的美丽乡村，是孟浩然的“绿树村边合，青山郭外斜，开轩面场圃，把酒话桑麻”；是陶渊明的“土地平旷，屋舍俨然，有良田美池桑竹之属。阡陌交

社会实践团队在魏县博浩农业科技有限公司示范园区　暴钊晨 摄

通，鸡犬相闻，黄发垂髫并怡然之乐”。

心中的美丽乡村，是一个山清水秀、鸟语花香、充满生机、充满希望的地方，有着绚丽的色彩、淳朴的民风与深远的意境，如梦，如歌，令人如痴，如醉。

挥手道别，在心中离别不是终点，只是另一个开始。

（王建书　包月英　石爱军　文）

大山深处的思忆

——感悟“全国农科学子联合实践行动”河北科技师范学院生命科技学院暑期社会实践

山中夏夜，虫鸣相伴；林间蹊路，鸟语花香。再难回到那炎炎的夏日，感受这淳朴的风土人情；最难忘记那些可爱的面孔，留下美好的青春记忆。2016年暑期，全国农科学子联合实践行动如火如荼地在开展——“走进乡土乡村，助力精准扶贫”活动，正成为全国脱贫攻坚工程中的一个亮点。

响应校团委号召，河北科技师范学院生命科技学院8支小分队奔赴国家级贫困县秦皇岛市青龙满族自治县参加社会实践。在为期7天的社会实践活动中，8

食用菌组织分离培训　邓世琦 摄

支小队开展了以自然资源调查、深入民生调研、科技支农、科普宣传、植物标本制作和爱心支教为形式的实践活动，为“解民生之多艰”尽一份绵薄之力。

700 多里的行程，风雨无阻；沉重厚实的行装，无悔青春。陈台子村、张庄村、谢庄村、兴隆台子村和张台子村，是一生都抹不去的记忆。

“惠农李保国”志愿服务

青龙满族自治县大巫岚镇陈台子村四面环山，长期居住人家 260 余户，约 880 人。该村人口老龄化严重，大部分青壮年外出打工。实践小队走进该村，进行惠农李保国志愿服务。

我们进村后发现，绝大部分农作物都种植在道路陡峭的高山上，然而上山却无路可行。这导致在农作物种植中极其困难的便是水的运输，贫困山区只能靠天吃饭。该村依山建房，险路绵延。抬眼望去，山势陡峭，层峦叠嶂。在龙茹老师的指导下，我们对周围的山脉和植被进行了实地考察。随后的几天里队员们分别对东胡沟、囊沟、窑沟、北沟、棒子沟等野菜资源比较丰富的五处区域进行了沿路寻查，发现储量较大的山野菜 20 余种，可食用的野菜 50 余种，期间拍摄植物照片 200 余张。

采集过程中龙茹老师一边向队员介绍山野菜的食用方法和具有的药用价值，一边与向导交流野菜的学名。同时，她也运用自己的专业知识纠正了向导对某些植物的错误认识。比如村民只知道杏叶沙参幼茎叶可以食用，却不知其根部的药用价值更高；东胡沟中其他具有药用价值的植物还有翻白草、火绒草等。前进的道路上时常潜伏着惊险，偶尔伴有小插曲的发生。行进过程中，龙茹老师意外踩到一条蛇。正在队员慌不择路时，老师平静地说：“它不就是一条长虫嘛，都让我踩跑了，你们还怕啥?”正是老师这种不惧危险亲近自然的精神，时刻提醒着我们作为当代大学生应该具有科学精神和社会责任感。这也让队员们瞬间甩掉自己身上的娇气，真正融入这乡土乡情。

队员们先后爬上窑沟和东胡沟进行实地考察，发现巴豆、山生菜、小媳妇儿尖、焯菜、蒲公英等多种山野菜。对这些野菜进行标本采集的同时，还拍摄了大量的照片。龙茹老师为村民一一讲述采集到的山野菜的特点、生长习性、营养价值、食用方法及部分植物的药用价值等各方面的知识。在驻地，我们在龙茹老师的指导下完成山野菜标本的整理、图片的命名工作。

陈台子村的一花一木，一山一水，兴许在他人的眼里是原生态风景。但在农科学子们的眼里却成为了开发的资源，致富的风向标。队员了解村情，讨论实况，确认任务，积极询问，认真观察。无论老师还是同学，都被这贫困的现实震撼，但也被村民的热情打动、被精准扶贫的梦想激励。

乡亲们起初都是询问一些关于山野菜、农作物方面的问题，队员都分别做出了解答，乡亲们听了之后都感觉受益良多。但是问题又来了，要是队员们走了之后遇到疑难问题，怎么办？不用担心，我们为乡亲们推荐了一款 APP“农天下”系统。在信息化迅速发展的今天，许许多多的问题都可以在这里找到答案。队员手把手教乡亲们下载好了这款软件，申请了账号，并现场用这款 APP 帮助大家提问。没过多久，“农天下”APP 里面的专家就给出了详细的解答。乡亲们都认为十分实用、便捷，在家就能与专家交流。

上山没有路，我们就开出一条路，发展没有路，我们就探出一条路。作为农科学子联合实践的一员，队员们充满了斗志。通过队员们几天的努力，山野菜的发掘工作已经初具轮廓。发展的路尽管还远，但只要队员还在、惠农小分队的精神还在、全国农科学子团结的初心还在，发展就是必然的，致富那一天迟早会到来！

食用菌技术服务

在出发前的两个星期，孙伟明老师亲自去村里进行了前期调研。通过调研发现：第一，该村刚刚脱贫，不过还存在返贫的可能；第二，该村地处山区，野生食用菌资源比较丰富；第三，当地有一所小学，适合开展支教活动。综合这些，实践小分队提前做了周密的安排，带了两台显微镜，各类文具用品，制作野生毒蘑菇的科普展布，准备用于讲解羊肚菌栽培技术的演示文稿等。虽然路途很辛苦，却仍乐在其中。

抵达目的地后，按照之前的计划，小队成员马不停蹄地开展工作。不过本以为能顺利开展的活动却遇到了一个最严重的问题——不能走近百姓，无法宣传食用菌的种植技术，紧随其后的入户调查也无法展开，最后将导致社会实践全部失败，这让我们始料不及。不得已，所有计划推倒重来，正当小队队员为改变计划一筹莫展时，一个好消息从天而降。这个村的百姓每天晚上都会聚集在百姓大舞台扭秧歌、聊天、唱歌，这给了我们契机。队员们决定从这里入手，和百姓拉近距离，通过编排表演节目，融入到村民中，自然感受到了村民的质朴和友善。

根据之前的调研，队员了解到村里有一个食用菌生产基地。于是队员们决定先去基地了解一下实际情况，看看有没有需要帮助解决的问题。进入基地后，在和技术员的交流中，得知生产中确实存在一些问题。指导老师和技术员讨论了生产中存在的困难，找到了行之有效的解决方法。在讨论时，我们也积极参与，认真学习，学会了许多书本上学不到的东西。

在具体实践时，小队队员连续两天去生产基地帮忙，将自己平时从书本上学习的知识运用在实际中。从接菌到采收，让队员对食用菌技术又有了新的认识。尽管疲惫，但还是很开心，成长不正是从这种点滴中积累出来的吗？

队员们冒着大雨在村会议室，对村民进行了羊肚菌栽培技术的培训。最让人感动的是即便大雨倾盆，也阻挡不了众多村民自发前来学习的热情。这些人中还有一位年事已高的老人，其学习劲头让人惊叹。他不仅在培训前和老师积极地讨论食用菌的栽培现状和前景，会上也认真地做笔记、写心得。这让我们认识到学无止境的深刻道理，老年人尚且如此，我们正处风华正茂，更不该辜负自己的美好青春。

在社会实践快结束时，正逢北京农禾之家在当地小学举办夏令营。于是，队员和他们取得联系，希望可以联合举办夏令营，科普食用菌知识，赠送显微镜，让孩子们看到微观世界，他们欣然同意。队员用了一整天的时间，先为孩子们上课，在课堂上讲解毒蘑菇怎么鉴别，然后播放纪录片，让孩子们观看。课间时，队员带着孩子们做手工，变魔术，让孩子们在玩中学。后面的课中，队员分成五个小组，教孩子们从外观到构造全方面地认识显微镜，用培养基捕捉空气中的微生物，让孩子们认识微观世界。最后，队员捐赠了两台显微镜和学习用品，并合影留念，一天的支教活动以欢声笑语结束。在这一天中，队员看到了孩子们对知识的渴望，也让队员真正体会到“教育要从娃娃抓起”的含义，希望队员这次的支教，可以为孩子们以后的学习埋藏一颗种子。

野生动物保护科普宣传

保护野生动物是当今世界生态文明的发展主题，关爱生命也是我国优秀传统文化的重要组成部分。普及野生动物知识，传播动物保护理念，对于建设社会主义生态文明，提高全民族文明素质，促进人与自然和谐发展，都具有深远影响和重要意义。

青龙满族自治县依燕山余脉，在动物地理区域划分上为华北区向东北区的过渡带，是中国东部候鸟迁徙通道。这里有山川河流，气候温暖湿润，为野生动物提供了良好的生存条件，开展动物保护科普宣传势在必行。在张波老师的指导下，科普巡展实践小分队所有成员不辞劳苦，辗转 200 公里到 5 个扶贫村巡回展出。

来到深山农家，倍感亲切。碧草繁木，飞鸟走兽，山水人家，构成了美丽和谐的山村画卷。穿行于山间小路，劳作于田间地头，走进乡土山村，感受三农之美。我们携带问卷来到各家各户，为的就是实情调查，助力精准扶贫。

布置好宣传展板，开始了科普讲解。我们为村民科普当地野生动物资源，提高大家的保护意识，拒绝买卖和杀害。夜色深沉，繁星满天。广场上村民们热情高涨、万众期盼。在支起的幕布上，队员们播放了科普视频《鸟瞰世界》，为村民带来了一场视听盛宴，生动地感受到大自然之神奇。

踏行山间林中，调查野生哺乳动物资源，我们进行了踏查、拍照和记录。据调查，该片地域主要的野生鸟类有池鹭、绿鹭、雕鸮、红角鸮、戴胜、灰斑鸠、珠颈斑鸠、大斑啄木鸟、灰鹡鸰、红尾伯劳、黑枕黄鹂、黑卷尾、红嘴蓝鹊、喜鹊、北红尾鸲、大山雀、山噪鹛、麻雀、金翅雀等，野生动物主要有刺猬、黄鼬、猪獾、狗獾、貉、狍、草兔和岩松鼠等，足见其种类繁多、资源丰富。

懵懂的年纪，求学的渴望，那一双双纯洁真诚的眼睛透露出童真的美好。所到之处，我们为当地小学生进行专场科普，科学启蒙，使其激发兴趣，感受自然科学的魅力。动物保护的种子已根植进孩子们的内心，留下了不竭的力量。

心心向农　科技支农

实践地点在谢庄村，当地农户的收入来源主要是务农和外出打工，受交通问题影响，当地作物主要靠外来人员收购，经过转售所以收入也少了很多，近两年因国内经济遭遇“低气压”影响，用工单位减少，外出打工收入受到很大影响。

为了深入地了解当地经济作物，由齐慧霞担任指导教师的小分队一直与当地农民同吃同住，在完成小分队工作计划的同时深入田间与农民共同劳动。7 月 22 日，小分队集中帮助本地农户收获枸杞，农户教给队员识别枸杞成熟度的技巧，然后又告诉同学们如何进行正确的、快速的采收，之后同学们按照农民教给的技巧进行枸杞采收工作。在采收的过程中小分队队员还针对枸杞的栽植技术、生长特性、管理技术以及枸杞的销售情况等问题向当地农户进行了解。同时也询问了农户家里的主要收入来源、附近村民的情况和农户对政府相关政策的了解情况等。通过与多位农户交谈，小分队队员了解到以下情况：村中主要劳动力年龄结构层次高龄化，整体文化程度不高，网络设备使用率低，了解信息主要渠道为电视和政府的宣传，相关产业信息及国家政策传播不够快。当地农户的收入来源主要是务农和外出打工，受交通问题影响很大。大多数家庭还是主要依靠种植枸杞、苹果等经济作物。然而自然灾害对作物的种植影响颇大，山区缺水严重，每年的收入没有保障，农民依然靠天吃饭。

农民最头疼的是枸杞黑果病，目前危害很大。小分队针对不同田块发现的病虫害种类及危害情况，在给农户发放科普资料的基础上有针对性地进行技术指导的同时，提出防治对策，对于发生危害最重的枸杞瘿螨应增加防治次数，对初发的枸杞黑果病应及时监测并及时用药防治。

通过这段时间的活动安排，我们队员同甘共苦，建立了深厚的友谊，我们深刻地认识到了团队合作的重要性，踏实干事的必要性。我们圆满完成了各项任务，因此也受到了实践地领导和同学的一致好评。虽然在工作过程中我们也有过分歧，但大家都知道这是为了更好地完成工作而提出的不同意见。这样的分歧反而使我们这支队伍更上进，因为我们每个人都在努力着。正是所有队员的共同努力，我们才能取得本次活动的圆满成功。在以后的日子里，我们会充分发挥自己的能力，展现自我，积极向上，以更加饱满的热情和昂扬的姿态去迎接生活与学习中的挑战！

太阳花支教

巍巍青山绿荫，浓浓支教深情。从未想象过站在讲台上俯视一群学生的感觉，也未曾憧憬过如果我是一位老师将以何种目光去注视我的学生。而这一切的不曾想象，在2016年的暑假，全都成为了现实。

作为一名小老师，真实地站在讲台上。看着下面一排排的小眼睛怀着求知的欲望齐刷刷地看着你，当时那种心情就像是一个播种的农民，想要在每一寸土地种下丰收的种子，想要把自己所学的全部知识教给他们。

在王秀平老师的指导下，特色课程有序地开展着。为了最大限度地弥补孩子们知识结构上的缺陷，我们在课堂上使用了显微镜，对于贫困山区的孩子们来说，显微镜可是个稀罕物儿。孩子们透过小小的目镜与物镜，观察另一个神奇而又美丽的世界，给他们心灵上带来的震撼可想而知；活动实践课上，小小的标本夹成了孩子们近距离观察植物婀娜多姿形态的相册。孩子们细心地把采来的植物放入标本夹，希望能将最美的一面保留；手工艺课应该是充满想象和艺术的，孩子们学习新的方式去使用颜色，丰富了他们内心的彩色世界；安全教育课上，队员们准备了生活中常用的安全常识及处理突发事件的措施（如火灾、溺水、地震等如何自救），培养孩子的自我保护能力及良好的应急心态；音乐课上，几把吉他，几首乐谱成为了最主要的教学工具，音乐看不见摸不着，但慢慢响起的琴弦碰撞的声音，打开了小朋友们的心房；英语课上，这门陌生的学科，26个字母的启蒙，一首英文歌的渲染，孩子们渴求的眼神，积极的态度，给予了队员们莫大肯定；一对一的课堂上，小朋友和队员进行了最直接的交流，一对一的方式更进一步放大了小朋友内心的想法，让我们这些大朋友能更好地去帮助他们；课间活动中，“小老师们”和孩子们一起走到室外，进行形式多样的互动，拉近了队员和孩子们之间的距离。

青春，写在大地上，破损的墙，简陋的院子，一堆土豆，一口锅，一张大炕，几件破旧的衣服，这几乎构成了他们生活的全部。“一箪食，一豆羹，得之则生，弗得则死”，即便如此，他们从未放弃对美好生活的憧憬。红红的枸杞是这片土地给乡亲们辛苦劳作的回馈，收获的是乡亲们和队员们满脸的笑容。

扶贫筑梦服务

清晨，阳光照耀着大地，却透着一丝凉风，犹如大家雀跃的心情，一切都那么美好，充满期待……大巴车驶出校门，踏上征程，不知过了几时，道路变得颠簸。同学们从迷糊中清醒，映入眼帘的是层层的山峰、狰狞的岩石，不见人烟。

此行的目的地是青龙满族自治县草碾乡六柱沟村，尽管大家早已做过心理准备，但见到此情此景心中不免唏嘘，开始有些坐不住了。正午时分，终于到达村庄，见到砖瓦砌成的低矮房屋，大家心中不由地一沉。安排好住宿，赵春明老师联系了当地的村支书马书记，了解村中的基本概况。六柱沟村为经济相对落后的山区农村，为“十三五”贫困村，缺水问题突出，由于地理位置、交通等因素的制约，村民生活十分贫困，村中现有 380 户，共 1058 人，贫困率 64%，低保户 25 户，28 人，五保户 10 人。尽管在政府的大力支持下村民开始转变发展模式，进行以“辽西核桃”为主的规模种植，但因为这里太偏远了，信息技术传播不到，只能靠天吃饭，脱贫压力巨大。

“屋漏偏逢连夜雨”，队员们在那里遇上了暴雨，大雨洗刷了整个村庄，村里广播实时播报橙色防汛预警。晚上更是无眠夜，村中的大多数人家整晚都亮着灯，偶尔传过来的“轰隆”声音更是穿刺大家的耳膜。墙壁倒塌了，大家只能揪着心，束手无策。村里的房子大多是用石头垒起来的老房子，根本经不住大雨的冲刷，许多房屋里面已经积了水，村民只能急忙将水淘出去，屋子随时都有坍塌的危险。道路变为湍急的河流，田地几乎成为汪洋，今年注定颗粒无收……

最不能忘怀的莫过于黝黑的面庞上那明亮的眼神，全村这 36 名学生啊！他们的眼神中没有忧郁、没有自卑，更多的是对未来生活的无限向往。自强不息是孩子们的动力，更是我们全体队员的誓言。身为农科学子，队员应如秦玥飞一般，脚踏泥泞，俯首躬行，在荆棘和贫困中拓展，洒下青春的汗水，埋下理想的种子，在前行中耕耘大地，实现生命的价值。

炎炎夏日转瞬即逝，完成实践任务的各支小队，走出大山。我们翘首回望大山深处，历历场景犹在眼前：荞麦花开，儿歌飞出背篓，却飞不出连绵的山脉。镰刀擦亮黎明的时候，太阳笑了。老人坐在石凳上，讲起陶罐与铁罐的故事，羊儿叫了，牛儿叫了，林子里的鸟儿都叫了。你可知道，大山里的世界？

实践活动在师生全身心地投入中画上了满意的句号。但给我们师生留下的是不一样的深刻思考和难忘的印象，思想和脑海中总有些对大山深处村民百姓的眷恋不舍与淡淡的忧伤和惦记——来年我们还应该为他们做些什么？

我们会将接力棒传递下去，将那种爱的精神理念和帮扶的实际行动继续传递下去——让青春使命与时代主旋律同行！心系三农，是农科学子的本分；助力三农，是农科学子的责任；精准扶贫，做行动的巨人，语言的矮子，农科学子贡献青春和力量的时代到了！万千农科学子将把助力精准扶贫的社会责任郑重地记在心中、扛在肩上，在助力国家“十三五”扶贫攻坚的伟大洪流中，彰显我们的青春智慧力量和我们的社会责任感与使命感，我们的激情与汗水必将谱写出新时代的青春赞歌!!

力所能及扶农助农

深入基层一线助力扶贫——我们开展了内容丰富的科技支农活动。我们来到上河村的田间地头，采集、分析病害虫害的标本，认真解决村民提出的相关问题，深入探讨该村谷子、玉米生产的难点，提出我们的建议。根据村庄种植情况，晚上我们为农民播放关于核桃种植与管理方面的视频，白天我们与村民一起劳作将自己在课堂上学到的专业知识应用到当地实际生产生活中。对当地的生产起到了一定的促进作用，也实现了书本知识与社会实践的有效结合。

走进大山，寻找致富之路——我们爬上这里的大山，在山上找到了许多可食用野菜和许多中草药，有白头翁，桔梗，防风，黄芪，黄芩等。采下之后我们做成了标本，以便于用来以后教给村民识别和种植。这里的农户种植的基本上都是谷子和玉米，没有人种植山上长势良好的野菜和中草药，我们提出了可以尝试种植有机蔬菜，中草药等建议。

走入农户家庭，感受真实生活——我们走访了贫困和非贫困家庭，进行问卷调查工作，调查了他们的收入情况，借贷情况以及致贫原因等问题。我们与农户推心置腹，他们对我们也真实地表达了他们自己的看法。通过几天的调研，我们完成了农户调查问卷，了解到了村情民意。进行调查问卷不是目的，我们追求的是追踪调研，为政府提供决策，帮助真正实现精准扶贫。从驻村工作组了解到：这里的贫困不仅与他们这里的地理条件有关，也与当地农民思想的陈旧和是否有

植物标本的压制　崔静静 摄

自主致富意识都有很大关系，要想致富，不仅要摆脱旧思想，也要有创新，敢尝试。

让爱心传递，大手拉小手——我们开展了主题为“大手拉小手”关注儿童教育拓展学生素质活动。组织小学生，开展结对子、一对一的帮教，我们一一与他们耐心交谈，询问了他们基本的学习、生活状况。从他们的话语中，我们了解到这些年龄还很小的孩子们都十分懂事，很体贴人，能够帮家里人干活，而他们的父母大都打工在外，家中的老人还体弱多病，需要人照顾。“穷人的孩子早当家”，这群小朋友在这一天就给我们所有人上了深刻的一课！大手拉小手，我们教给孩子们绘画写字，使用显微镜，练习英语并且帮助他们解决了许多学习问题。同时我们将学习与做游戏结合起来，寓教于乐激发学习兴趣。

知道我们即将离开，村里的村民和孩子们都很舍不得我们，留恋地说：“你们下次还要来呀，回来看看我们也好。”那些可爱的孩子们拉着我们的手说：“姐姐我舍不得你，你还来吗?”听到这些话我们的眼眶湿润了，因为这不仅仅是对我们的挽留，更是对我们这次实践活动的认可。虽然村民们都说谢谢我们给他们带来了知识，但我们更应该感谢村民们给我们的肯定和认可。

几天的社会实践，我们把所学的理论知识，运用到了生产实践，为村民百姓做了一些力所能及的工作。也学到一些在学校里学不到的东西，了解到了许多真实的农村现状，加深了我们对“三农”的感情，进一步明确了青年学生的成才之路与肩负的历史使命。

明年，我们还会再来！

（张红新　赵鹏　马静　文）

让青春在奋斗中砥砺前行

——2016年河北农业大学农学院暑期社会实践纪实

2016年5月，河北农业大学农学院积极响应全国农学院协同发展联盟的号召，组织了4支李保国扶贫志愿服务队赴张北县小分队，分别奔赴张北县黑山堡村、战海村、鱼儿湾村、许家营村开展“走进乡土乡村，助力精准扶贫”主题社会实践活动。师生一行23人，身影遍布四个村的家家户户，足迹踏遍四个村的沟沟坎坎，完成问卷94份，实地走访贫困家庭200余户。3个月来，在老师的带

精准扶贫科技先行　赵凌云 摄

领下，服务队的小伙伴们，以青春的名义，用实际的行动，携一腔热血走进贫困山区，奉献点滴力量，践行“太行愚公”精神，谱写青春扶贫路。

从平原来，从象牙塔来，带着一腔热血，带着青春梦想，这就是我们这支扶贫志愿服务队。我们大多来自于农村，但浮于实践；我们大多热爱农业，但鲜有理解；我们大多是农民的儿子，但疏于农技。多年的求学生活，让我们更熟悉城市，更适应人潮，就像温室里的花朵，不理解田野乡间的艰辛，象牙塔里的宁静，疏远了生活的辛劳。

“民之大事在农”，三千年前，古人即有这样的认知；“务农重本，国之大纲。”习近平总书记也是这样要求的。由此可见农业的重要性，中央对农村工作的重视。深入农村，走进乡村，亲近土地，走入农户，这是每一名农业工作者的必然选择，也是农科学子的重要一课。回想起在学院李保国扶贫志愿服务队授旗仪式上的铮铮誓言和学院领导老师的殷殷嘱托，热血涌上心头。我们将用心学习领会习近平总书记精准扶贫系列讲话精神，用实际行动践行社会主义核心价值观，用双眼发现贫困原因，用双脚丈量贫困土地，用头脑思索扶贫对策，用真心感悟扶贫情怀。作为李保国扶贫服务队的成员，我们定当秉承李保国老师的为民情怀和务实作风，拓展“太行山精神”，内化于心，外化于行，为农业服务，为河北省的经济建设服务，用自己的点滴力量助力扶贫攻坚的伟大征程，用拼搏奋斗书写自己的无悔青春。

调研　获得第一手资料

7月，我和服务队的小伙伴们第一次踏上了前往张家口的火车，扶贫志愿服务的第一次行动开始了。我的心里既激动又忐忑，激动在于习大大常常牵挂的扶贫攻坚工作原来离我们并不遥远，忐忑源于未知，这个在心里憧憬良久的坝上山村对于我们是陌生的。带着思考、带着兴奋、带着惴惴不安的心，旅途开始了。

火车缓缓地前行，我们也渐渐适应了轨道碰撞的旋律，随着行车节奏不停地晃动。凭窗远望，艳阳高照的华北平原渐渐褪去，火车在太行山脉不断攀爬，钻过无数山洞，走过詹天佑设计的“之”字路，进入了张家口。火车换汽车，汽车换三轮，经历了12小时的跋涉，450公里的路程，服务队员一行23人终于来到了张北县小二台乡黑山堡村，扶贫志愿服务的第一站。

张北县地处坝上，海拔 1500 米，是国家级贫困县。都说坝上地区海拔高，气温多变，昼夜温差大，紫外线强。晴天时，即便 30 度的高温也必须戴草帽穿长衣，全副武装，稍有不慎便会晒褪一层皮。尽管做了充足的心理准备，但实际情况却始料未及。上坝那天，恰逢阴雨，在保定上车时穿着背心还大汗淋漓；下车后每个人便把自己带来的所有衣物，一层一层全部套在身上，凉风倒灌进衣服，牙齿禁不住咯咯打战；晚上气温骤降到 10 度以下，拿着手机的手冻得几乎无法打字，睡觉盖上了厚厚的棉被。说实话，初来乍到的服务队师生落差极大，虽不曾想过此处是福天洞地，却也曾幻想着是尘世不染，而当我们真正地去接触，了解这个地方时，不由得心中阵阵酸楚。

随着一条弯曲的乡村土路，村落缓缓出现在众人的视线里，早就有着心理准备的我们，看到眼前的一切，却还是不能完全接受。虽是农村走出来的孩子，但就眼前之景，心里还是咯噔一下。在 21 世纪改革开发的今天，经济建设的快速发展，乘坐着时代列车的我们无法想象，距离首都北京不足 200 公里的土地上还有如此落后的山村。曾经憧憬这里是鸡犬相闻的田园生活，而当我们真正走进这里，村中的土墙石砖，柴门木窗，院子里满是半人高的荒草，破落的房屋，泥泞的道路，混合着牛马粪便的特有气息，目之所及一片落后、生产力低下的场景，我们震惊了。

第二天一早，五点半，我们准时赶到田间地头，开展贫困户建档立卡的调研工作。这么早做调研是因为，前期我们已经了解到，当地经济落后，靠种粮食仅能维持一家的口粮，农民都是早起下地，八点收工到外面打零工，补贴家用。就这样，我们根据前期贫困户建档情况，在田间地头找到农户开展调研和土壤采样，深入田间地头、走进一家一户，为贫困户进行土地测量、作物采样、光合分析，深入调研致贫原因。

困难总是始料未及，第一天的调研最困难的竟然是——语言。张家口坝上地区有自己独特的语言风格，面对着操着浓郁乡音的热情村民，纵然是有三头六臂，个个身怀绝技的队员们，也急得像热锅上的蚂蚁。不能沟通，如何才能深入调研；不了解情况，听不懂老百姓讲什么，又怎能走进他们的内心世界。语言不通的事实难住了我们，我们便想着让他写下来，也方便记录，老人犹豫了一下摇摇头说“俺不认字儿”，原来村民没有几个会写字，这无疑是雪上加霜。但办法总比困难多，我们没有灰心丧气，想想李保国老师第一次和农民交流时，是不是也是这样的情景？这更坚定了我们一定要克服语言障碍的决心。队员们硬着头皮，手舞足蹈地向他一遍又一遍地重复着我们的问题，或者请他重复回答或者放慢语速，也许是我们的真诚打动了老人，老人没有显露出一丝不耐烦，他在慢慢听我们说，就这样我们开始了沟通，完成了一个个调查问卷。

在调研中，一名队员问一位80多岁的老汉家里收入时，他说“哪有收入，过得仔细些还够吃”，他还说“亏了共产党，能吃饱能穿暖，每个月还给钱（低保补贴）”。这里干旱，粮食产量低，靠天吃饭，老汉家劳动力外出打工补贴家用。他问有没有需水少的作物品种，他想试试。多么朴实的要求，多么真实的现状。朴素却又真实的问题让队员们深刻理解了“扶贫”二字，体会到了李保国老师几十年带领农民致富一路走来的坎坷和不易，更加理解了习近平总书记所说的“小康不小康，关键看老乡”这句话的意义所在。

调研再继续，我们深一脚浅一脚地走到村委会的门口，天上的朵朵白云像是放养的绵羊，悠闲来去，却从不知道土地里刨食的生活面临着怎样的艰辛。村委会前面的两面墙像是展开的双臂，欢迎我们的到来，村长就站在门口。村长姓吴，40多岁，花白的头发格外显眼，脸上的沟壑显示着岁月留下的痕迹。我们向村长了解该村的教育情况、经济状况和贫困村民的具体难处。村长十分热情，为我们一家一户的介绍。这是一个不足百户的村落，村民300多人，常住村民几十人，多为老、弱、病、残、孤，劳动力基本都已外出务工，村中的低保家庭占多，收入十分有限。村上的土地以种植莜麦、土豆为主，产量低，仅够维持口粮；村子小，孩子少，本村没有学校，孩子每天要走很远的路去上学，大人又很难接送，很多孩子的学业也就搁置了。

“不明察，不能烛私。”作为农学学子，我们深知，深入基层实地调研是必修课；作为扶贫志愿服务队的成员，我们更懂得，只有经常走村入户，倾听民声，了解民情，领会民意，切实掌握第一手资料，科学研究成果才能解农情，惠农意。

眼神　牵起彼此的牵挂

“民智者，富强之源。”扶贫先扶智，扶智先重教。在了解的当地教育情况后，志愿服务队的师生研究决定，在调研、扶贫的同时交叉开展对村里留守儿童的教育帮扶。

在这个宁静的小山村，砖和沙砾砌成的墙垛，千疮百孔的木栅门，冷清的小巷，懒散的小狗，似乎在这近乎于原始的村落里，时间都变得懒懒散散起来。劳动力外出后的家庭，只有老人带着小孩，自由地“放养”，这些孩子就是电视里常讲的一年见不到父母一次的“留守儿童”。

在一户低保户家中，住着祖孙两人。看到我们这些陌生的大哥哥、大姐姐，九岁的小男孩本能地躲避，有些害怕、有些羞涩、有些好奇、有些期盼，躲在老人身后的孩子用他的大眼睛审视着这些“不速之客”。都说孩子的眼睛里有星空，然而在这个棚顶漆黑的老屋中，我们看到的只有迷茫和闪躲。老人用他那长满老茧的手摸着孩子的头，不停地安抚着。他们的衣服，室内的摆设，处处显露出岁月的痕迹。看到孩子的拘束，我们赶紧拿出提前准备的文具和书包，放到男孩手上。孩子紧紧地抱住书包，轻抚漂亮的图案，轻轻地说：“妈妈说，上学了也送我一个书包”。原来孩子已经快两年没有见到在外打工的父母，连上学送书包的承诺也没有兑现，男孩盼新书包已经盼了一年。老人说着，孩子的眼泪就下来了，我们的泪也在眼眶不停地打转。在这祖孙两人面前，我们深深地体会到，留守儿童的心酸，教育的任重道远。

为了给村里像这个小男孩一样的孩子留下一个美好的回忆，服务队的小伙伴们商量，利用晚上的时间开设“七彩小课堂”，虽然村里的孩子少，但每一个孩子都该享受七彩的童年时光。说干就干，我们专程骑车一个多小时到镇里买来彩笔、画板、彩纸、剪刀、毽子、跳绳等文体用品，利用休息时间和孩子们一起折纸鹤、画家园、剪剪纸，在明亮的月光下踢毽子、跳绳、丢沙包、做游戏，在昏暗的灯光下补习功课、练习写字、唱歌、跳舞、学习普通话。几天下来，我们志愿服务团的队员都成了孩子王，有这些孩子的伴随与帮助，还增进了我们与老乡的感情，真是一举两得。

再苦不能苦孩子，再穷不能穷教育。这样的孩子也许还有很多，这样的例子也不是特例。他们理应和我们一样享受父母的爱护、老师的关怀，但为了生活，父母背井离乡，外出务工，为城市的发展做着贡献。这些孩子们却不得不从小就品尝思念的滋味，父慈母爱的缺失，每每想到这些，我们顿觉肩上的担子更有分量。还记得即将离开村子的时候，老人拉着队员的手，流着眼泪问“啥时候再来啊”，我们异口同声地回答“明年我们还要来”。很多队员眼睛里噙着晶莹的泪花，孩子们更是拉着大哥哥、大姐姐的手久久不愿松开，那一个个熊抱，将志愿服务团每个成员的心紧紧地拴在了这个偏僻的坝上小山村。

“教育为立国之本”，孩子们对教育的渴望，对外界的新奇，对父母的期盼，对生活的热爱深深地感动着我们，那期盼的眼神，久久不愿松开的小手，紧紧地拴住了我们的心，牵起了彼此的牵挂。

扶贫　解决实际问题

“要看真贫、扶真贫、真扶贫。”习近平总书记一心为民的家国情怀，在扶贫工作中体现得淋漓尽致。他关心贫困地区的发展、贫困百姓的生活、扶贫工作的推进，我们作为李保国扶贫志愿服务队的一员，更是责无旁贷。

村里的老人向我们倾诉：“这里缺水天冷，靠天吃饭，老天爷心情好，不闹旱灾，不闹虫灾，我们就能多收点，多卖点。丰收了，东西就不值钱啦；灾年吧，粮食又贵，但是田里也没啥，还是卖不上钱。孩子们都成家了，就让他们都出去了，逢年过节，回来看看就行了，不能这么一代代穷下去。一辈子种地都习惯了。”这是农民对生活的向往，对脱贫的渴望，对现实的无奈。当队员们问老人种地的技术和经验时，老人只有沉默，此时的他坐在已经泛黄的门槛上，一口一口地抽着大烟袋，显得那么的沧桑和茫然。我们在服务队农业专家的带领下，白天到地头上，找病灶、开方子；晚上在炕头上，传经验、讲技术，老人认真地听着，用我们看不懂的符号记录着，紧握着教授的手久久不松开，看到老人的眼睛里分明闪着光，分不清那是感激的泪光还是向往中的希望。灯光虽暗淡，但那是知识的启明，当我们为当地技术员进行农技培训、生产实践指导等服务活动时，老人每每都会叼着一口大烟袋，在昏暗的光影里出神地看着我们，我们知道那是渴望知识、渴望技术、渴望富裕的眼神。

考虑到当地青壮年少，劳动力以老年人为主，文化程度低的现状，我们将技术分解，将晦涩的技术语言变成大白话讲给农民听，一遍不行再来一遍，有些重要的技术环节甚至讲四五遍，还要配合实物的演示，一天下来口干舌燥、精疲力尽，但内心是充实的。这些技术，为这个贫困落后的小村落带来了生机和活力，村里的课堂成了最热闹的场所，一传十，十传百，周围村子的村民也来打听技术了。看着他们渐渐红活的笑脸，队员们的心也湿漉漉的。探讨后，在老师的带领下，我们针对农户问题基本形成了“一村一户一策”的方案，为实现贫困户的支农增收，为达到精准扶贫目的而默默耕耘。

当我们了解到黑山堡村有一名村民承包了部分土地，用来发展错季冷凉蔬菜，还在承包的荒山上搞生态养殖、立体养殖，备受鼓舞。但实地查看后，我们发现这位村民的养殖模式表面看风风火火，很有前景，但蔬菜储存以及品种更新都存在很大的问题，这些问题不及早解决，势必影响扩大再生产。这位村民告诉我们说，每年到了农收的季节，因为同时收获，如销售渠道不畅通，很难在第一时间卖出，导致部分的农产品滞留，若储藏不利，过不了几天就都坏掉了，只能扔掉，很是心疼。加之每年都种植相同的品种，大家都在种，数量上去了，价钱就下来了。对此，我们志愿团服务团的领队刘玉华老师带领大家聚在一起集思广益、出谋划策。此时正是晌午，气温攀升，地里，蚊虫飞舞，空气干热，但同行的队员没有一个抱怨，望着对方狼狈的样子，我们相视一笑，或许这便是苦中有乐，乐在其中吧。刘老师豆大的汗珠从脸颊上滑落，滴到早已浸湿的衬衫上，他挽起了袖子，绑起裤腿，竹席编制的草帽翻带在背上，这明明就是一个老农啊。他指导我们认真测试土壤结构，关注每一个细节，生怕遗漏了什么，在必要环节手把手地指导，正是这种专注和对细节的精准，我们才搜集了更多资料和信息。功夫不负有心人，根据当地冷凉气候特征，我们终于找到解决方法。在生产中引入特色蔬菜和耐储藏蔬菜、蔬菜套作间作等技术，增加蔬菜品种，调整蔬菜上市时间，通过这种方式，有望解决当地老百姓们蔬菜品种单一，上市时间集中，菜贱伤农的问题，为村民的生计谋了出路。

青春　在奋斗中砥砺前行

扶贫，习近平总书记说得最多的一个词就是“精准”；贫困，国家发展中不协调的画面。扶贫一直以来是习近平总书记牵挂和担心的事情，也是40多年来让他花费精力最多的事情。他曾说“他们的生活存在困难，我感到揪心。他们生活每好一点，我都感到高兴”。国家之任为己任，大到国家，小到个人，全民参与扶贫，相信阳光都会因此变得更加温暖。

“艰辛知人生，实践长才干。”不去参与，就难尝酸甜苦辣；不去实践，又怎会

实践团合影　任晓强 摄

踏实求索。每当遇到困难时，我们想到了“太行山精神”；每到坚持不下去时，我们想到了坝上扶贫攻坚30年的农学老教授们和“时代楷模”李保国老师，正是他们不辞辛苦，甘于奉献，在扶贫开发这条路上，坚持实干，将贫困群众的冷暖牢记心头，攻坚克难，不留死角，老百姓的脱贫就会快一步，致富就会早一步。

时间匆匆，调研即将结束。蓝天下，是一片片绿油油的试验田，幼苗吐穗，绿色的新意让人眼前一亮，整齐地排列好似绿色的卫兵，守卫着这一方乡土。车子在有节奏的颠簸中渐行渐远，回头望去，仿佛看见了那老人、那男孩、那村长、那满是希望的土地……

“十年饮冰，难凉热血。”越是深入实践，越是了解，就越是动容，就越是牵挂，越是想要为他们做些什么。一路走来，在扶贫路上，我们坚定了内心，抛开了依靠，适应了独立，少了一份脆弱，多了一份坚强，得到了一生中最为宝贵的财富。

扶贫攻坚之路虽艰，我们依然砥砺前行。

（郭婧　张涛　文）

我们一直在路上

——内蒙古农业大学农学院 2016 年暑期社会实践纪实

我们回忆着那年夏天，思绪被我们一路上的欢声笑语牵扯着，一行人背着的沉沉的调查问卷，一步步丈量着乡土乡村，一遍遍询问着基本情况。我们一起在阳光下挥洒汗水，满足老乡们充满希望的眼神。2016 年夏，内蒙古农业大学农学院接到了由中国农业大学农学院发起的全国农业大学农学院共同参与的“走进乡土乡村，助力精准扶贫”的联合社会实践活动的邀请，学院全体师生都十分重

支教行动　李宇晨 摄

视这次联合活动，深入探讨中国农业大学农学院下发的总文件后，2016 年 5 月 4 日我院举办了“走进乡土乡村，助力精准扶贫”的社会实践的启动仪式，就这样，在院领导充满希望的致辞中，在志愿者们铿锵有力的《中国青年志愿者之歌》中，内蒙古农业大学农学院拉开了联合实践的序幕。经过一个多月的紧张筹备，在 2016 年 7 月 15 日那个早上，烈日当头，清风拂面，队员们带着迫切的期望，承载着母校的寄语，内蒙古农业大学暑期社会实践小分队踏上了实践之旅。或许一次小小的实践并不能改变什么，但至少我们善意的初衷、勤奋的脚步，可以为农民们带来一丝帮助与关怀。我院共派出三支实践小队，分别前往国家扶贫开发工作重点县兴和县的大同夭乡、团结乡和店子镇，共 26 名队员，其中有两名林学院的学生与我院同学联合组队，共同完成了实践任务。彼此间还不太熟悉，甚至是从未谋面的有志青年，就因此相聚。在这里，志同道合的我们，同甘共苦，在目睹了共同的事情之后，拥有了相同的感触。时间慢慢流逝，我们在老乡们充满希望的眼神中，在孩子们渴望外面世界的话语中，在看到了贫困县的现状后，更加坚定了自己的目标，明确了自己的责任，认识到了作为一名农学人肩上的重任。星星之火，可以燎原，如果每位农科学子都能为改变贫困县现状做出一点努力，那么将会帮助很多贫困县“摘帽”，让那里的孩子们能亲眼看到外面的世界，体会到这大千世界的美好。

中国是农业大国，农村的发展，农民的小康生活是我国发展的根本。身为农科学子，我们对于“三农”有着一份深厚的情感。我们以基层调研、科技支农、开展支教等方式深入乡土乡村，希望对目前的农村农民有一个直观深刻的了解，并能进行客观的案例分析，把握他们最紧迫的需求，寻找他们最迫切的希望，响应国家脱贫攻坚战略号召，把我们在学校所学到科学知识和技术运用到实践中，尽自己的绵薄之力帮助农民脱贫致富，实现学有所用、回馈社会、服务人民的最终目标。

整个实践过程中，我们共完成了 500 多份调查问卷，挨家挨户地走访了村民，详细了解了兴和县的贫困现状。

那天清晨，面向阳光，一群穿着橙黄色衣服的外乡人行走在田间地头，那一抹艳丽的黄色，是我们留下来的青春的色彩。所有的一切都是那么新鲜美好。我们走在蓝天绿草间，呼吸着清新的空气，听着老乡们浓厚的口音，心潮澎湃。放眼望去，颜色相间的田地整齐的排列着，村民们拿着锄头，早早下地干活。在团结乡，我们首先来到了村长康亮的家中，村长向我们详细地介绍了该村的发展历史、经济状况以及农作物种植等方面的内容。我们还了解到，该村的人口老龄化现象十分严重，如今村里留守的几乎都是孤寡老人和儿童，只靠着种几亩地维持生活。随后，在村长的指引下，我们来到了广场紧张有序地开展宣传活动，队员们纷纷张贴条幅、分发农业种植技巧传单，希望能尽可能帮助村民。

在大同夭乡，乡党委副书记、乡长杨志勇与实践队员进行了座谈，杨乡长的热情让我们感到了家一般的温暖。他向我们介绍了大同夭村基础设施的基本情况和“十个全覆盖”后村里的变化。尽管修上了柏油马路，但每天早上只有一辆车可以到县里；尽管房屋都进行了粉刷，但那仍然是住了多年的土坯房，它会漏雨漏风；尽管如今现代机械化农业发达，但是这里仍是日出而作日落而息的传统耕作方式。那几日，我们还前往当地希望小学进行支教活动。在教室里我们辅导小朋友们完成暑假作业习题，我们一起绘画、一起游戏，我们仿佛在重温着童年。在孩子们心中神圣的教室中只有几套木头桌凳，三十多名同学。“脚不能达到的地方，眼睛可以达到，眼睛不能到的地方，精神可以飞到。”在这里，有孩子们最敬爱的老师，他们握着画笔，用彩色的颜料描绘着笔下的画布，那就是他们彩色的梦。望着他们洋溢着幸福的笑脸，那一刻，我们由衷地感慨，这些付出与汗水都是值得的。

在店子镇，我们在调研工作之余，受兴和县扶贫办和所在乡政府的委托，帮助镇政府完善贫困人口数据库的录入工作。其中，周书记细心为我们讲解了贫困库录入工作的细节和要求，此项工作涉及贫困户的信息是否准确和受助等级，队员们态度端正、工作认真，充分发挥自身计算机方面的特长，积极帮助镇政府完善了贫困人口数据库的录入工作，为当地的扶贫工作贡献绵薄之力。这对于大学生来说虽然是一份简单的工作，却让我们体会到了乡村工作的不易，更感受到了当地政府勤政为民、扶助三农的信心和决心。

为响应全国农科学子联合实践行动的号召，农学院小分队分别在三个乡同时开展了“农天下”APP和农业知识的推广活动。首先我们对当地的农业发展状况和种植作物做了初步的了解，发现该地以马铃薯、大豆、黍子为主要作物，但当地劳动力稀少，出现地多人少的状况。为丰富当地乡亲对现代农业的了解和技术的掌握，我们在各乡政府附近张贴关于农作物种植知识的海报同时为老乡们分发了农业知识宣传折页。随着活动的开展，越来越多的村民加入到我们的队伍当中来。在我们推广“农天下”手机APP服务平台的时候，队员们细心地帮助老乡们学习使用“农天下”APP，告诉他们要善于运用现代科技，科学、合理地种植农作物，真正发挥移动平台服务农村的作用。科学种植是当今现代农业发展的必经之路，利用先进的科学技术，提高农产品的品质，使农作物高产、稳产，农民们能够提高收入，进一步改善生活是我们共同的美好愿望。

7月18日，本次社会实践拉下帷幕，这是我们内蒙古农学院首次参与由“全国农学院协同发展联盟”组织发起的“全国农科学子联合实践行动”。即使是在最后一天，同学们依然热情饱满，努力工作。临走前，我们到达了最后一个调研村开展调研工作，走访调查、在广场分发宣传单，村民们态度积极热情，对我们的工作十分的欢迎。我们开展的支教工作，以关爱留守儿童为重点，设置了环保科普、绘画培养、趣味游戏、发放文具等活动，实践队员们用青春朝气感染着这片土地，为当地的村民、老人、儿童带来了欢声笑语。在推广“农天下”APP手机服务平台的活动中，队员们教授农户运用手机APP学习、使用现代农业科技，科学、合理地种植农作物，真正发挥互联网平台和现代农业科技服务农村的作用。这一路上，我们不仅仅收获了难得的经验和珍贵的友谊，更培养了求真务实，坚定不移的品质。

实践的经历虽短犹长，我们同甘共苦、众志成城，我们走进了包村到户掌握了第一手的贫困信息和资料，我们在现实中感受到了贫困家庭生活的艰辛，更感受到了当地政府为改善经济所做的努力。本次社会实践让我们在回味无穷的征途上提升了自我，在乡亲们满含情感的眼神中感悟了人生。相信同学们定会牢记这次经历，将理论与实践相结合，时刻准备着为国家和地区的发展、社会的进步贡献自己的力量。

队员与张奶奶

在开展扶贫政策宣传活动与问卷调查过程中，队员们在村支书的带领下，分组进入农户以访谈的方式与当地人进行面对面交流。我们还对一些特殊家庭，进行了特别的访问。其中一位老人令我们记忆犹深感触颇多。队员们了解到张奶奶家是本村的贫困户，老伴于五年前因病去世，儿子常年在外打工，家里仅有她孤身一人，没有可靠的经济来源，家里仅有的几亩薄田只能供应她的基本生活需求。我们对张奶奶家的情况做了详细的了解和记录，希望能够通过我们的点滴努力对和张奶奶情况类似的贫困家庭得到切实的帮助。张奶奶对我们的到来十分的欢迎，并希望我们可以将种植技术推广得更广泛。随着社会经济的快速发展，城乡居民的收入差距日益加大。由于农村人均可耕地面积的减少，农民从自己原有土地上获得的收入赶不上经济发展水平，越来越多的农民涌入城市打工。大量的农民进城务工增加了家庭经济收入，也带动城市经济的发展，为城市建设做出了巨大贡献。但是，大量农村青年进城打工，将孩子、老人留在家里，即所谓的“留守人员”，这对留守人员的物质生活和感情产生了极大的影响。留守老人的经济状况不容乐观，经济来源不稳定子女外出务工的确带来了家庭经济条件的改善，但是单靠外出打工子女的给父母的支持还不能给予父母充足的经济支撑。不仅如此，留守老人的医疗卫生状况也不容乐观，老人的医药支付能力较差，部分老人生病时缺乏生活照料。大多数老年人一般体弱多病，普遍患有慢性病。虽然子女外出务工增强了老人医药支付的能力，负担起了老人大部分的医药费，但一旦生了大病昂贵的医药费也让子女整个家庭难以支付，存在着“生得起病，拿不起药”的现象，有病不医的情况不在少数。绝大多数老人出于习惯或现实经济状况考虑没有做过健康体检。在医疗保障方面，大部分老人都无任何医疗保障。留守老人由于子女不在身边，无人照顾，往往在突发疾病时得不到及时抢救，生命时常受到威胁。同时有些留守老人难以自己照料自己，生活自理能力较差。所以，当今社会留守老人问题亟待解决，相信，只要社会对留守老人多一些关注，就会帮助更多的老人安享晚年。

老党员——刘爷爷

最让我终生难忘的一段经历，是我有幸结识的一位将近 70 岁的老大爷，从某种程度上讲，他与我，更像是爷孙。我第一次见到刘爷爷时，我自己都很吃惊。当天中午，我们实践队走到村口时，刘爷爷骑着一辆红色的电三轮车姗姗而来，出于好奇，我主动上前打招呼。经过一番简单的交谈，我发现原来刘爷爷是一位老党员，更让我大吃一惊的是他今年已经 68 岁了。看着他红光满面，一派仙风道骨的模样，我不禁想了解他更多的故事。于是我们便约定好下午进行一个交流。

让我羡慕不已的是，刘爷爷十五岁的时候就已经入党了。他们那个年代，生活落后，农民很吃苦，他在供销社工作过，在卫生院当过卫生员。虽然一辈子生活在农村，但他从来没有后悔自己是一位党员，相反，他为他是一位党员而自豪，在那个年代当一名党员也实属不易。他教导我，做人不要忘本，不论身居何职，都要尽自己的能力去帮助更多人。刘爷爷带我参观了他的家，很显眼的是里屋一进门的一面墙，墙上是他年轻时获得的奖状，他给我看了年轻时候的工作的照片和他珍藏的书籍。一页页泛黄的书，一张张老旧的照片，在我的内心激起阵阵涟漪。紧接着他又骑着那辆红色的电三轮，载着我到他的地里。望着田间一排排整齐的农作物，他乐开了怀。刘爷爷告诉我，现在国家政策好了，农民种地得心应手，但对于专业知识，科学种地还比较缺乏，他希望我们农科学子，要努力读书，掌握更多的知识，去服务农民，服务社会。他说："中国是一个农业大国，中国的发展离不开农村，从农村中来，就要回到农村去。"一天的相处，刘爷爷让我对农民、农业，乃至党、国家有了更深刻的了解。时下，兴和县最需要的就是科技兴农，农民终归是要回到田地里的，但是由于青年劳动力的缺乏，年纪大的村民还是得亲自务农，所以，需要有科学农业知识的青年大学生来到这里，留在这里，为这里灌注新鲜的血液。临别时，刘爷爷特意嘱咐我们要好好学习，争取早日入党，为社会为人民做更多的贡献。刘爷爷的话一直回荡在我们脑海中，科技兴农，正是我们农科学子需要务实的事情，是刘爷爷，让我们更加坚定了心中这个信念。

这个夏天，我们经历了一场永生难忘的社会实践。有苦有累，有感动有汗水，甚至泪水也眼眶中打着转。那次，我们拿着调查问卷挨家挨户调查时，一位大爷的情况触动了我们每个人。调查问卷还没进行到大爷所住的巷子，但是大爷听到了我们此行的目的后，急忙赶过来找我们，向我们述说着家里的情况，希望我们能把情况记录反映。大爷说家里只有重病的老伴相依为命，由于医疗保险的不健全，老伴的病也一直没有得到相应保障，看病吃药的花费，只能靠几亩薄田来维持生计，多年的负担，导致大爷的身体也有着大大小小的毛病，不仅如此，"十个全覆盖"也没有为大爷和老伴带来温暖的房子，仍然住着不挡雨不防风的

学院领导慰问队员　李宇晨 摄

房子……说到激动之处，大爷情不自禁地拉起我们的手，留下两行对现实无奈的泪水，我们一边听着大爷的讲述，一边前往大爷家里，看到眼前这个破旧的屋子，很难想象里面还可以住人，再回想着大爷说的家里情况，我们默默流下了对现实无知的泪水。返程的路上，大家都很沉默，一句“原来那样的房子里还可以住人”打破了这一路上的沉默，一声声叹息在上空徘徊。是啊，我们舒适的生活环境让我们看不到那些真正贫困的人，平时所接触的相关资料报道其实也离我们很遥远。现在，目睹了贫困的现状，我们真正地了解到了贫困为何物。身为农科学子的我们，是最有责任与义务去改变他们的人。这次的实践之行，坚定了我们的信念，帮助他们改善现在的生活，让这里的老人都能安享晚年，孩子们都可以看见外面的世界。

“纸上得来终觉浅，绝知此事要躬行”。2017 年，社会实践我们依然在路上。未来，精准扶贫我们永远在路上。

（申鸣　文）

路在前方　路在脚下

——山西农业大学农学院 2016 年暑期社会实践纪实

光阴流转，回首发现，总有那么一些人，总有那么一段事，在记忆深处，永不消散。仍旧清楚地记得，正值盛夏的我们，带着相同的初心，怀着同样的愿望，分散各个乡村，留下志愿足迹，挥洒着属于自己的青春汗水。2016 年 7 月，山西农业大学农学院积极响应“全国农学院协同发展联盟”关于开展万民农科学子联合实践活动号召，结合省扶贫办脱贫攻坚目标任务，由师生党员、本硕学生

山西农业大学农学院“三下乡”实践团出征　冯伟 摄

组成的 43 名实践队员分赴运城平陆、吕梁中阳、晋中和顺和忻州繁峙四个国家级贫困县积极开展“走进乡土乡村，助力精准扶贫”实践活动。累计共对 100 余户村民展开深入调研，并为 50 多名留守儿童开展支教结对帮扶活动。以虔诚之心，做平凡之事。这些经历，是我们青春记忆里最宝贵的财富。

“面朝黄土背朝天”，这样的生活或许很多人都很陌生，然而，这是农村生活的真实写照。有这么一群人，以庄稼的收成勉强度日；有这么一伙人，靠辛苦劳作贴补家用。在资源紧缺的条件下，他们依旧乐观开朗；在艰难困苦的境遇里，他们心怀渴望。匮乏的物质条件，落后的交通环境，这些都使我们深知，此次实践意义重大。泥泞的道路，颠簸的汽车，窗外逐渐单调的风景，仿佛也在向我们诉说着，此次目的地即在眼前。

作为农科学子，在深刻学习习总书记精准扶贫的讲话精神后，我们需不断探索，体悟偏远农村的民情，亲身感受贫困地区的现状，以满腔热血投入脱贫攻坚战场，用饱满的精神为“三农”问题贡献属于自己的力量。农村的发展，需要政策的支持，离不开科技帮扶。深入农村，助力发展，我们也义不容辞。

泥泞之后是希望的路

天色渐灰，落珠般的雨点犹如在为我们饯行一般，下个不停。汽车拨开雨帘，在路上飞驰着，路边的树丛山坡一闪而过，震耳欲聋的雷声愈发地轰响，伴着我们驶入大山深处。

“人说山西好风光，地肥水美五谷香。”在这里，我们没有看到肥美的五谷，更未领略到靓丽的风光，入眼的只剩下一片片和着泥水的黄土坡，还有枯萎的芦苇荡。

这片黄土养育着当地的乡民，却也禁锢着他们。调研走访中，发现本该颐养天年的老人因为失去了孩子而孤寡无助，本该在田间劳作的强壮青年因为疾病而常年卧床，本该在教室里读书写字的孩子因为没有学费而辍学在家……这一幕幕在我们身边鲜有的例子，却在这个遍地黄土的村庄显现得淋漓尽致。此时此刻，贫困不再是电视上摇摇欲坠的危房，不再是广告牌上孩子沾着泪水的眼睫，它摇身一变，化作这里每一天日常的生活，让突然面对它的我们措手不及，却也无法化解。

走进杨家村，松软的泥沼让我们踏出的每一步都不那么容易，深深浅浅的脚印仿佛是在为我们书写这里艰难的日常生活。没有硬化的水泥地，没有光洁的瓷砖，只有雨水混合着泥土的芳香萦绕在身旁。穿过高高低低的砖瓦房，我们找到了即使是在这样贫苦的环境下，仍显得残破得格格不入的一户人家，这里，就是村民口中王阿姨的家。抬手轻轻地敲了敲有些腐化的木门，听着屋里急切的脚步声与带着浓重口音的一句“来了，来了”，木门由里向外为我们打开。

门内，因常年在大山里生活不与外界接触而变得更加不善言辞的女人，双手紧紧地交握在小腹前，脸上带着阳光暴晒之后无法褪去的焦红，局促地招呼着我们。屋子里充斥着有些霉质的潮湿气味，昏暗的家里，也只有发出咯吱咯吱响声的石英钟和四四方方还带着天线的黑白电视机让人感到些许的现代气息。大家并排坐在坚硬的土炕上，听王阿姨为我们讲述她的故事。没有泪水和哽咽，她平静地向我们诉说着，像是在讲述着别人的故事，像是这样的不幸与艰难未曾在她身上发生过。然而，内心的震撼却久久无法消去，我们心里涌起的层层波澜再也不能平息。这个看似简单淳朴的女人，其实早已默默承受了许久常人难以想象的压力。

王阿姨的丈夫因为重病去世，家里失去的不仅仅是经济上的顶梁柱，更是寄托着全家希望的精神支柱。顾不上悲痛丈夫的永远辞别，一夕之间，照顾公婆和孩子的重担便都落在了她的肩上。公公婆婆由于年迈，疾病缠身，早已经丧失了劳动能力，平日里在家连做饭都困难，更不用说下地种田。王阿姨自己身体也不好，常年的劳作让她的身体积下了许多旧疾。她独自抚养着一个正在上小学六年级的儿子，白天不仅要务农干活，还要在公婆、父母那里和自家几边跑，一天下来，累得连坐下来休息都成了奢望。家中仅有的一片地成为现在的主要收入来源，一眼看去，规整的田地上稀疏地长着不太成熟的庄稼，这便是全家此时最为重要的生计。

她说：“家里再穷也不能耽误了孩子的教育”，于是，她借钱来供孩子读书。因为深知接受教育才是孩子改变命运的唯一路径，所以即使再难，她也坚持送孩子上学。外债累累，生活拮据，再加上繁重的农务，巨大的压力缠身，本该是一个女人一生中最为风华正茂的时候，在她的身上，却只剩下历经风霜后的沧桑。

离开王阿姨家的时候，天气出奇的好，微风为炎炎夏日拂去一丝燥热，黄沙轻扬着，仿佛是在跳舞。我想起这里的村支书说过的一句话，“基层是锻炼才干的摇篮，农村不仅是汲取营养的沃土，更是莘莘农大学子真正施展才华的舞台。”脱贫致富是每个人心里的渴望，唯有靠大家的双手去努力耕作，借助科技的力量避免灾害，才能把渴望变成希望。扶贫助农，我们都在努力着。

浓郁麦香蕴农民希望

赤日苍穹，盈盈麦香，此时的平陆涌动着金色的热浪，飘散着诱人的芳香。一台打谷机，一架三轮车，千万滴汗水，这是一年四季艰辛的守望。

时间孕育着万物，改变着一切，好像就是在一夜之间绿色的麦田变成了金色的海洋，突兀的枝头挂满了粉嫩的毛桃，低压的彩云饱含着甜蜜的芬芳。晨光熹微，农家小院的屋顶炊烟袅袅，这是一年中最忙碌也是最快乐的日子。老人在家张罗着丰盛的早餐，妇女们一大早挥舞着镰刀拥抱金色的麦浪，男人们光着膀子抬着打谷机走在细长的田垄上，孩子们踮着脚尖去摘那嫩的出水的桃儿。

早饭过后，麦田里打谷机开始隆隆作响。村民们咬着牙，使出全身的力气踩着打谷机的运作横杠，金色的麦穗从他们手里分离出饱满的麦粒。中午时分，烈日当空，麦田里残水蒸发得无影无踪，田埂上的野花已经垂丧着头奄奄一息，麦田里的人们大汗淋漓，透明的汗珠里浸满了麦香。他们依旧精神饱满，热烈的情绪高过头上的骄阳……

我们见惯了农民扛锄弯腰劳作直至“汗滴禾下土”的辛劳；见惯了他们“足蒸暑土气，背灼炎天光，力尽不知热，但惜夏日长”的艰苦；见惯了他们日出而作、日落而息的生活和朴素勤劳、淳朴善良的品质。当画风突转，一张张布满皱纹的脸款款抬起，心无旁骛地聆听我们的脱贫政策宣讲，一丝不苟地记录着每一项会议细节时，我内心一颤，那深邃的眼神里写满了对美好生活的向往，写满了对国家政策的感激，写满了摆脱贫困的决心。我们尽可能使用一些通俗的语言，农民们全神贯注地学习，专心致志地听讲。“劳动是知识的源泉，知识是生活的指南”，他们早早便已经领悟了这一道理。他们就像是那片片沃土，积淀了千年的智慧，内涵丰富。

顺着微风，迎着朝阳，我们在村民的带领下来到当地的桃园。此处不再有高楼林立，取而代之的是广阔无垠的天空和云淡风轻的安逸。桃园已经硕果累累，一个个红艳艳的桃子紧紧地缀满了枝头，让人垂涎欲滴，真是一幅美好至极的画面。然而，丰收并不意味着结局圆满，桃园采摘之后的管理更是关系到桃子后续产量以及农民一年来的收入情况。此时，叶片保管、病虫害管理、合理修剪已然成为当务之急。同行的教授仔细观察果农的种植规划，给出技术指导。于我而言，这段经历或许仅是漫漫人生中的一次小小实践；而于果农而言，这却是一年辛勤希望。微风掠过耳畔，阳光比往常更加耀眼，我知道，我们正在做着十分重要的事情。

“农，天下之本，务莫大焉。”不去实践，就难懂生活的辛劳；不去参与，就不解真实的社会。想要更好地了解农作物的生长情况，田间地头必然应当是我们工作的主战场。询问麦田产量、讲解其生长特点和易发病症、普及农业种植相关知识，便是我们引以为傲的工作。麦田里的每一个脚印，叶片上的每一滴汗，都是我们存在过的痕迹。耳边夹杂着方言的朴实的话语，内心羞于言表的真切的热情，都是农户们最单纯的问候。

实践中最为困难的是让农民朋友们接受新兴事物。大家思想总是较为保守，难以转变。种植的新理念总是无法得到他们的认可。同样，“农天下”手机 APP 的推广也面临着同样的问题，农户们总是对新兴科技不甚信任。我们不厌其烦地推荐，手把手地操作指导渐渐提起了农户们的兴趣，他们了解到这一平台的益处，纷纷下载安装。此刻，我们唯愿先进的科学技术能滋润这片贫瘠的土壤，帮助他们弄清当地的土质问题，引进更适合的种植品种，给世世代代生活在这里的人带来新的生机。

一头老牛、一把新犁、一手老茧、一瓢清水。日出而作，日落而息。凿井而饮，耕田而食。“稻花香里说丰年，听取蛙声一片”，这是希望的麦香，丰收后的麦田又孕育着新的希望。

俯下身去因希望在肩

盛夏微寒的早晨，我们颠簸在前往和平乡的道路上，时不时需要下车在雨后风寒的山谷里等待，车子缓缓驶过泥泞后才能继续前行。我已经数年没有见过这样的道路了，内心浮现不安，甚至躁动，更多的还是期待。

两个半小时的车程，终于到了目的地。被雨水冲刷的道路和被风雨移动过的瓦片在翠绿的群山的映衬下，格外让人悸动。

午饭过后，在村委会的精心安排下，召开了科技帮扶座谈会。新华社的记者也闻讯赶来。乡亲们用当地方言，询问着一些问题，关于种植，关于政策，关于生计……

天色渐暗，雨淅淅沥沥。踏着泥泞的小路，我们来到了田间，入眼的全是燕麦、土豆，还有其他杂粮。各家田地虽说整齐，产量却很令人苦恼。我们随高院长来到了燕麦田，绿油油的一片，明净得很。高院长蹲在田里，观察燕麦的生长情况，并和农民交谈起来，眼里满是亲切。他俯身下去触摸田地的样子，让人心生敬意。

行走在田间小道，临近，屋舍俨然，屋前几分土地种植些玉米、土豆，甚有桃花源之境。但走进去，屋顶潮湿得发霉，地板还是很久之前用乌青的砖块铺的。院长坐在小板凳上，握着老人的手，询问一切可否安好。老人黝黑的爬满皱纹的脸，粗糙的双手，还有我不甚明了的方言，这一切似乎都是对生活的一种妥协，可又似一种抗拒。他俯身坐着，似是有千万斤的担子在肩头。

我们在的那些天，夜夜有雨。因为山高且多为石质山区，白日里雨停后依旧有水从山涧缓缓流下。我们循着兵工厂遗址，徒步走了 7 公里。沿途山清水秀，森林茂密，山谷间百鸟争鸣、流水潺潺，村民致富开发的鱼塘，设计合理实用，还伴随白鹅的轻吟游动。山间沟深、谷幽、林密、壁绝，茂密错综的林草枝蔓钩连，保留着原始的质朴和恬淡。野羊肚、野木耳、野蘑菇等野味山珍可随处采摘，白皮松、水曲柳、五叶枫等稀有树种遍布林间。似乎是只顾着欣赏雨霁后的清新，忘了走了多久，走到了哪里。

原本躁动的心刚刚被雨后的安宁抚平了些，我们便驱车前往东里村国建小朋友的家里，在这仅由 13 户老人构成的村庄，建辉，是唯一的孩子。爸爸意外去世，妈妈改嫁，他一直跟随 78 岁的爷爷生活。政府了解情况以后，将他安排到县城小学上学。小国建很想去大学看看，他的梦想是成为一名宇航员。但是长期生活在老人中间，缺乏与同龄孩子的接触玩耍和交流的机会，加之贫困，导致他内向、不爱说话，目光里缺少孩童的天真快乐，还有流露出一种深深的自卑；加之年龄尚小，与县城孩子们存在较大的差距，使他在内心对去县城上学多了几分恐惧。我们陪他共同完成关于梦想的图画，鼓励他一定要坚持在县城读书，好好学习。

俯身牵他手的瞬间，我心中油然而生的，不是同情，而是责任。只有真的经历，真的看到，才能真切地体会到。我生活在幸福的年代，生活在幸福的家庭里，我是幸福的，我所能做的，就是去回馈幸福。作为实践队员，我们的责任重大，同行的一名班级团支书暗下决心，一定要带动全班同学对其进行长期帮扶。对于一个孩子而言，没有什么比坚持一个梦想更值得，而对于一个集体而言，没有什么比大家共同铸造一个梦想更可贵。感恩之行，我们一直在路上。

爱在心中永远涓涓流淌

一夜雨后，我们走出农家小院，漫步在泥泞的乡间小道，望着连绵起伏的大山，看着蔚蓝的天空，贪婪地呼吸着雨后清新的空气，耳边传来大自然的呼吸，突然感到一切是那么的雅静。一声喇叭打断思绪，出发了。

坐落在山西省东北部的一个小山村，三面环山，深藏在半山腰上。推开希望小学的大门，泥土的清新和花儿的芳香扑面而来，踏在柔软的泥土上心里一阵舒服，这就是村里四个孩子的小学，也是一名小学老师的家。教室是一间不足20平方米大小的窑洞，简陋到只有一块黑板和几张桌椅，还有一台捐赠的电视机。

老师高兴地出来迎接我们，时间在他的脸上和手上都留下岁月的痕迹，纵横交错的沟壑显示出他几十年的默默坚守，佝偻的后背承载着村里孩子们通向外面世界的门，这就是坚守在大山里的老师啊，这里同时也便是七名研究生梦想启航的地方。

在这条件艰苦的地方，他的脊梁被重担压得弯曲，但他仍用单薄的身体承载起整个村庄几代孩子的梦想。他没有抱怨生活，只是默默地将他的一生奉献给了伟大的教育事业。

我们到达的时候，孩子们正在放暑假，所以在山外上学的孩子们也来补课，十几个孩子端坐在座位上，那种对知识渴求的眼神让队员们久久不能忘怀。知道孩子们的英语薄弱，擅长英语的队员在学校就早早准备了课程，以简单却不乏趣味的方式为孩子们带来知识。我们拿出提前准备的彩笔、卡纸，和孩子们一起画画、折纸，天真淳朴的孩子们很快和我们打成了一片。

恰逢周一，我们就在这所希望小学举行了庄严的升旗仪式，拇指粗细的竹竿

实践在麦田　曹阳 摄

在风中摇摆，没有响亮的扩音设备播放国歌，只有我们嘹亮的歌声在山中回荡，红旗下的我们挺直了腰板儿，庄严而肃穆。一上午的时间一眨眼便偷偷溜走，孩子们恋恋不舍，最终和我们约定，下午一定要来早些。

课程之余，我们捐赠各类体育用品和学习用品，和孩子们举行了一场赛况激烈的乡村篮球赛。平日里威严的老师也亲自上阵，大家都玩得不亦乐乎。球赛结束，两个小男孩邀请我们前往他家，在与孩子母亲的交流中，我们了解到孩子的爷爷和父亲都因重病去世，家里因病致贫。但她坚定地说，“再苦不能苦孩子，再穷不能穷教育”，母亲希望孩子有一个好的未来，而只有上学是孩子改变命运最好的出路。

时间总是过得那么快，在支教活动即将结束时，我们了解到一些孩子是留守儿童，常年见不到父母，所以只想尽全力去帮助他们做些事情，便告诉他们可以写信给自己最为重要的人，然后由我们帮忙送达。孩子们一听，立马拿起我们分发的信纸专心致志地写了起来，教室里一片静谧，只有铅笔与信纸摩擦的声音。不得不说，他们那样专注的表情让人动容，莫名鼻头一酸，丝丝暖流在心底流淌。他们有写给父母的，有写给表弟的，但最多的也最令我们感动的是，有很多是写给我们的信，“小韩老师，你送我的小礼物我还没说谢谢呢，我要送你一个小礼物”，“小李老师，虽然你才来这个小村庄几天就给我们上课，谢谢你”……

他们当中一些年龄尚小，字体稚嫩，甚至存在错别字现象，但看着他们幼稚的笔体和质朴的言语，我们眼中的泪珠不停地打转，最后不争气地落了下来。多么淳朴的孩子啊，短短一周的时间，我们便结下了不解之缘。

我们无法选择岁月，但有权选择过怎样的生活，我们能选择为将来过更好的生活而不懈努力。即使在深山之中，即使条件艰苦，即使受生活所迫。这何尝不是我们值得学习的呢？教育兴邦，筑梦中华。教育，是实现中国梦的前提和基础。真正走进乡村希望小学，看到那里孩子们的生活，一份沉甸甸的责任涌上心头。

可能是老天的故意安排，走的时候外面又下起了大暴雨，滴答滴答地敲打着车窗，思绪又回到了半山腰上的那个村庄，那座小学，那位老师那些孩子们……

严谨调研，了解村情；技术帮扶，深入人心；昂首阔步，继续前行。烈日下的我们，尽情挥洒汗水，也更加明白乡村发展之于我们的艰巨使命。再次追忆这段时光，我们深知，路在前方。

（程三宝　冯伟　文）

七月之上

——天津农学院农学与资源环境学院赴宁河鲁庄科技支农社会实践团实践纪实

田园中一朵朵向日葵仿佛在向你微笑。树上的知了仿佛看到了家乡新来的好朋友而奔走相告。七月盛夏，热情的泥土也搭上田间阵阵微风的便车将自己那早已准备好的“淳朴”芳香味的香包亲手送给远道而来的朋友。闭上眼睛，用心细

实践队冒雨前往采样点　郑纪午 摄

细回忆，仿佛那沁人心脾的芳香又带我们回到七月之上。2016年5月3日，“从校园中带着问题走，到了农村社区后要带着问题回，回到校园后还要善于找到解决问题的方案。”以“走进乡土乡村，助力精准扶贫”为主题的全国农科学子联合实践行动今天在北京启动，自此全国所有热爱土地的农科学子，在全国农学院协同发展联盟的倡议下，发起了以“走进乡土乡村，助力精准扶贫”为主题的全国联合实践行动，2016年7月，天津农学院农学与资源环境学院与基础科学学院共同组建一支共计50余人的社会实践队伍。7月7日，天津农学院社会实践队伍来到宁河区宁河镇鲁庄村，共完成调查问卷30余份，实地调研走访二十余个贫困户，向农户推广“农天下”APP，发放农村环保宣传彩页，科普环保知识，进行文艺汇演。在短短几日中，我们用认真的态度去了解农民困扰的生活问题，用满满的热情去进行交流，用真诚的心去感受。

走在校园的路上，晨风微微吹来，一颗颗晶莹透亮的露珠顺着叶子滑下来，欢快地跳跃着。绿油油的小草在柔和的晨光爱抚下苏醒了，在雨露的洗刷下显得更加绿了。坐上出发的班车，望向窗外，我们在期待，不禁在想象要到达的地方会是怎样的，我们在交流，熟悉理解每一个调研问题，深度剖析，我们在欣喜，因为马上就要见到我们挚爱的那片土地。

“敏学切问，躬勤耕稼”天农校训时刻提醒天农学子要敏而好学，不耻下问。勤能补拙、勤奋好学是成才的前提，善于提出问题、能够提出问题是成才的关键。亲力亲为，贴近三农，劳动实践，知行合一，理论与实践相结合。习近平总书记曾指出：“消除贫困、改善民生、实现共同富裕，是社会主义的本质要求”。我们会用心学习领会习近平总书记精准扶贫系列讲话精神，用天农校训勉励自身，天农学子要实事求是，因地制宜，扎实学好基础知识，心系三农，奉献点滴力量。

一方水土的爱

经过两个小时的路程，我们来到了鲁庄村，晋朝陶渊明在他写的《桃花源记》里讲述了这样一个故事：有一个渔夫，划着小船，顺溪流而下，忽然发现一片桃花林，穿过桃花林，迎面有一个山洞。过了山洞，就像来到另一个天地。这里的人男耕女织，土地肥沃，人人生活幸福，家家和睦相处。村里的人热情招待了他，并告诉他，他们的祖先在秦朝因避战乱，来到这里安家落户。一代一代下来，与外界完全隔绝了，根本不知道外面世界有什么变化。临别时，村里人叮嘱渔夫，不要对外人讲这儿的事。这个成语后来用来比喻不受外界影响的地方或理想中的美好地方。习惯了城市的高楼大厦，当突然回归到农村时，或许你也会有陶渊明发现桃花源的感受。“衣沾不足惜，但使愿无违。”农民大伯们古铜色的皮肤，脸上黑白明显的皱纹，胳膊上突起的青筋，宽松的穿衣风格，裤腿挂着还未干透的泥巴，这是他们的真实写照。

虽然贫穷，但脸上却挂着对生活满足的笑容；虽然长期田间劳作使他们压弯了腰，手指关节变得粗大，但却从来没有喊过累，从来没有荒过一尺地；虽然一年的种植收成并不多，但却从来没有想过要放弃，他们说农民不能忘本。这里各家各户将自己门前屋内收拾得很干净；这里的小孩子天真无邪，淘气地向我们这些哥哥姐姐们要手里的气球，抱着气球开心地笑起来，目不转睛地观看着表演；这里的父母对孩子的学业特别重视，父亲当着我们的面严厉地斥责孩子，不好好学习，就回家种地，要向哥哥姐姐们学习，他们都是大学生；这里的农民聚在村委会广场边上一起说笑聊天，年老的大爷手里还牵着自己疼爱的孙子，串门子是这里经常发生的事情；这里的老人特别硬朗，80 多岁还可以自己做饭吃，自己解决日常起居，她笑着说孩子忙，尽量别再给他们添麻烦了，等实在做不了再说；这里的家庭和睦，采访中看到夫妻间的默契，对老人的孝顺；这里的农民很热情，他们直言不讳，耐心回答我们的问题，给我们倒水，给我们找板凳坐。

一方水土养一方人，这里我们感受到农民们对土地的热爱；小孩子对新事物，新知识，新世界的喜爱；父亲对子女严肃的爱，爷爷对孙子的疼爱；乡里乡亲之间的爱；长辈对晚辈的理解，晚辈对长辈的体贴；农民对我们的爱；一方水土的爱。希望爱能永远在我们心中，祝福全国所有的农民们。

您的困境我们携手解决

在这次走访贫困户工作中，我们深深地感觉到，对于这些贫困家庭的帮助是一项长期而艰巨的任务。要建立起一整套完善的社会保障机制、关怀机制，持续地对其进行帮助。贫困户陷入贫困不是他们自己刻意造成的，处于困境的人，心灵极为脆弱，能得到社会的及时帮助和关怀，是让陷入贫困中的人们看到曙光、重塑生活信心的有效手段。

我们来到村委会集合，农民大伯们热情地欢迎我们的到来，老师分配完工作后，我们分为五个小组，有的小组开始张贴环保宣传海报、横幅，在张贴横幅中遇到困难时，农民大伯过来帮我们一起解决。有的小组给农户们发放环保宣传彩页，给农户们仔细讲解上面的内容，介绍“农天下”APP的使用，还有的小组在广场上表演精心准备好的节目。

国家是坚实的保障

我们在宁河区宁河镇鲁庄村的村干部的引领下，带着慰问品，同小组人员一起探望了两家贫困户。我们走访的第一家困难户，老人们热情地将我们迎到家中。老屋是20世纪60年代修建的，屋里黑漆漆的，里面堆的都是老旧的家具，粗略一看觉得好像家里唯一值钱的家具就是一台老旧的电视机。在与老人的交谈中，我们了解到两位老人的身体都不是很好，都患有心脏上的疾病。失去劳动能力后，家庭收入几乎断绝，大小事情都干不了。老人们也常年服药，整个家庭经济收入少，开销却不小，一家人的生活很拮据。但是在国家政策扶持下，他们慢慢地过上了幸福的生活。

紧接着我们再次在村干部的带领下来到了第二家困难户。相比于第一家的漆黑破旧不堪的老房子，这家的房子明显新了很多。仔细和老人们交谈之后，得知老人年轻时是老师，后来不幸得了脑血栓，但幸运的是抢救了过来，可是一只手臂瘫痪，他说以前家中也是十分艰苦，可是随着国家政策的改变，他们现在住上了舒适的屋子，他同时告诉我们，现在家中的这两间房屋都是国家补贴建起来的，并跟我们说自己现在享受着国家的各种政策补贴，生活也变得轻松多了。在他们的言语中，感受得到他们对于国家充满了感激，他们不断重复着那句“共产党好，习主席好”，是他们告诉了我们国家的强大与人民生活的幸福是不可分割的。

还有一位曾在村委会任职的大哥，很热情，他爽快幽默的语言使我们的访问更加轻松。大哥递给我们冰镇的水，说实话这可是降暑必备啊，大哥说这里的路修得很好，现在出行很方便，国家对他们很照顾。

青年的我们要学会满足

炙热的天气下，农民们仍旧围在那特别认真地去观看我们带去的节目。心里有些酸楚，在当下网络时代里面，作为大学生的我们随时随地能够接受和了解到各种新闻以及各种节目，而却不知其实在遥远的地方还有一群人如此渴望文化带给他们的触动。

我们被村会计带到鲁大爷家门口时，看着眼前破烂不堪的房子心里很不是滋味，虽说作为农村出来的我们，多少还是明白村里人的生活状态，但是还是莫名的伤心，当走进鲁大爷家里时大爷亲切地拉着我们，我们和大爷聊了很多。这个过程或许只有经历了才会明白它在你心里留下的一些东西，那就是我们应该学会满足，对生活的满足，对未来怀有期望，别去抱怨，因为在遥远的山村里，我们所抱怨的苦对于他们而言却是实实在在的生活。

农业学者的担当

回到村民委员会后，我们召开了座谈会，卢树昌教授陈述的土壤样本检测结果的报告，让我们知道，学习与我们的生活，与农业生产，与农民是息息相关的，它可以帮助我们科学地指导农民进行农事活动，并不是纸上谈兵的空理论。当说出检测结果时村干部恍然大悟的表情和原来如此的感叹，以及在接到土壤样本检测结果单时他们如获至宝的神态，无一不在告诉我学习的重要性，从而坚定了自己立志服务于农民的决心。郝建朝博士的农村环保常识的科普，让我们意识到在当今社会下，要想提高农民的生活水平，不仅要靠耕作技术来提高作物产量，更重要的是科学的管理方法。二者结合，才能让农民得到最大收益。而大学生社会实践基地的授牌仪式，明确地建立了长期的一对一扶贫关系，可以更好地实现精准扶贫，同时，也为在校大学生创造了一个社会实践平台。

专家们提出了自己对于农村农业建设的建议和对于现有问题的应对措施，村干部也都点头示意，表示赞同将本地的土样分析结果分享给农户，指导农户种植适合的经济作物，以提高农民收入。想想我们是农科类的一名大学生，如果真正能将自己所学到的知识学以致用，帮助农户解决问题，就能更好地实现我们自身的价值。以后要好好学习专业知识，提升自己。我相信在我们与村民的共同努力

农学与资源环境学院测土施肥实践队合影　田健 摄

下，这个小小的村庄会越来越美。

百亩葵花奔向希望

时间的沙漏在一点一点地静静流淌，岁月的痕迹在一笔一画地细细描绘。美好的回忆总能带给我们许许多多的温馨和感动。

因为正好是盛夏，下午我们便有机会去观赏这种植着百亩油葵的土地，队友们一起走在乡间的小路上，一路上充满了欢声笑语。在油葵花盛开的季节，我们用青春的姿态记录下属于我们的回忆，欢笑声在葵花地里荡漾……

快乐，是因为收获了不曾有过的；不安，是因为发现了自我的不足；眷恋，是因为那些质朴的乡村人；满足，是因为那些孩童纯真的微笑；难受，是因为眼前看到的种种；希望，是因为开在田野上的向日葵；种种的场景依旧历历在目。只有经历过了才会明白，每一次经历都是值得的，有些感受总要亲力亲为之后才会获得，才会认识到自己做了一件很有意义的事情，也在自己的内心留下了以前从未有过的感触。

习近平总书记带着一心为民的家国情怀，关心贫困地区的发展、贫困百姓的生活、扶贫工作的推进。党的十八大以来，从天寒地冻的太行山区，到荒凉偏僻的陇西荒原；从巍峨险峭的大山深处，到透风漏雨的棚户陋室，习近平同志多次到我国最贫困、最落后的地区，察真情、看真贫；实践是检验真理的唯一标准，作为农科学子，我们要扎实基本知识，深度理解精准扶贫的意义，积极参加实践活动，投身祖国发展中去，为完成全面建成小康社会的宏伟目标，实现中华民族伟大复兴的中国梦贡献自己的绵薄之力。

（郑纪午　王盼宁　文）

三忆社会实践

——中国农业大学农学院 2016 年暑期社会实践纪实

如果将回忆折叠起来，如果把时间倒转开去——回溯到七月，在炎炎烈日下，一定还留有一群农科学子辛苦奔忙的身影。一行人背起行囊，满怀憧憬，带着相同的目的，奔向不同的地域。2016 年，中国农业大学农学院发起了以“走进乡土乡村，助力精准扶贫”为主题的全国农科学子联合实践行动，得到了各大高校农学院的积极响应与配合。学院派出了 20 支实践小队共计 150 余人，足迹

开展帮学助学活动　王东 摄

遍布云南省、内蒙古自治区、陕西省、甘肃省、新疆维吾尔自治区、江西省、贵州省、黑龙江省、湖南省、山东省、重庆市等11个省（市）的20个贫困县，共完成调查问卷480余份，实地调研走访千余个贫困户，我们在一个月的时间里，用青春的气息，感恩的心情走进贫困地区，奉献点滴力量。

踏上旅途，窗外的风光迥异别致，循着蜿蜒的铁道，一时沃野千里，一时重山叠嶂。火车的轮子一直有节律地抖着，如同不停歇的马蹄，从国家腹心出发，大城，小城，由县至村，直至国家的每个角落。就如同从心脏延伸出的各个血管，血液流淌，大动脉，小动脉，直至充盈每一根毛细血管，给机体以充实的血液，我们亦是如此。常年安于首都省会之类的大都市，抬头低头玻璃幕墙反射着阳光，大理石砖光滑如镜。这样的我们，如同温室之中，便不理会外头风霜雨雪的花卉，永远不会理解国家乡野间的窘境，也不会懂，我们理所应当甚至不满意的一切，对于有的人来说，该是多么难以企及的奢望。

“农，天下之本，务莫大焉。”不去实践，就难懂生活的辛劳；不去参与，就不了解真实的社会。深入农村，亲近农民，亲近土地，这一点对于每一个农科学子尤为深刻和重要，学院开展的暑期实践宣讲会上被激发的一腔热血仍在心中汩汩流动。我们用心学习领会习近平总书记精准扶贫系列讲话精神，用双脚丈量贫困地区的现状，用双眼观察地方政府扶贫的举措与反响，用双手奉献点滴力量。只有真正心系三农问题，扎根于土地，才能让“精准扶贫”不再仅仅是一种宣言，而升华为一种态度，一种信仰，一份情怀。农民需要我们，农村需要我们，农业需要我们，农大学子就应该首当其冲，站出来，为祖国出力，到最需要我们的地方去。

最是那片醇厚乡土

雾霭散去，一泓澄澈的蓝天映在眼里，心情也会一下子变得明朗坦荡。

推开门走向党沟村清晨的田野，鲜亮的阳光一下泼洒在肩上，清新的泥土气息至今难以忘怀。作家刘醒龙在《一滴水有多深》里说：“城市是欲望在地理上所能达到的顶点，乡村只是人的家园。”是啊，乡村是人的家园，是永远的精神家园。

“足蒸暑土气，背灼炎天光。力尽不知热，但惜夏日长。”时值炎夏，走进田地，扛着锄头弯腰劳作的依然是世世代代生活在这里的村民。衣衫被汗水浸透，布满皱纹的额头和古铜色皮肤印刻了无数生活的艰辛，深邃的双眸凝望的不过是家的方向。他们保持着传统的日出而作、日落而息的姿势，迫于生计，限于地域，没能引进先进的生产模式和生产设备，亦缺乏更好的养家糊口的选择。贫穷，像是一汪水塘，真真切切地反照着人们的现状。但是，一方水土养一方人，贴着泥土长大的人总是充满了朴素勤劳的品质。

除了为生计所做的挣扎，更多的还是一种清贫的安宁，很多时候，尽管辛苦，他们的快乐和城市里的人并没有什么大的差别。老人膝下绕着年幼的孙子，她脸上的皱纹充盈的是慈爱；孩子们的脸上也挂着干净的笑容，泥巴和野花一样能带来乐趣；为生活辗转奔波的中年人把教育子女和赡养老人当成一生最重大的事业在悄悄努力，默默耕耘。飘曳的炊烟，壮实的瓜棚，憨厚的耕牛，都是他们生活的印记，心灵的音符。他们永远是土地和乡村的儿子。农忙时埋头在地里耕作，沉重的农活在他们手里井井有条；农闲时结伴外出务工，也总是充当最踏实、最努力的那个角色。无论再苦再难，从来没有被生活的重担压弯了腰。从村长，到大队队长，再到大娘大爷们，甚至年轻人，无不怀有一种淳朴的善良，热心无比。

军屯村隐在茫茫山间，这里的节奏很慢，由不得焦虑和浮躁的打扰。偶尔也在讨论完社会实践问题的夏夜里出去散步，看见四周的邻居坐在家门口的椅子上围成一团。他们摇着蒲扇，吃着西瓜，一边乘凉，一边聊一些家常事，有烦恼也有欢喜。一抬头，也许凑巧撞上满天繁星。微风穿过田野和村庄，内心会倏地迎来一丝清凉，那么自然又那么宁静，温暖得如同冬天的暖阳、久旱的甘霖，引起心底压抑已久的共鸣。

我们一行十一人拜访过许多户人家，才发现丁木村的每户人家都有着相似的房间构造。走进大厅里，也许内容不同方位有变，但总会正对着门槛，端正地摆一张小几，放一副对联，或歌颂祖国的大好河山，或赞扬开国的领袖。这里贫穷，但仍然保留了风骨和传统。

情绪总会被一些意料之外的人和事感染，思考和感悟也总是油然而生，生命的底色大概就是泥土的颜色吧。

走进乡村，希望你裤管上挂满泥土，心中一腔壮志，调动自己所有的感官去感受一片乡土，一方人情，行走在国家和人民最需要的地方。走出农大，希望你铭记“解民生之多艰”的责任，从容独立地面对社会，踏踏实实地付诸行动，要像泥土般厚重坦荡，而不似尘埃般高蹈轻浮。奉献自我，此时此刻，就在这里，就在当下。

回眸是你守望的眼神

都说扶贫贵在扶志、扶教育，也许只有真真切切参与进来，才会产生新的体悟，才会有酸楚而坚韧的东西在心里萌芽，久久不能平复。

抵达目的地后，调研和支教开始交叉进行。在此过程中遇到过形形色色的人与事，也通过短期的交谈和思索了解过真正的贫困。种种情形依然历历在目：他们是鳏寡孤独，他们是老弱病残，他们缺乏劳动能力又难扛医疗开支，他们遭受无情的变故却无力改变生活的现状。当然也见过贫困背后的推卸、依赖和懒惰。每家每户都有过自己的伤痛与不幸，但是他们无一不热情、真诚、淳朴，带给我们莫大的感动。

无垠的草原，低矮的牧草，是自然对于这片土地的馈赠。“天苍苍，野茫茫，风吹草地现牛羊”的情形早已不复存在。这里，是内蒙古自治区乌兰察布察右后旗的当郎忽洞苏木。犹记得推开破旧的木门看到的老爷爷，70 岁，已是黄土没过半截腰身的年龄。满头霜雪，一脸沟渠，他与 68 岁的妻子依靠国家补助与养老金过活，自己耕种粮食供自己的温饱，而两位老人每年要花费的医药费却是收入的好几倍，即使有医疗保险对他们来说也是杯水车薪。当问及老人他认为有什么办法能改变现在的生活状况时，他给出了一个令人心碎的答案——“没有办法。”就在二老住处的附近，有一座近两年刚刚修葺的新房，领路的小姑娘小声告诉我们，那里住的就是这两位老人的儿子儿媳。“分家”是村里常见的现象，家里的儿子成家以后就会和父母分开住，许多无人赡养的老人只好一天天煎熬度日。“分家”之后，亲情也像是分开了一样，儿子儿媳过起了新的生活，二老则只剩下 1980 年修建的土坯房和三头羊。疾病缠身的老人不再是健壮的劳动力，他们余下的生活已然如此。面对山脊般赤裸裸的现实，他们只能屈从命运，继续在贫穷和病痛的泥淖里挣扎。正如陈苏木长说过的话：“在扶贫的路上，我们政府可以尽全力拉着贫困户前进，但是我们也需要他们站起来而不是躺着。”这里的扶贫工作也在紧锣密鼓地展开，然而扶贫这件事情，终究需要村民齐心协力一起去做，而不仅仅是一味地向政府提出要求。

山峦重叠，五河纵贯，平均海拔1800多米的云南大关就坐落在这片土地上。冬季漫长，春天迟到，夏季短暂，秋季多灾，传统的农耕是当地农民主要的生存方式。嫩草彼此呼应茁壮成长，浓绿覆盖下的草山连绵起伏，一直延伸到大山的尽头。在这万亩天然草场上，只有小草和风儿静静的对话，偶尔也听见几只牛羊的声声低鸣。土瓦房、茅草屋并不鲜见，种植的主要作物也只有土豆和玉米。村长家就住在这里，自己家里尚一贫如洗，得知大学生们能把调研的情况带回北京去，他还是热情地配合我们的调研，带我们翻过两个山头去看村里养殖业的发展。中午坚决要留我们吃饭，村里没有种别的农作物，只有土豆和玉米，碰到自然灾害几乎就无力抵抗、无法挽救。于是村长就地取材，煮了一大锅土豆，甚至破天荒地切了一点肉给我们炒菜。那是他家过年才吃的肉啊，他整整切了一半下来！前前后后忙活了两个多小时，“丰盛”的午饭终于出锅了——一大盆剥好了皮的土豆和一大盘土豆丝炒肉，对于这样一个家庭来说，犹如逢年过节才能吃到的大餐。我们低着头，实在不忍心伸手去夹盘里的菜，于是人手拿起一颗土豆。它还冒着热气，闻起来喷香，咬一口下来，口感黏软。“我们这里没啥吃的。”“不不不，叔叔，土豆很好吃，真的。”说着说着，眼圈却悄悄红了……我们把“农天下”APP推荐给了村长，跟他演示了具体的用法，一直到把他教会我们才离开，临别时他的眼里闪过一丝希望。唯愿先进的科学技术能滋润这片贫瘠的土壤，帮助他们弄清当地的土质问题，引进更适合的种植品种，给世世代代生活在这里的人带来新的生机。

地处西北内陆黄土高原的腹地的甘肃会宁实践点大概是传统意义上的“穷乡僻壤”，恶劣的自然条件成了当地发展的主要阻力。也许是贫穷淬炼了他们的心志，也许是困难激发了他们的魄力，这里还有另一种口碑——“状元故里，博士之乡”，寒门出贵子在这里如同一种风气，与它西北贫困县的形象产生了巨大的反差。想起那位精瘦的大叔，皮肤如同泥土一般，手指的关节粗大，手臂也如土地般斑驳而虬劲。他的眉毛耷拉着，家里早已不是一个贫穷所能概括，以至于他需要劳动，不停地劳动，汗水浸满全身也要劳动。他的左腿有严重的风湿，一到天阴下雨几乎不能挪动，即便如此，他也要咬牙干活儿去。临别时回头瞥了一眼他家的屋梁、墙壁、土炕——屋梁裂开，墙壁支离，土炕破洞。蜘蛛在房梁间织网，燕子在屋檐下筑巢。而他们的孩子，那个十五岁的初中生，面目清秀，衣衫单薄却干净。他腼腼腆腆地，对着我们笑了一笑，也不说话，继续静静地学习着。或许他他心里已如同一头坚定的倔牛——努力！努力！刻苦！刻苦！他已经意识到，读书几乎是他们家唯一的出路。

时近当午，日头正劲。我们走进山上的小学和幼儿园，一边走一边纳闷：小学怎么会坐落在山上？也许是因为这里恰好有一块足够大的平地吧。学校正在翻新，轧路机之类的机械并不能开进山里来，一辆小汽车正在轧路。忙着砌砖添瓦的工人们正席地而坐，就着茶水大口大口地啃馒头，我们请其中一位帮我们做起了问卷。随后我们自行参观学校，眼里是简陋的校舍、整齐的桌凳，然而在墙上挂着的教师值班表当中，我却惊奇地发现了方才调研对象的名字——他竟然是一名小学老师！本应该在家休息的时间，却不得已来到工地打工，我们没有细问缘由，只留下一个锥心的问号……

也是这时我们才知道，人的脊梁竟会有如此的韧劲，生活的重担再沉，也不见得就会被压倒。至少我们这一路来看到的大部分面临生活重担的人，都不曾低低地弯下腰去屈从于命运。是这样的！人生在世，有什么好屈服的！我看见那个老婆婆，包着青色的头巾，满脸皱纹，也是面带着微笑——就算是家徒四壁，就算是年老力衰，她也会坚持下去，用汗水和厚茧，丈量着稼穑的腴瘦，更何况是大好男儿？

寄希望于未来，寄希望于教育，并不是改变困境的唯一方法，但却可能是目前的最好方法，这一点，我们在支教的过程中深有体会。内容丰富的室内课，趣味连连的室外课，无不感染着孩子们的内心，他们眼神中充满了对于城里的向往。记得那个早晨一节地理课，原计划的下课时间已经到了，一个队员还在神采飞扬全神贯注地讲，小朋友们也热情高涨。但由于时间太晚了，只能放学让他们回家吃午饭。原定在下午两点半的上课时间，被孩子们强烈要求提前到了两点，“我们很想知道外面是什么样的。”他们对知识的那股渴望和热情着实让我们感动。

甘肃榆中以北，是莽莽苍苍的黄土旱塬，这里山大沟深，交通很不便利。十年九旱难丰收，当地农民祖祖辈辈靠天吃饭，人们甚至用“金贵”来形容渴望已久的雨水。朴素的四季和零落的村庄在土坡上沉寂低垂，贫瘠的水窖张开干涸的大嘴，朝着苍天发出无声的呼唤和求救。那个身材瘦小、笑容甜甜的女孩子充当了我们的翻译。她操着一口带着方言韵味的普通话，羞涩地给我们指路。山路崎岖危险，就连我们的组员在行进过程中都差点从陡峭的山上滚落下来。而16岁的她每天都要翻山越岭去学校上课，天没亮就要出发，这样的情形，在我们的印象中活在长辈对于70年代的回忆里。在这里，每个家庭至少有两个孩子，教育支出成了一笔让家长们挠头的款项。一个高中生一学期的学费和生活费就要5000块钱，这对一个在医疗支出上可能一年都没有500元的家庭来说，着实是一个巨大的负担。尤其是读三本院校的孩子，家里每年的教育支出至少30000元，交学费时家里节衣缩食、捉襟见肘的样子，想一想就让人鼻酸……但令我们感动的是，无论家里条件如何糟糕，家长们就算借款贷款也都供孩子们念了书。一位大叔揉了揉衣服上的泥巴，平静地说，“我们没文化，只能干力气活，不能让娃也没文化，砸锅卖铁也要念书。”

仿佛每个人都在尽自己最大的努力去拼搏改变自己的未来，但是，努力的结果却像一声沉重的叩问，在我们心里一遍遍回荡。我们还不足够对任何一条魂灵、任何一段生命历程洞若观火，只能用浅薄的听闻与感官东鳞西爪。听完所有的故事，我们只能对着辽远苍凉的草原无限咄嗟，初衷只是希望自己能从流光瞬息中抽身片刻投入“精准扶贫”的广阔浪潮中，争做一尾波浪，然而最后我们发现除了带走沉甸甸的故事与万千思绪，我们不能为他们留下什么。面对现实中赤条条的“医疗开支”“无力劳动”“土地贫瘠”“鳏寡孤独”几个大字，所有人宛若蜉蝣，竭力冲撞，却最终束手无策。如若当初没有满心热忱迈出这一步，今天也许就看不到如此真切而千疮百孔的现实了。唯有印在脑海中那求知若渴的眼神提醒着我们，扶贫，依然在路上，没有人会放弃！

风雨兼程一路同行

天空里凝结着铅色的云，沉重而忧郁。异乡的雨天好像格外难熬。顶着酷暑、冒着大雨、忍着饥饿、扛着疲惫，我们住在村里，从洗床板、搭木床到铺床单、拉蚊帐全部自己完成，看似艰苦的条件只要苦中作乐就能一起克服，所有的辛苦只需队友一个笑容就可轻易化解。

夏季多雨，会宁县甘岔村满地的泥泞阻挡了我们出去做入户调研的步伐，队长悄悄早起买回的早餐就是最温暖的宽慰。一个花卷一袋榨菜，正因为和大家一起吃，才会意外地觉出不同的味道来。虽然食物很简单，吃到嘴里却有丰富的“味道”，每天的同甘共苦也变成了一种让人安心的习惯。就像在实践的日子里，完成预定的调研任务以后总是满身疲惫，却可以很快就伴着虫鸣蚊闹和犬吠声沉沉入睡。难忘每天夜里的调研进展讨论，总有太多的话想说，总有积压的感情会产生彼此间的共鸣。不管多晚，不管多累，时间总是被我们分割得合理有效，讨论从来没有中断过，数据的录入也一直及时。

“艰辛知人生，实践长才干。”从实践的准备期开始，我们就要独立地联系实践地政府和相关部门。也有热情的欢迎和帮助，就像得知每天联系的武川县政府办公室的工作人员竟是农大校友时的感激和欣喜，但是更多的时候，三番五次被拖延和拒绝、被各种冠冕堂皇的理由所搪塞都是常有的事，取得他们的支持和配合的过程就像是一场博弈。我们学会了坚定内心，自强自立，凡事都要靠自己。

队员们紧张忙碌地整理录入数据　宋爽 摄

点点滴滴累计起来，我们变得成熟起来，少了一份脆弱，多了一份坚强和隐忍，抛开了依靠，适应了独立。脱离了父亲和母亲的关怀，没有了老师和前辈的指点，接触形形色色的人，处理复杂的关系，一点点重塑我们的自信心。

由于条件所限，八天不能洗头、洗澡，我们在当郎忽洞苏木见证了彼此最狼狈的时刻，却从来没有对调研任务有过一丝懈怠。面对任何困难都以一个团结集体的姿态去克服，所有的不适都因为陪伴而慢慢消解，我们，紧紧地凝聚在一起。

《乌合之众》中说过这样一段话："群体在智力上总低于个体，然而从情感引发的行为来看，群体比个体表现得更好。群体会受到驱动为一个理念的胜利而舍身成仁，为荣耀而热血沸腾。"我们就是这么一群人，风雨兼程，一路同行，一起探寻思想的深度与广度。

从最初的慨叹、痛心到如今的踏实、坚定，在目睹了无数生活艰辛无力的剪影之后，反倒更加深刻地理解了国家为什么要提出并施行针对不同贫困区域环境、不同贫困农户状况，运用科学有效的程序对扶贫对象实施精确识别、精确帮扶、精确管理的治贫方式。

精准扶贫，精准调研。长路漫漫，与君共赴。且思且行，昂首阔步。

（杨海岩　高翔　王珺　文）

汲湖以北　彩阳之新

——中国农业大学园艺学院 2016 年暑期社会实践纪实

当记忆重新回到那个炎热的夏季，我们这群奔赴湖北的学子，一定不会忘记在那边土地上的所思所见。短短五天时间，每一个人从临行前梦幻般的规划到在实践地最后的妥协，这其中每一个人行为上的变化和思维上的成熟，这些改变，远远超过了本次实践的意义。而所谓的一纸数据，一叠照片，一份报告终究给村

和村长、书记了解全村建档立卡的贫困户　梁潇 摄

子带来了什么？

一年前的国和村，在今年同样的月份、同样的日子，它还是那个老样子吗？它还会记得我们吗？

所以我就问一句，回来了，你还记得你所写过的这些吗？如果不记得了，请你为自己好好打一针鸡血，去奋斗好吗？先做好你自己，等你有能力了，再去为他们做些真真正正能够看得到的事好吗？我甚至敢说，如果毕业了，有多少人会愿意去这样贫困的地方一年，仅仅只是去支教生活短短一年，这样的人有吗？有多少人是心甘情愿的？

下面是我们对实践地最深刻的回忆。

据此方寸之地　以观阳新千里

阳新县，位于湖北省东南部，隶属黄石市。地处长江中游南岸，幕阜山脉北麓。境内国土面积 2780 平方千米。辖 16 个镇，3 个开发区，4 个管理区，总人口 105.94 万（2014 年）。县政府驻地兴国镇。

在我国逐渐实现全面小康的趋势下，阳新县的经济水平却依旧处于全国低水平层次，甚至被划分为贫困县。此次我们小队将要前往的是位于阳新县王英镇国和村的宋家塆。

小队成员在 7 月 25 日，分别从北京、上海、浙江三个省（直辖市）坐火车向阳新县出发，并于 26 日凌晨 5 点成功在火车站汇合。

初到阳新，迎面给人的感觉——虽然建有一个不大的火车站，但是整体看上去却相当的陈旧。一出站就遭遇了当地老司机的重重围攻，以一口听得不是很懂的本地话询问着你要去什么地方，即使你挥手示意不去，他们依然会不依不饶地追问着直到你相当不耐烦才肯离去。火车站前的广场上随意摆放着早餐摊位，偶尔的吆喝声和诱人的香味总是让人忍不住想去多看几眼。在队员的外婆家休憩片刻后，我们便搭上了前往国和村的三轮摩托车。

与出发前所了解的一样，前往阳新县偏远村落只有一条公路，沿途是延绵不绝的绿色山丘和成片的田地，地里种植的大都是玉米、水稻和芝麻；经过其他村时能看到坐落在道路两侧的小型别墅和许多有关毛坯房建设、移动网络和邮政储蓄的广告，这些广告按时代划分应当归属于 20 世纪 90 年代的产物，却依然出现在这里，我想这便是阳新依然落后的一个表现。如果你用心去看这些小型别墅，你会发现，几乎所有的房子都只是正面贴了瓷砖或者说进行了精装修，其他三面甚至是里屋大都依然保留着毛坯房的原样，我想这其中的道理大家都懂——即使家里没有足够的钱去装修房子但是至少门面要有光彩，不能让人看不起！

半个小时的车程后，我们便到达了位于大山深处的国和村。烈日当头，这份酷暑早已将我们的兴奋与热情晒得一干二净，手中的冰水难敌这般煎熬，心中的火辣也被汗水一遍又一遍无情地浇灌在湿透的衣服上。由不得片刻怠慢，我们匆匆开始整顿住宿的环境：扛着棉垫上天台晒一晒，不断地在屋内泼水来降低温度，清洗锅碗瓢盆准备食材，购买所需的生活用品等。看得出来即使每个人心里都有一些小抱怨，比如只有两台电扇，相当简陋的旱厕与厨房，没有冰箱等，但是这便是此次实践必须要克服的一大障碍——身临其境。既然来到了贫困县，那就要切实经历这边落后的生活，从吃住到方方面面，这样你才有资格说你真正走进了贫困，才能有真正独一无二的感悟。如果到了贫困县还住酒店下饭馆那只能说明你从内心就拒绝接受这份艰苦，对于这片土地来说，你不过是一个拿着笔匆匆记录数据的旅客。我们不愿如此。这般小小的别墅，仅仅方寸之地，我们要在这里度过三个“迷人”的夜晚，来接近阳新，感受阳新，触碰阳新。第一顿午餐因为来不及准备，所以是在宋三奶奶家吃的，满满一锅的豇豆粥饱含了奶奶对大家到来的喜悦之情，简简单单的几个自家菜，队员们也是吃的相当有味。

返回住处，队员们开始计划第二天的具体活动安排，同时着手准备晚餐。几乎都来自城市的我们，习惯了自家厨房的便捷与干净，在面对布满灰尘与蜘蛛网的老灶台和旧炉灶，一时也相当束手无策。摆在眼前的食材无非是西红柿、鸡蛋、空心菜、胡萝卜这些，平日里从不主动伸手接触食材就能吃到美味菜肴的我们，此刻遇见它们是多么的熟悉而又陌生。一番生龙活虎，一盘盘菜还是端上了桌子，确实，从欣赏的角度来说，难以用美观来形容，至于咸淡口感，那就因人而异了。看得出来习惯了美味佳肴的我们，在这样的条件下，也算是无条件接受一切，必然这是出发前就要做好的准备，好吃难吃，这就是贫困地区的生活，不挨饿就是最大的满足。

山区的夜晚比想象中来得要晚，确切地说是下午的时光相当漫长，外面毒辣的太阳让人寸步难行，几乎家家户户都是紧闭大门，偶有一些小门微开，也难以窥探究竟。仅仅依靠屋顶缓慢转动的吊扇，难以抵挡这份高温，我们不停地喝水，又不停地被汗水所浸湿，直至睡意来袭，在桌边小憩。当气温终于有所下降的时候，恰是村民们开始散步，蚊虫开始肆虐的时光，带上相机和蒲扇，沿着小路走在王英镇国和初级中学校园内，细细聆听这片山区安详而宁静的呼吸声。

再次回到别墅，气温并没有想象中变得那么凉爽，厚厚的两床棉垫，在下午毒太阳的炙烤下已经充分灭菌，我们七手八脚地搭好了三个蚊帐，便一头钻进去躺下，霎时从背脊传来一股股暖意，那是阳新的阳光，正与我们胸腔内的热情背靠背，说着悄悄话：嘿，你喜欢小火慢炖吗？这个时候，我算是能够彻底理解热锅上的蚂蚁是怎样的心情。炎炎夏日，我这条命是空调给的，而现在我们只能拥抱着电扇的大腿根沉沉入睡。

梦中的阳新，方圆千里，万物盛兴。

穷生存 富生活

亲身经历了四天乡村生活的我们，再次回到当初来到国和村的那个路口，小小的街道两侧依旧是零星的店铺——超市、理发店、杂货铺这些人们生活所离不开的。在这炎炎夏日，既没有空调的救赎，又不能肆意享受冰冷的饮料，往往一台小功率的电扇，一把破烂的蒲扇，甚至一条浸水的毛巾，都能够为他们带去一丝凉爽。在孩子们的脸上看不到所谓的悲苦，他们就安静地坐在门口，伸着小腿，用手边能够用来玩耍的一切来博取这烈日中的欢乐，他们也许在期盼着早些开学，可以前往学校与同学们一同嬉戏。几辆三轮摩托车歪歪斜斜地停靠在一边，车主就阴凉地而坐，等待着村子内需要前往县城的客人。

回首，这四天的经历依然历历在目。

记得初次见到宋奶奶的时候，老人家对我们的到来显得尤为惊讶，但随后立刻表现出当地人的热情与好客。在我们的了解中，国和村里留下的大都是上了年纪的老人和还未上学的小孩，有能力的年轻人都前往县城打工，有的起早摸黑来去匆忙，有的可能一年才回到村子几次。因此，我们的到来在某种程度上确实让村里的人颇为惊讶，似乎我们是一股百年难遇的清风偶然吹进了这片与世隔绝的宁静桃源。对于村里的老人们而言，十年如一日，每一天的生活就仿佛印章一般一遍又一遍地被刻在这片古老的土地上，他们就如同日出日落，已经完全融入这片村子，与自然共生，与旧屋共鸣。一碗简单的咸菜他们可以将就着吃三餐，往往一把摇椅一坐就是整整一天，无欲无求，静心安觉。

村子里，许多的老砖房已经被空置了许久，它们周围的路也已经杂草丛生，但是老人们不愿意让时代抛弃它们，因为那里满满地寄托了他们年轻时候的记忆，这也许就是老房子在新别墅面前仅存的一点心痛——那是穷时代生存与富世纪生活的交叉点。

在实践期间，我们 8 个人创造了“18 个鸡蛋的一天”的纪录。一整天的开销总和不过 72 元，换算过来就是每人每天 18 个鸡蛋，也就是 9 块钱。我相信有人会说我甚至可以一天不吃东西而达到零开销，但是那只是你的某一天的生活，而在国和村这里却是一辈子的生活。有的人能吃得了短苦，但他或许难以承受长时间的寂寞与平淡，因为这般境界只在被物质束缚的情况下才有可能出现，所以村里的老人都是岁月熏陶出来的艺术，这是有钱永远也买不到的一种生存心境。

离开国和村之后，我们在队员的外婆家进行了休整，久违的空调竟是让我们感觉有些许寒冷，我们何德何能享受这丝丝凉意。搭上前往县中心的公交车，我们来到了县政府所在地——兴国镇，这边的情况与王英镇简直大相径庭，可以说完全相隔了一个年代，这里的繁荣程度虽然比不上一般的大城市，但是就如同 90 年代的深圳一样，正处于蓬勃发展之中。洋快餐、大商场、牛排西餐、KTV 这些早已坐落有序。在路上行走的我们蓦然瞥见一则招聘，上面简简单单写着临时工每小时 2.5 元，想想北京的钟点工至少也是 15 元，竟是这边的 6 倍之高，那一瞬间我似乎觉得在兴国镇看上去正在繁荣发展的外貌背后，依然难以彻底摆脱贫穷的阴影。

低收入，高消费，让阳新县的人民一直处在一个矛盾的逆循环中——越是没钱，我就越要抛高物价，去赚取他人的钱，导致他人也不得以提升他所处的物价阶梯，于是经过层层循环到头来并没有使所有人富裕，反而造成富人更富，穷人更穷的局面。

在县城里打拼的人，与在农村自给自足的人相比，他们更青睐于富生活而非穷生存，这是时代的趋势，并不能怪罪他们，因为我们也一样，不满足物质上的需求进而追求精神上的食粮。

究其一生　终是匆匆过往尘

正如我先前提到的那样，我们的到来，算不上“忽如一夜春风来，千树万树梨花开”那般奇迹，仅仅只是一丝微不足道的清风吹入了这片沉默良久的古老土地。我们所带来的瞬时效应不过是让村里人见识了一些新面孔，除此之外确实没有任何利益可言。也许你会觉得这有悖于我们的初衷，我们一定要为这片村子做些什么才是完成这次实践的意义，很显然在我看来这样的观念是片面的。

难道对于我们而言，仅仅只是拿着厚厚的一叠调查问卷，走访几家贫困的农户家庭，听他们诉说自家难念的经，然后表示感同身受十分可怜可惜，为的就是得到那一纸数据，然后上交给学院就算圆满完成任务了吗？数据是会随着时间发生变化的，但是文字记录的却是实打实的真相。所以与其让滞后的政策去关照所谓的贫困县，为什么不试着将贫困县眼前的实际生活公之于众，让活在这个圈子外的更多的人能够意识到国家存在的贫富差距问题，这些或许就能够激励一些人

入户调研　梁潇 摄

愿意抛开被传统束缚的安逸和自私，而去为自己的人生拼搏一点意义，谋求一丝光彩，我想这样的价值，不比你考上一所名牌高校差吧。

我们是当代的大学生，虽然要响应国家的号召，但是也不能无脑做事。实践是实打实地践行，是你应当去切身体会当地生活的一次重要良机而不只是一纸数据，因此我们对于阳新这片土地而言，终是一群匆匆过客，我们将自己的足迹带来，也将这边的生活通过我们的记录带走，也许我们根本为村子帮不上什么忙，但是重要的是，在这四天三夜的生活中，我们对这边的生活心境有了不一样的感悟，这份感悟，寄于心间，游于指尖。终究成为我们人生拼搏的一丝动力，因为我们懂得，只有自己强大了，才有能力去帮助他们，这些事靠别人永远靠不住。

（肖彤宇　文）

百态·民生

——中国农业大学植物保护学院2016年社会实践小队纪实录

每个村子都见证着中国的变迁，见证百姓生活的改变。2016年暑期，中国农业大学植物保护学院共选派社会实践小队11支，实践队员100余人赴国家级重点贫困县贫困村深入实践，从南海边陲到北国草原，从白山黑水到云贵高原，实践小队成员深入田间地头、了解乡村百态、体悟基层民生，展开了一场与中国农村和农民零距离接触的社会实践行动，将课本上的理论知识切实地应用到实践

赴贵州省贞丰县纳尧村实践小队　宋晨曦 摄

中，用脚步去丈量农村的发展变化。

青春花朵　我们守护

在出发之前党支部首先和马连洼街道农业大学社区党总支部进行合作，走进社区进行图书募集活动，由于前期宣传力度不够，很多居民在收书当天才了解到这项活动，但他们参加的积极性依然很高，在看到实践的宣传横幅后立马返回家中收拾闲置的图书，有的因为有事情，留下了实践队员的联系方式，表示一定要在他收拾完后去取书。有的居民带着自己的孩子搬来两三摞书，有的将崭新的书都捐赠了出来，在现场收书的同学都被居民的这份爱心而感动，对于素未谋面的孩子，没想到居民们是这样的热心，没想到他们这样无私，不到半天就已经收到将近四百本书，有些居民和社区党支部负责人表示他们将把这项活动持续地进行下去帮助更多孩子们。

到湖南后在当地一位名叫张俊的介绍下我们来到了两林岔河小学，一座建在山峦之中的小学。去之前我们收到的消息是去老师家里，我们在想这是一位怎样的老师，为什么要把书送去老师的家中。当我们到了之后才发现原来老师家就在小学边上。迎接我们的是一位戴着眼镜，衣着朴素的人，和我们在当地遇到的当地农户看起来没什么差异，就是这样一个人，是这所小学里唯一的一位教师，一所拥有五十多人的小学里唯一的老师。下车后拉着装书的箱子，我们沿着蜿蜒的山路在老师的带领下走向小学，老师忽然指着一座破旧、院子里已经长满草的地方说这就是老学校，一座木头搭建的老房子，一半已经坍塌，我们不禁为以前孩子的上课环境而唏嘘。来到新的校舍，有宽敞的平台，三间屋子，里面摆满了课桌，一间办公室兼图书角，里面是近些年来爱心人士捐赠的书籍，这就是这座小学。虽然环境已经有所改善，这里却只有这一位老师，在与老师交谈时，一些人将我们带过来的书摆在了张俊老板捐赠的书架上，在整理完我们的书后，同学们顺便帮老师将这些之前捐赠的书整理整齐。

经过和老师的了解，他平时除了教小孩子上课，还要到村子里义诊，为此他自学了医学，平时帮村民看看病，一个人平时要同时教两个班，苦和累是肯定的，而且一坚守就是二十年，这让我们感触颇深。每个月的工资刚刚够家里人的吃饭，孩子在外念书也需要钱，双亲也需要他照顾，还有因患病而不能行走的妻子，老师的生活压力不言而喻，但他没有放弃，五十多名孩子等着他去教，他如果离开了孩子们怎么办，在交谈中老师一谈到我们大学生就很激动，他讲到以前每年都会有支教的学生来，今年没有了，他很希望能继续有支教大大学生来给小孩子们上些有意思的课，让他们了解外面的世界。

告别老师，坐在返回的车上，与我们同行的司机师傅与当地向导都在感叹这位老师的艰辛，我们也不禁佩服这位老师，在他的身上扛着的是多少责任，生活的艰辛可能只有设身处地才能感受得到，我们也只能看到表面，但老师总是微微一笑带过，或许正是因为经历了这些才能笑着面对。对于有些人，生活二字只能分开来过，要么生，要么活，连在一起的生活就是常人所无法承受的。这位老师让我们见到了一位如何把生活过得有意义，如何面对生活的伟大而又平凡的人。

在两林社会实践的几天里我们也在村子里找了一些上中学的小孩子与他们组成一帮一的小组。这里的孩子的父辈们不是种地就是外出打工，普遍教育水平不高，所以家长也不是很重视教育，很多孩子在完成初中教育后也随亲戚外出打工。我们这项活动的目的就是要告诉他们还有别的出路，还有别的选择。我们在调研过程中结识的当地小朋友又带我们找到了其他小朋友，我们一群人来到他们的学校与他们谈谈心，了解他们的心里想法并给他们适当的建议，这就是我们所能做的，给他们以适当的引导，告诉他们外面的世界是多么多姿多彩，同时他们也告诉我们心中的困惑与迷茫。这项活动是一项长期的活动，我们虽然离开了当地，我们还会通过社交软件同他们保持联系，随时为他们排忧解难，不管是生活上的，学习上的问题我们都会细心地为他们解答。他们也向我们表达了渴望继续学习的想法，希望能够走出山村，获得更大的成就。

这次到两林的志愿活动不仅是帮助当地小朋友，更是对我们自己思想的一种历练，见到过什么是人生的艰辛才会懂得珍惜现在。见到过生活的不易，才会体谅身边的人们。见到过社会的问题与教育资源的不均，才会有改变社会的想法，而这正是一名党员所需要具备的思想。穷则独善其身，达则兼济天下！是一名大学生应有的情怀。一名党员，一名中华儿女不应每天纠结于自己的蝇头小利，更是要心怀天下，为祖国，为中华民族而奋斗。解民生之多艰，才应是我们最高远的目标！

这凡人世间的世间凡人

从恩施站赶往坐落于寨湾村的住处，中间隔着蜿蜒的山路，车马颠簸着，将茶农们衣食住行、柴米油盐的秘密抖落出来。炽烈的日光、繁茂的茶田、错落的梯田，一切了无隐瞒，可知，可见。一边看着窗外变换的风景，一边顺带着听下公交站名，很是有趣。直截了当的是殡仪馆、雷管厂，让人有些惊愕；颇有意境的是一碗水、擦耳岩，只听名字并不知道是何意，却足以引发一番遐想；雅俗共赏的是简单桥、大十街，像轻熟少女举手投足间，若有若无的魅力。除此之外，做买卖的小贩背着的背篓或是掂着的扁担，街头支着遮阳伞拉客的小电驴、摩的，来往熟人寒暄时用轻快活泼方言喊出的“过早了没有!”，都构成了恩施的模样。便是这样，对寨湾村的好奇又添一分。

入乡随俗，在这儿的几天我们一切从简，遵照当地人的过法。生活在城市里最容易养成一身精致的坏毛病，而在这样的村中，会被同化得更为单纯。早晚接着免费的公用自来水刷牙，香气会引来蜜蜂的垂涎，而泡沫吐在下水沟时经常有轰隆的卡车开过，声音震耳。而后玩忽职守的看门狗会从沉睡中惊醒，使劲地吼上几声以作表示。吃饭的食材大部分来自家里的菜地，掰一个玉米，将谷粒剥下扔入锅中翻炒，便成了一道精致的菜肴。睡觉是最有负担的事情，深山把蚊子养得又大又肥。没有空调的房间令人汗流浃背，便吸引了蚊子前来觅食。腿上成圈地咬，喷上花露水是无济于事的，只能夜深被吵醒时狠狠拍上两掌——一下不足以打死它们。偶尔赶早坐公交车到镇上，发现车上人们彼此熟悉，隔着许多的座位也能从车头喊向车尾，就这么吊着嗓子相互攀谈着。起初听不懂他们的方言，还以为是在为什么鸡毛蒜皮的小事置气。响亮的宣传标语在村子里四处可见，似乎是对这些淳朴村民最好的道德约束——“保护耕地就是保护我们自己的生命线”，“民族团结贵如空气”，“团结友善路中人，文明礼貌树新风”，“降低孕产妇死亡率消除新生儿破伤风是保障母婴安全的德政工程”。

走访的几个村，发展状况有所差异，贫富情况也存在差距。茶田几乎是每家每户的标配，但仅仅耕种却远不能满足生活所需。由于原茶或粗加工的茶叶过于低廉，即便是更鲜嫩的茶尖也不会为他们赢得更高的利润，因此村里的年轻人几乎都外出打工，赚取家庭的主要收入。这样的结果便是，留守老人和儿童很多。

老人干不了什么辛苦的活计，多半在家歇息，偶尔到地里采些茶叶构成微薄的收入；小孩尽可能地读书，读不下去了就也出门打工，循环往复。村民们也曾试着相互合作，开办工厂，用一定的技术提高茶叶的价值，最终却由于“他拿的钱比我多”之类的理由以失败告终。也怨不得他们自私，毕竟原本就没有什么结余，谁敢拿来冒这样的风险呢？而真正办得起工厂的越做越大，竞争力日益增强，形成了如润邦这样的大型企业，反过来以合作社形式，承包茶农土地，并负责管理、维护。作为提供技术的一方，公司管理人员拿了利润的大头，分给茶农的只够勉强维持家用。

于是，有的村转变了发展思路，以旅游业作为本村的经济支柱，加上当地政府的大力支持，逐渐成为农业旅游的领跑者——我们曾走访的高拱桥村就是这样的典例。抓住游客的痛点，把茶农们一成不变的摘茶活动，变为游客们倍感新鲜的“生态体验”，大把的钞票就这样得手。然而到底还是靠政策吃饭，作为不收门票的景点，管理费用几乎都由政府全盘包揽，不知这样的情况能维持多久。

我想，每一支社会实践小队都陷入过一段时间的自我怀疑，怀疑所做的努力，究竟能真正地为这个村带来什么改观？“之前也有来调查的，村里指派的，查完了什么用都没有。你们是哪里指派的啊？”“这些话你们自己心里清楚就好了，别跟别人说。哎，他奶奶来了，一会儿再问。”的确，村外有无形的屏障，把家家户户的琐事关在里面不停循环，时有碰撞摩擦，也都是这里本来的生态。村政府一边接受上面的指令，一边承受下面的压力，若是说没有为难之处，实在不妥。我们能够体谅，却也着实为最贫苦的人民感到心酸。因而，我们踏上这路，便是尽自己最大的可能，做好本分，将全部数据真实、客观地反映出来。同时汲取有益的经验价值，为今后的发展出谋献策。

恩施之行，就此告一段落。

山里面的世界

三春将尽，夏至未至。一年一度的“大下乡”也将如约赴会。追忆去年今夜，有一个意气风发的大一队长，正为实践的策划案殚精竭虑。社会实践从那时起，在我的人生之旅上抒写下精彩的一章。

大学生为什么要下乡？跨进农大大门的那一刻起，我一直酝酿着这个问题。

我不是农村长大的，因此对鳞次栉比的高楼之外的天空充满向往。那短短六七天的实践的确让我得到了成长。如今我仍然为当队长的决定感到欣慰，由此我结识了其他9位优秀的同学。实践不易，碰上各种突如其来的麻烦，才知道一个团结的大家庭多重要。

25个小时待在火车上，穿了无数个隧道；匆匆赶上天黑前的大巴，绕过重重山峦，我们风尘仆仆抵达最初的目的地。可是，走上社会，多多少少都会遇上碰壁，离开了学校的保护伞，我们必须靠自己解决问题，化险为夷。准备了两个月的我们怎么也没想到该县委竟会突然变卦，村长在上级的压力下左右为难……我们在学校的帮助下换了实践地，连夜赶路去了黔西南贞丰县的纳尧村。为了让大家重拾对实践的信心。我和副队长在车上搜集了纳尧村的资料，给大家做介绍，还一起修改了原先比较成熟的实践调研方案，设计了新的调查特色农作物的问卷。每个成员的辛苦付出都让我心里暖暖的。

真正走村访户时，我们语言不通，幸好有各位村级领导及其家人的帮助。我们学着与村民深入交流，也学着适应他们的生活环境。记得第二天下午飘着微风细雨，我和另外两名队友互相搀扶着走在山腰间泥泞的道路上，我们那个下午看到了留守老人的辛酸，也体会到拖着病症又面临着新的创业危机无奈挣扎着的两兄弟，我们真正感受到了贫困。下乡才让我了解原来我的世界不是风调雨顺的，还有这样要为了一日三餐绞尽脑汁的穷困人民。我非常感谢各位队友积极地支持我们的调研，其间有女生坚持不了了，大家一起为她鼓劲。

当然，实践中也有机会领略祖国的大好河山。记得第一天来到纳尧村，站在村主任家的窗口往外眺望，瞬间一切凝固了，我仿佛大彻大悟，明白了什么叫“看沧海桑田，云舒云卷”，迎风掸尘，胸襟豁然，心境情闲天地宽。我自以为是“经纶事务者，窥谷忘返”，想到的只有责任，如果我是传说中的仙人，我宁愿永远守护这片世外桃源。

但我的任务还没有圆满完成。回县城的车上，我问左村长现在读些什么书，他说希望我们能帮村里的图书室筹集一些农业方面的书籍，把科学技术带到村里，“农民们虽然好多读书不多，但差不多年轻人至少都是初中文凭，认识字，我们就缺农业的书，作物染了病虫害都不知道怎么处理。”我答应下来，我想需要的只是一份策划案和资助方的配合，再用募捐的方式应该可以办到。可这一年

植保 14 级党支部实践小队赴湖南岔河小学捐赠募集书籍　林玉摄 影

来我疏忽了此事，不是忘了，而是每每想起我都犹豫地找了一个可以暂时搪塞它的理由。面对村长的期望，我们小队的承诺，我是惭愧的。所以我更希望小队融入更多新的血液，和我们一起完成下一个心愿。也许一个大学生的力量微不足道，但一个团队一起努力，就能改变一个贫困村。期待你的加入！

30 年，中华民族发生了翻天覆地的变化，这个伟大的时代属于繁华都市，也属于边远乡村，属于成功人士，也属于芸芸众生。遍布全国的坚实足迹带来的是精彩的回忆与深刻的感悟，在社会实践全景式体悟基层乡村的过程中，踏踏实实地深入社会和当地不同群体的人们进行交流和接触，观察社会，深入思考，检验知识，在奉献中激发自己的潜质，激起大家服务基层的动力。2016 年暑期实践已经落下帷幕，但是社会实践活动的脚步永远不会停歇……

（刘姝言　张迪　张贸越　文）

东北大地

“父母在，不远游，游必有方。”

方，是理想信念，是不忘初心，更是深入群众。实践，就是怀揣这样一份热忱，洞察热浪笼盖下土地母亲那蓬勃的心跳。

于是我们知道，远离城镇的乡村中也有感人的故事，也有创下壮举的“脊梁”，任何民族都需要自己的英雄，面对他们的灵魂，我们许以敬意。

起我微尘　助力扶贫

——东北农业大学农学院精准扶贫工作纪实

黑龙江省七月的夏季骄阳似火，暑气炙烤着大地，用炽热扭曲了车窗前的空气。路在脚下蔓延，从高楼大厦的城市脉络，逐渐延伸到平房低瓦的乡镇农村，生活也仿佛从繁闹喧嚣中解脱，沉入田园优美的风光与动人的静谧中。2016 年，学院积极响应以“走进乡土乡村，助力精准扶贫”为主题的全国农科学子联合实践行动，派出三支社会实践队奔赴黑龙江省三个典型贫困县——黑龙江省兰西县、齐齐哈尔市拜泉县、大庆市林甸县。农学学子以饱满的热情深入基层前线，用行动诠释着“行万里路，读万卷书”的真谛。

走访支教　情满兰西

在深入兰西前，团队成员查阅大量文献资料，准备宣传手册和调查问卷。学院对实践团队进行理论培训，明确“三下乡”的目的和意义，为接下来的实践活动点亮指路明灯。随后党委书记衣春生、植保系党支部书记张俊华老师亲自送成员们下乡，激发兴趣、鼓舞意志，为做好“三下乡”工作打下坚实基础。

山与水

当走进兰西，眼前绽放了一个新的世界，兰西的天仿佛更加蔚蓝，兰西的山貌似更加碧绿，兰西的水好似更加清澈，空气都带着清甜的味道。当然，这一切都归功于——无污染。几天的时间让实践小队充分认识了国家贫困县兰西双山村这个古老而又神奇的村子，我们的足迹踏遍山山水水村里村外的每一个角落，兰西的人淳朴厚实，兰西的文化底蕴和人文气息浓厚到无与伦比，兰西用她的娟秀优美让我们认识到了她丰富的自然资源，却也暴露了她贫穷和原始的一面。

兰西田间专家诊断病害　苍天昊 摄

兰西虽然没有大城市的繁华与热闹，却有一番别样的宁静，陶渊明笔下的“桃花源”也不过如此，她让我们思考，让我们有一片新视野，为我们探寻农村的新发展，提供了一种新思路。丰富的土地资源是生活的保障，只是科技化程度不高，需要改善。在这次精准扶贫的实践中，学校的专家为当地农民进行了科技指导。丰富的环境资源是兰西富有的一笔隐形的财富，当地政府可以制定有效的保护政策，积极帮助当地人民开发这笔富有潜力的旅游资源。一方面，可以积极有效地保护当地环境；另一方面，也可以增加当地人民的收入。

人与情

社会实践小队来到双山小学进行支教服务活动。来到教室，孩子们用澄澈的双眼满含期待与好奇地望着我们，那一张张可爱的小脸深深地打动了我们的心田。在任课的过程中，能清楚地感受到孩子们对知识的渴望，无论是那一声声甜甜的“大姐姐”，还是“老师您好”，语气中都含着敬意。提起那群可爱的孩子，总会心潮澎湃。离别的那一刻，孩子们紧紧地拉着我们的手，久久不愿离去。真心地祝愿淳朴天真的农村孩子们能够快快乐乐地成长，走向更广更宽更阔的新天地。

在支教的过程中，实践小队与双山小学的老师们进行交流，重点是关于儿童教育的问题。孩子们是祖国的花朵、祖国的未来，本该是无忧无虑地依偎在父母的怀里，享受童年的时光，但双山的孩子多为留守儿童，他们的父母从孩子小时就不在身边。爱心便成为伴随孩子们成长的精神食粮，希望社会各界能伸出援手，用爱心和知识装点儿童的心灵，让每个孩子的成长历程都与温暖同行。

新与老

尊老爱幼是中华民族的传统美德，团队成员特地走访了几位留守老人的家，进行一场别开生面的“新”与“老”的对话，我们的到来受到老人们的热烈欢迎。“孩子们忙，已经半年没回来了……”刘大爷阅尽沧桑的双眼被泪打湿，他的儿子在北京打工，已经半年未归家，平均每星期也只能通话一次，话里话外都是对儿子的思念；杜奶奶的孩子虽然也在外已久，但她表示很理解：“儿子儿媳妇得挣钱养家，小孙女由我看着。”现如今，农村留守儿童、孤寡老人现象严重，年轻劳动力外出打工，这种现象不利于儿童成长，对老人更是一种无法弥补的遗憾。兰西新产业的开辟，是解决此类问题的关键。

我们即将离去的时候，老人们都表现出依依不舍之情，有的老人甚至边送我们出屋边一直说着：“你们都是好样的！辛苦你们了！谢谢你们！”简单的话道出了老人们内心最真实的想法，质朴的话语撩起了我们内心的感动。“社会更多的人应该关心老人们”，好几位党员也发出感慨，流出了感动的眼泪，老人们挥着手目送我们离去，直到再也看不到踪影。

时光飞逝，实践小队来到兰西县双山村服务短短的几天，下乡队员与这片净土告别返校的日子到来了。随后，汽车缓缓发动，队员们强忍着泪水与村民挥手道别。

2016 年的暑期“三下乡”活动兰西之旅圆满结束。但是，服务农村、服务社会的旅程却没有终点，东北农业大学农学院与双山村之间搭起的友谊桥梁将会越来越坚固。回忆过去的点点滴滴，缅怀昔日的形影不离，铭记逝去的欢乐时光，这个暑假对所有队员来说都会是意义深刻的。因为参与所以快乐，因为服务所以无悔。这次活动把我们从理想社会拉回了现实，让同学们看到了自己的各种不足，包括知识储备，涉世经验等，同时也为同学们指明了方向，促使大家不断学习进步，建设社会主义新农村的责任不可避免地落在当代大学生的身上，我们必将身体力行，为实现农村富裕的愿景尽自己的一点微薄之力。

情牵拜泉　获益匪浅

城市里长大的孩子，嗅厌了清晨公交线路匆匆忙忙留下的污浊尾气，看倦了夜晚霓虹璀璨却又无情的繁华都市，好像打心底就想寻觅着一次机遇，几个同伴三五而行，来到城市的尽头，看看乡村的模样。当然，实践活动并非游山玩水，带着印好的调查问卷，做好出行前的安全培训与任务安排规划，我们信心满满，做好充分的准备与拜泉对话。

开往拜泉县的客车以每小时 95 公里的速度向前奔着，却远比不上心中飞驰向往之地的速度。从哈尔滨到拜泉县 4 个小时车程，经历 4 个小时的等待，终于盼来了回归清新的向往。湛蓝的天空、朵朵似棉花糖柔软的白云，干净的车道，两侧的行道树随风轻拂至树腰，正午的太阳没有遮挡地射向这片黑土地，好像将一切给予这里的人民。东北黑土地的乡村，没有南方温润小城山水相间的优美，却多了一分白云黑土的刚劲和淳朴。刚下车的我们被这一景象所吸引，相对无言地怔了一会儿，才对视一笑：我们到了。这预示着实践正式的开始，下一步是前往目的地与老师汇合，前往对接地点，开始探寻之路。

致富之路　道阻且长

我们来到拜泉县国富镇国富村。齐刷刷的 5 层小楼徜徉在夕阳下反射着夏日的酷热，楼群中央花坛中花开的灿烂，旁边健身广场中还有几个男孩子打着篮球，几个年迈的老人拄着拐杖大声地谈论家长里短。这是想象中的贫困乡村吗？实践初始竟好像回归到城市中常见的居民社区，一篇现代化和谐的景象，要不是迎面看到了“国富镇国富村村委会”这几个大字的铜牌，我一定会怀疑还没有走出县城镇中心的范围。

步行几分钟，我们找到了一个独坐的老人闲聊，试图探一探这国富村“富而不穷”的奥秘。原来这里兴建的一切追溯到一位名为岳国良的老企业家，他为了报恩，无私捐赠给这片土地和人们。岳国良 13 岁那年父母相继离世，留下他们年纪尚小的兄弟 6 人。当时村里的乡亲们收留照顾他们，抚养他们长大。25 岁的岳国良决定到外面谋事业，离开村子之前，他曾立下誓言：“将来若能有所成就，必定回馈乡亲父老”。离家创业数十载，岳国良终于创办了自己的公司。20多年来，他先后出资近亿元，修建楼房、设置公共设施，将原本贫困的穷乡僻壤开垦成了这片生机盎然的国富乡德润社区。他满腔热忱的回报家乡，赢得了乡亲们的赞誉与尊重，也荣获了“第四届全国道德模范候选人”称号。2010 年修建楼房至今，原本贫困的村民享受到了“城里人的待遇”。同时，为了给社区发展提供更加强有力的经济支撑，岳国良继续出资组建自治现代农业生产合作社，新建了一处综合养殖场。授之以鱼不如授之以渔，他的举动使更多的村民走上了多业并举、增收致富之路，2012 年全村人均总收入超过 1 万元。

听完这个故事，我们心中不禁一震。什么叫做理想？什么叫做伟大？理想与现实的距离有多远？又是什么时候，我们才能回归当初最质朴单纯的回报恩泽的出发点、不为现实的种种诱惑遮住双眼？生活不止眼前的苟且，原来远离城镇的乡村中也有这样动听感人的故事，也有这样创下种种壮举的高尚的人。

脱贫之花　含苞待放

接下来走访的几个贫困村，当真是贫瘠匮乏。破落的院子，土筑的草盖房，还有村口散落的生活垃圾和不知该称为河还是臭水塘的一滩墨绿色。村中常见的是年事已高的老人还有活蹦乱跳十几岁的孩子，青壮年劳力多在外地打工，这样一种衰老与生机的对立充斥在不富裕的村子里，显得格外特别。问卷调查、登门拜访，贫困的原因绝大部分源于村中没有合适的产业支撑，年迈的劳动力仅能供养着家里的一小块田地。有的家中老人病重要钱、孩子上学要钱，这样村民手头有点钱就支出，总是没有盈余。读万卷书，行万里路。路上遇到的人和事总是会放大眼界，开拓格局。原来离繁华都市远一点，再远一点的地方，还有这样一群人靠政府的贫困补助艰难为生，原来真的有这样一群人，如此贫困。国家号召的精准扶贫不是一道幌子，也不是说说而已。像国富村一样带动整个村经济发展的脱贫方式实属少数，真正需要的是更大力度的产业扶持，让更多的人加入到这股力中，将贫困县向外拉一拉。

敬老爱老　绵绵源长

接下来，我们来到了拜泉县兴华敬老院。作为拜泉之行的终点站，也作为拜泉县敬老院的典型代表，于1956年建成兴华敬老院是全国第一所正式开办的农村敬老院。动情之处，院长将敬老院旧照找出给我们描述。这座能容纳260人的新式的小楼建筑面积3400平方米、占地10000平方米，共有员工15人，收纳老人145人。兴华敬老院先后经历了3次移址，终于在2012年定址于拜泉县兴华乡。现敬老院接受拜泉县7个乡镇的孤寡老人并统一入住这所新盖的小楼，每人每年享受着国家6200元的救助补贴。敬老院所接收的老人全部是无儿无女或老弱病残，其中年龄最大的90岁，最小的仅有36岁，多数处于六七十岁之间。145人中，完全丧失活动能力的有4人，剩下的基本可以来回活动。

老人患病是常事，敬老院的工作人员隔三差五就会领着三五个老人到乡里的卫生所看病。好在敬老院的老人大病可以走合作医疗，小病可以住院报销。老人的一日三餐可以保障，每周敬老院会定期地改善伙食。乡政府给敬老院提供了40亩地种植，敬老院养猪二三十头，现在院里老人基本能够在吃菜、吃肉上自给自足。日常活动上，老人们平时可以在活动室看电视、打棋牌，晚上还可以有场地扭秧歌。听完院长对敬老院现状的基本描述，我们对身处的这座小楼有了初步的了解，后在院长的带领下走进老人中间，与他们亲切交流生活情况。生活在乡村的老人，或无儿无女或大病无人照料，政府组织将他们聚在一个院落里，也算相互有个依伴。交流过程中，老人空洞的眼神、错乱的话语让我们担忧，身体残疾或年老体衰的困顿已使他们失去了交往的能力，徒留无声的时间将他们带向更深的衰老。关爱老人，是当前农村建设的重点问题。

项目座谈、产业对接、参观农业示范园区，一步步的实践活动串联在一起，我们感受到了来自小城镇中领导的尽职尽责与小城发展不断向前的动力与取得的实实在在的成果，这是一个个尽心尽力想为这片土地献出自己一份贡献的人们挥洒汗水的成果，拜泉县马铃薯、玉米等主要经济作物的产业前景在不断开阔，人们的日子也渐渐富裕了起来。行走在陌生的乡村，在满足我们原本那种回归自然、回归淳朴的欲望的同时，带给我们更多的是眼前震撼的事实与脑海中翻涌不断的思索。这次实践对于我们来说，无疑是一种成长与收获。

感受林甸　热情无限

实践成员用笑遮盖劳累，用歌声感动烈日，让青春在奉献中飞舞，让岁月在励志中沉淀。当穿着学校分配的“三下乡”队服，拿着队旗站在农学院门口等待启动仪式的那一刻，光荣的责任感和使命感涌上心头。那个时候骄阳也赶不走澎湃的激情，挡不住队员们如火的热情，劳累更驱不走激荡的豪情。实践每天行程都排得满满的，白天走访调查，晚上开会做总结，将有限的时间奉献给无尽的实践服务中。

走访调查　诚谋地区之发展

一行人来到林甸县工农行政村，在与村长交谈之中共同填写了村级问卷。村长服务热情，从扶贫、教育、生态、农业现状等多个方面做出解答。接着，村长介绍了脱贫计划：提升种养品质，培育反季节蔬菜，建立保鲜库，同时希望更多地引进人才资源。简短的见面会以后，村支书召集了本村的种植大户来到村委会。同学们向农户推广在线问答式农业技术交流“农安天下”APP。各位农户认真聆听了同学们对手机应用的介绍，会议结束后，农户们纷纷掏出手机扫描二维码，并提出一些使用问题，同学们给予了耐心细致的解答。

热心支教　守护教育之希望

每个学生都是祖国的花朵，虽然生得平凡，却没有因此掩埋靓丽。团队成员在长青村村干部带领下来到希望之星小学，虽然与孩子们只有短短的接触，但在其中我们收获了许多。虽然孩子们年龄很小，但在与他们一起玩耍时，总能让我们忘记大学生的矜持，完全被那童颜笑语所感染。孩子们的活泼天真让一行人倍感欣慰，他们是村里的希望，是祖国的未来。我们与孩子们分享了唯美古诗、丰富植物、简单农学等知识，将学习经验倾囊相授。与他们一同学习玩耍，亦是心灵的碰撞，展望未来的过程，孩子们活泼可爱、思维踊跃，像绽放的夏花万紫千红，祖国的未来就掌握在孩子们的手中。

相处的时光虽然短暂，但友谊地久天长。对比彼此的成长历程，当我们在偷懒晒太阳享受生活的舒适时，他们却只能和大人挤在一张床上蜷缩入睡；当我们周末在商店疯狂购物时，他们却只能在家里干农活；当我们在糟蹋米饭时，他们却只能在田地种麦子。我们同情农村孩子们的生活，但更应该思考自己身上肩负的责任，更应与他们手拉手，肩并肩，帮助这些真正需要帮助的人，在他们成长

林甸小学支教情浓　倪忠秋 摄

的道路上扶持一把，伸出援手；也希望社会多关注贫困县现状，改善教学条件，让更多的孩子最终圆梦。

潜心实践　慨叹扶贫之多艰

在东发村村支书的指引下，我们深入到十家建档贫困户和十家非贫困户中进行调研，农户积极配合，完成了问卷的填写与录入。这次问卷调查让我们看到了农村的真实面貌，面对这座偏僻的贫困村，调查遇到了很多障碍。村民们基本不会计算自家一年的收支，而贫困户则基本找不到自家的现金来源，入不敷出；另一方面村民们普遍不了解村里有什么扶持性项目，以及自家能够得到的各项补贴，有近 1/4 的贫困户去年一年里没有得到补贴。

面对这样的情况，队员耐心解释，帮助村民进行估算，详细地记录每一份内容，在填表的时候又进行细致的讨论。让我们感到不忍的是，在采访贫困户时，谈起自家的房子、收入、身体状况，村民们的眼角都噙着泪水。是的，不亲自来农村，不来主动靠近农民，你就感受不到屋内凸凹不平的石头板上那些污水会如何刺痛你贫困、穷苦的感觉神经；感受不到那群脏着小手、头发蓬乱的孩子们带给你的巨大心酸；感受不到贫困户的老旧屋宅与部分非贫困户崭新明亮的楼房对比所显示出的破旧与不堪……很多贫困户既不是什么种养殖大户，又没有钱搞个体经营，只凭几亩田地糊口，闲时去打些零工。父母在家种地，打工在外的孩子没有多余的能力赡养老人，加之许多村民安于现状或觉得无可奈何，让精准扶贫的道路更加艰难漫长。

农村贫困的现状带给我们的是无尽的反思和行动上的无力。今天的我们是稚嫩的、弱小的，即便是大学生但是我们还需要学习许多知识，来丰富自己，武装自己，成为我们在未来社会中立足的根本。对于林甸县工农村、长青村、东发村，我们会一直密切地关注并保持联系，将这一课题继续进行，帮助农民解决更多实际的问题。虽然自身的能力还有不足，很难实现非常专业的知识讲解，但我们会实实在在地出一份力，通过各种渠道帮助农户们解决生产、生活中的实际问题。为此我们会不懈努力，用我们的青春与热血去帮助需要帮助的人，肩负起富强国家的伟大使命。

裴斯泰洛齐曾说："实践和行动是人生的基本任务；学问和知识不过是手段、方法，通过这些才能做好主要工作。所以，人生必须具备的知识应该按实践和行动的需要来决定。"这说明智慧与实践永远分不开，在实践中可以检验真理，也能培养能力，弥补不足。暑期"三下乡"活动带给农学院同学一个验证自我的机会，启迪思想、洗涤灵魂，从根源上发现问题、解决问题。读万卷书不如行万里路，对于建设祖国的伟大使命，精魂永驻、践行始终！为中国梦，贡献自己的一份力量！行程万里，不忘初心。

（张鑫琳　何鎏　霍晨光　黄曦　文）

寻虫查农 “绿色”扶贫

——吉林大学植物科学学院联合实践行动纪实录

2016 年 7 月，吉林大学植物科学学院植物保护专业全体同学进行了为期五天的“寻虫查农”主题“三下乡”活动，同时也在农村开展了多种形式的科技文化知识与生活观念的宣讲活动。此次活动分为两个队伍，一个是由 6 人组成的“绿色扶贫志愿队”，去往了特具民族风情的吉林省延边朝鲜自治州安图县北山村；另一个是由 47 人组成的“植物保护寻虫查农”团队，去往景色优美的吉林省辽源市。

社会实践小组走进辽源市东辽县　宋佳宝 摄

“绿色”扶贫

在一个晴朗的早晨，我们一行6人来到了吉林省延边朝鲜族自治州安图县北山村。安图县是延边朝鲜族自治州下辖县，地处吉林省东部，延边朝鲜族自治州的西南部，南部与朝鲜民主主义人民共和国接壤，北处“东北亚旅游圈”的中心地带和“东北亚经济合作圈”的腹地。

安图县素有“长白山下第一县”的美誉，是中国矿泉水之乡、吉林省“长白山大型天然矿泉水基地”、吉林省生态建设试点县、中药材良种繁育基地县、全国水利经济先进县、“绿色”中药材出口基地县、国家生态示范区 。所辖的二道白河镇为省级长白山旅游经济开发区。安图全县辖7个镇、2个乡：明月镇、松江镇、二道白河镇、两江镇、石门镇、万宝镇、亮兵镇、新合乡、永庆乡。而北山村则属于石门镇。

石门镇是长白山人类历史文化之开篇镇，地处于长白山下第一县——安图县东北部，位于东经128°51′～129°10′，北纬42°39′～43°08′，东与龙井市相邻，西与和龙市老头沟、天宝山二镇接壤，北接明月镇。东西长53公里，南北宽10公里，面积为322.29平方公里。全镇总人口为10264人，其中朝鲜族占人口总数的74.6%，是典型的民族乡镇。石门镇人民政府驻地茶条沟，在明月沟东南13公里处，辖16村43屯。镇区海拔290～1074米，流经镇区的布尔哈通河流域两岸上，台地、小盆地、小平原众多，适宜人类繁衍生息。

我们到达后第一时间与村民交流，了解到了北山村的基本情况与风俗习惯，这为我们接下来开展工作提供了极大的帮助。这里的日常菜肴常见的是“八珍菜”和“酱汤”等。“八珍菜”是用绿豆芽、黄豆芽、水豆腐、干豆腐、粉条、桔梗、蕨菜、蘑菇八种原料，经炖、拌、炒、煎制成的菜肴。“酱汤”的主要原料是五花肉、小白菜、黄豆芽、土豆、海带、豆腐、平菇、西葫芦、尖辣椒等，以朝鲜族的大酱代盐，不加也不用豆油暴锅，加水直接炖熟，不加味精，即可食用，在延边有个说法：“三天不喝酱汤，浑身就没劲”。

同时因为该村的朝鲜族群众较多，整个村子的风俗习惯也偏向朝鲜族，朝鲜族与汉族的餐桌礼仪不同，盛米饭和汤的碗是不应该被拿起的。韩国人使用金属做的长柄匙来吃饭喝汤。韩式的筷子是扁平的金属筷子，只用来夹菜，不用来吃米饭。餐具的摆放也很重要。盛米饭的碗应该放在最左边，然后是匙和筷子。热的食物要放在桌子的右边，凉的食物放在左边。汤和炖煮的食物要放在每个人的右边。蔬菜则应该和米饭一起放在左边。泡菜要放在后面而酱应该放在前面。年轻人不应该在长辈或客人之前拿起筷子吃饭，也不应该在长辈或客人之前吃完饭。

在与村民交流后我们得知，周边自然资源非常丰富，但开发相对不足：

1. 林木资源：在该村周围有大量的林木资源和非常高的森林覆盖面积。

2. 矿泉水资源：非常丰富，周围可供开发的泉眼有 50 多口，并且水质优良。

3. 动植物资源：植物有山参、灵芝、贝母、黄芪、木通、五味子、天麻、瑞香、杜香、细辛、草苁蓉、龙胆草等名贵药用植物；松茸、蕨菜、薇菜、刺嫩芽、木耳、越橘、元蘑、猴头、桔梗等山珍食用植物。动物有东北虎、金钱豹、黑熊、水獭、紫貂、梅花鹿、野猪等野生动物，生态环境十分优越。

在中央扶贫工作开展后，干部带着村民搞建设求发展，农村贫困人口大幅减少，贫困发生率明显下降。贫困地区农民生活水平显著提高。国家扶贫开发工作重点县的农民收入水平明显提高，实现了跨越式增长。贫困地区基础设施条件明显改善。基本上家家户户都有了电视，可以收看到很多频道，手机普及率也大幅上升。同时，基本上使贫困地区社会事业得到较快发展。贫困地区基础教育水平明显提高，文盲、半文盲率持续下降，劳动力素质明显提升。贫困地区医疗卫生条件得到巨大改善、服务能力不断增强，基本实现“小病不出村、大病不出县”。贫困地区社会保障投入力度不断加大，社会保障制度不断完善，社会保障水平不断提高。

在最初的调研活动中我们遇到了一定的困难，一些村民不会汉语，使我们的扶贫工作增加了难度，我们积极寻求解决办法，后来在领导的支持和同学的帮助下，我们找到了能帮我们进行翻译的人，之后针对该村以农业生产为主要经济来源的特点，我们以自己所学为村民们做了生产技术指导，向他们介绍农业生产中可能遇到的病虫害和一些相关的主要病虫害防治办法，对他们生产过程中遇到的一些问题进行解答并对中央扶贫工作进行宣传，对贫困农户进行了逐一走访，并尽可能解决他们的一些问题和疑问，共走访 63 个贫困户。

我们还以问卷调查的方式，进行了广泛的调查研究活动，共填写调查问卷150余份。这些调查的进行，使我们对北山村的整体情况和扶贫工作有了更深入的了解，我们通过对问询和回收上来的数据，结合北山村实际情况进行了分析。得出以下结论：北山村扶贫工作已经取得了一定的进展，已经有接近半数的贫困户摆脱了贫困，走向了小康之路。我们也发现北山村对优势自然资源的利用不充分，在自然资源丰富并依托自然资源发展的安图县境内属于较低的水平，北山村周围有大量的可以被开发为风景区的资源和可供开采的矿产资源，附近森林和矿泉水资源，如果将其利用起来，北山村经济可以大幅度发展并带动周边区域发展，也能很好地提高居民的生活水平。

寻虫查农

7月11日早，我们历经几个小时的跋涉，乘坐大巴来到了本次“三下乡”的活动地点——吉林省辽源市杨木水库。

杨木水库，又称杨木湖，地处于辽河源头，是全市最大水库，同时也是辽源市生活饮用水源地之一。放眼望去，群山被郁郁葱葱的植被覆盖，青翠欲滴。广阔的湖面被环山群绕，好似一双臂膀静静地守护着这块人间碧玉。盛夏轻柔的和风掠过湖面，泛起了淡淡清波，一静一动，美轮美奂。欣赏到这样般的美景，长途跋涉而带来的疲惫也悄然弥散，留存于心间的只有对自然的赞叹和对未来几日生活的向往。初到不久，我们就受到了当地村的热情欢迎。村民们迫不及待地带我们游览了水库，向我们介绍了这个水库所承担的作用，同时也将水库周围的美景一一向我们介绍。在一番参观之后，我们返回到了天泰山庄，并在此入住。

农作物病虫害是我国的主要灾害之一。据相关资料显示：我国的重要农作物病虫害达1400多种，其中重大流行性、迁飞性病虫害有20多种。当天下午，小分队就农作物病虫害的知识举办了一场科普讲座。讲座吸引了该村庄乃至周围村庄的众多村民到座旁听。首先由小组长简单介绍植物病虫害的分类以及鉴定。小组长通过各种各样的事例以及实地拍摄的图片，生动形象地向村民们介绍植物病虫的危害及物种分类。随后由王军教授从专业角度出发，向大家介绍了植物病虫害的预防与处置。讲座进行了一个多小时，讲座进行的过程中旁听的村民纷纷执笔将所讲的要点记下，十分专注。而在随后的问答时间里，村民们的热情更是空前地高涨，踊跃地将自己所见所遇和大家分享，而学院的老师同学们也积极地回答村民们的问题，尽自己最大的可能去帮助村民。

临近下午，寻虫查虫小分队就出发上山寻找各类昆虫和植物病虫害。山上树木密集，各种灌丛及野草交织在一起，阻挡了前进的步伐。但是小分队们要进入深林中才能捕捉到一些具有代表性的昆虫及病虫害。所以小分队成员披荆斩棘，不畏艰险地朝着深林前行。在山上展开活动，摔倒是常有的事。此外还有蚊虫叮咬，被树枝刮伤等诸多小意外。男队员们不仅要做好自己的工作，还要在路途中担起照顾女队员的责任。尽管是在深林中，视野被茂密的枝叶阻碍，但是大家不放过一丝一毫机会，尽自己的努力去寻找藏匿于隐蔽处的植物病虫害。若是有什么新发现，大家都兴奋起来聚在一起观察讨论收集起来，而老师也会借着实物的机会向同学们讲解相关知识。虽然有些时候好久都没有新发现，但是大家都还坚持着，不气馁，不放弃。同学们在老师的带领下，历时四个小时之久，共发现20余种病虫害，可谓是收获不小。

夜已深，皎洁的月光洒在山林间，静谧而又神秘。丛林中传来清脆的蛙叫，各类虫叫声，汇聚成一首轻巧悦耳的大自然交响乐。站在山腰望向远处，杨木水库就像一个将要入睡的小姑娘，沉静而又美丽。而此时小分队仍然在工作着。由于光线等环境因素的影响，深夜工作更加艰难，但这也阻挡不了他们前进的步伐。在老师的带领下，同学们运用灯光诱捕技术展开工作。灯光诱捕法是利用夜间昆虫的趋光性，通过灯光及收集装置采集昆虫的方法。由于灯光诱捕法是利用昆虫的天然趋性，对环境保护十分有利，在现代农业生产中应用广泛。这一晚上的努力，小分队又收集到了5个科10余种属的昆虫。拖着疲惫不堪的身体回到村庄里，大家虽然早已累得不想再多言一语，但是看到满满的收获，同时也回想到今天的所见所闻——那种在课堂上、书本中难以寻觅的实物与经历，大家的脸上不约而同地露出了欣慰满足的笑容。

第二天清晨，山间环境格外清爽，夏日之凉，炊烟伴着晨光冉冉升起。简单的早饭过后，我们兵分两路。一路进县，学习有关玉米水稻病虫害的知识。为了加强宣传有关玉米病虫害的认识和预防，我们在县里发放了宣传手册并且讲解了相关知识。关于病虫害的鉴定和防治，民众们听得十分认真。因为近几年农业方面的病虫害灾难带给大家很大的影响，所以民众的积极性十分强烈。随后我们受邀去一些现代化农资企业进行参观学习。身处于互联网高速发展的时代，传统的农业在慢慢地被现代化农企替代，而我们的知识水平也要紧跟时代潮流，力争将农业与现代化技术相结合，达到效益最大化。另一路则继续在山上搜集病虫害和昆虫。夜色降临，大家便集合在一起将昆虫进行分类。这一天天气宜人，大家坐在一起围着小桌子，细细地讲着今天的所见所闻，也交流讨论了各自今后的发展道路以及对本专业的展望。明月当头，一位位怀揣着对未来的希望，对行业的展望的青年人，如一颗颗璀璨的明星，点亮了这宁静的村庄。

第三日上午，活动由室外转入了室内，老师带着同学们将昨日采集的病害和昆虫制成标本。叶子在纸页的吸水作用下已变得干燥而薄脆。病叶的处理比较简单，只要将其转移到纸张上贴好标签便可。但是干燥的叶片属于易碎品，稍有不小心，就出现了残次品。昨日处死的昆虫已失去其身体的弹性，在我们将其摆成活体的姿势时，必须非常留神手足、触角等易脱落的部位。我们要用大小合适的针，穿入昆虫的鞘翅，肚子或头，然后把触角和腿展开，摆出活态。或将小虫展开粘好，向我们展示出它活着时的危险，同时也让我们欣赏到它奇特的口器与色彩艳丽的翅膀，同学们与小小的昆虫与叶片，展开了技术与眼神的较量，小心翼翼地摆弄着这些小而脆却有价值与观赏性的作品。标本做好后，我们将其放在一起进行比赛。阳光下，昆虫的外壳泛着微绿色的金属光泽，保持飞行或爬行的动作；病害标本则保持其原有的颜色，重点展示着其病症与病状。老师们欣慰地看着同学们辛苦制作出的作品，啧啧称赞。为了激励与表扬最努力的同学，全体老师选出了个人最佳与团队最佳两个奖项。欢快的时光总是在人不经意间流逝，充实而又有趣的标本制作给大家留下了难忘的回忆。标本的制作，意在通过专业的知识，精巧的手工把昆虫最原始的姿态，植物病害最本质的状态展示出来，达到更深远的意义。虽然看似已被永远地封存，但却赋予了其永恒的生命。

为了丰富“三下乡”的生活，同时为了响应文化下乡的主题，我们的学生会与植保班的全体同学一致决定开办寻虫查农主题的“三下乡”晚会。在晚会开始之前，同学们集思广益，群策群力，为晚会节目做准备，在确定了演出节目和演出人员之后，演员全心投入排演，其他人又积极地为晚会做准备，早上 6 点多同学们就开始布置场地，挂幕布、吹气球、试音响、搬椅子，力求完美。

在领导和观众纷纷入席后，晚上 8 点，文艺汇演正式开始。主持人在台上请各位嘉宾致辞，介绍表演节目之后，我们欣赏了第一个节目——诗朗诵。台上的朗诵者声音洪亮，举止投足之间彰显着十足的英气。充满磁性的嗓音时而深情动容，催人泪下；时而高亢激昂，使人振奋。精彩的诗朗诵表演之后便是大家排练的时间最长，准备最久的节目——民族舞。在极有特点的服装和舞蹈的冲击下，观众都陶醉在视觉盛宴中。在节目中间，主持人通过有奖竞答的活动与台下的观众互动，观众们情绪高涨，踊跃答题。答题过程中还时不时因为个别同学的口误，而引发哄堂大笑。在智慧碰撞中，有奖竞答结束了。然后主持人介绍第三个节目京剧《锁麟囊》片段，在主持人话声刚落，观众们就露出期待的神情。在台上的同学用心演出，虽然表演的同学不是专业的，但是观众们都听得如痴如醉，台下年纪较大的观众情不自禁地打起拍子，选段结束后，观众们纷纷要求再来一个，盛情难却，这位同学又唱了另一个选段，这个节目结束后，响起了久久的掌声。接下来的节目是小品，同学们卖力演出，赢得了观众们的一致好评，一时间欢声笑语充斥了整个活动现场。最后一个节目是大合唱《相亲相爱一家人》，由全体参与此次活动的学生联袂演出。在同学们悠扬的歌声中，晚会走到了尾声。谢幕后，在大家依依不舍中，学院的领导离开了天泰山庄，我们留下来收拾会场，与当地的村民告别，我们这次充满惊喜与感动的“三下乡”生活也即将步入尾声。

晚会火焰渐渐熄灭了，草丛中一直偃旗息鼓的虫子们又再次活跃起来，不同于人类的聒噪，清脆的虫鸣反而更显得山庄的安静，随着人们的入睡，整个山庄仿佛也随之熟睡了一般和着微风在均匀地呼吸着。

第四日的行程，按计划是杨木水库。虽然之前也有在老乡的带领下游览过，却不过是走马观花式的。今天却用整整一天的时间来一次故地重游了。望着还有几分熟悉的景色，同学不由得感慨，不算长也不算短的“三下乡”活动，从杨木水库开始，也即将在杨木水库结束。微风吹散了阳光，湖面上波光粼粼，一碧万顷。岸边的植物也随风而动，郁郁青青。那水下想必也是水族的圣地，看看那盘旋在湖面不肯离去的水鸟，当真是沙鸥翔集，锦鳞游泳般的画面。我们穿行在岸边，沐浴着这样的微风，行走在如画的美景里，感受着那一份心旷神怡，宠辱皆忘的美妙感受。不少同学拍照留影，也有同学好奇地辨识着岸边的植物。老师则滔滔不绝地开始了对岸边植物的介绍，解释起了它们的种属与功能。再回到山庄，已经是黄昏了，追赶着暮色，一行人三三两两的回到了庄里。也许是累了或是别的什么原因，心情随着身体也沉重了不少。

次日清晨，我们一如既往起得很早，只是这一次非比寻常，大家都默默无声，只有导员的声音在回荡：“大家注意一下，我们马上要走了，检查一下自己的东西，别忘带了，忘带了就只能给你快递回来了。”导员开了一个幽默的玩笑，但大家心中却并没有多少笑意。因为当队伍离开山庄的时候，我们遇到了来送行的村民们。村民们来和我们一一道别，低落的情绪在我们之间扩散，不舍在胸口酝酿，在心中郁结。第一次如此亲密地体验自己喜欢的专业，第一次得到了实习的机会，兴趣的探索，知识的实践。这些加起来本该会让人感到无比的喜悦，只是在这一刻，离愁涌上心头，难以释怀。

大约在中午的时候我们到达了吉木村，在顺便解决午饭的同时，做最后的停留。导师给我们布置了又一轮的病害与昆虫的搜集任务。在得到村民同意后，我们开始了收集。有了之前的经验，我们完成得很快。稍作整理后，我决定去交待任务。然后便是又一次地为村民普及病害知识，在这个过程中，我又看到了熟悉的东西，那些庄稼汉，沉默地听着，干裂的脸上慢慢有了笑容。黝黑的眼睛里，

普及农业知识　宋佳宝 摄

有了几丝明悟，几丝感激，几丝敬佩。就像几天前的玉米老农一样。猛地我意识到，那种无法言说的感觉，是因为什么。

我坐在车上，颠簸并不能打断我的思绪。我是一位植科人，是大地养育的孩子。经过这一次活动我逐渐明白：我、我所学习的、与土地、与农夫、与靠土地吃饭的许多人有多么深的联系。依靠这份知识，可以给大家带来笑容，我的知识，会带来幸福。我们圆满地完成了这次任务，但以后的路还很长。但我相信，经历了这次实践，大家作为植科的一员，会为这个大地播种幸福。

（曾光　姚彬　邓松　王庆　姜晓春　文）

把论文写在吉林大地上

——吉林农业大学农学院 2016 年联合实践行动纪实录

白山松水，养育了一辈辈勤劳朴实的吉林人民；沃野希冀，吉农人承载着一代代农业科技工作者奋发不息的耕作精神。农学人秉承着学校“明德崇智，厚朴笃行”的校训，坚持把论文写在吉林大地上。无论严寒，无论酷暑，那滚落在田间地头上的汗珠，凝结了无数农学人的智慧。党中央精准扶贫的号角，明确了农

吉农“希冀长白”实践团队走进长白山　刘晓龙 摄

业工作者肩上的使命；全国农林院校农学人心往一处想，劲往一处使，发挥集体智慧，贡献农学学子的力量。扶贫，吉农学子走在吉林大地上……

那好田　好山　好乡民

吉林省洮南市那金镇好田村被列入吉林省首批精准扶贫对象，是吉林农业大学扶贫点。下乡实践的第一天，至今令实践小组成员记忆犹新。“好田村”这个名字，更像是村民们的一种期许。产量极低的大片的盐碱地，加上常年干旱少雨，好田村成为了贫困村。实践队员满怀激动的心情一起向乡下进发，茫茫无际的盐碱地，仿佛在诉说着这个村子的无助，刚刚下客车，就迷路了，实践出征仪式上的豪言壮语，转眼被现实无情地嘲笑了。还好一位同伴的表哥在这个镇子居住，他告诉我们如何到达他家。实践团队的主要任务是帮助学校扶贫工作组调查村里基本情况。对于这项工作原本队员们认为，到村民家里问问地有多大，产量多少、收入几何等等这些基本问题，这个要求似乎让这项工作听起来只是小菜一碟。但是，站在这里才真正体会到，让村民为你填写一份调查问卷，真的是需要极大的胆量，毅力，口才和诚意。虽然已经做好了遭遇挫折困难的心理准备，但是当真正实施起来的时候，发现这件事远比预期的艰难得多。同学们首先面对的是语言关。“书生气”十足的大学生，怎样得到老乡的信任？应该如何与乡亲们交流以便获得自己需要的信息？应该如何证明我们是认真的在做问卷调查？很多被采访者对问卷不屑一顾，三言两语敷衍离开，白眼，甚至还被当成是盗取个人信息的人，遭到避之唯恐不及的对待，这些，都是调研前期，实践小组成员遇到的普遍的问题。随着社会实践时间的增加，同学们学会了站在对方的角度将问题解释得更透彻，学会了用农民的语言进行交流，使得更多的人们愿意相信，并愿意帮助我们完成问卷调查，完成问卷调查的速度逐渐提高。暑期是村里人农忙时节，前两天同学们走进村里时，吃了很多闭门羹，大门紧锁，老乡们都去地里干活了，能见到的多为老幼妇孺，配合调查问卷的完成难度太大，同学们通过观察掌握了村民们的作息规律。天气凉爽的早上和晚上，是同学们的休息时间，烈日当头时，多数村民会返回家中，这个时候，才是开展调查的好时间。于是，同学们只能“错峰”出行。很多老乡看到孩子们辛苦，拿出西瓜，和同学们边吃边聊。

炎炎烈日下，队员们不怕似火的骄阳，深入农村调查；冒着不停的大雨，不顾湿了的衣衫，迈着坚定的步伐向农村进军，走进农村家家户户。短短几天里，实践活动内容之丰富，场面之感人，百姓之热情，都让队员难以忘怀。根据我们掌握的信息，为村民建立了个性化动态管理档案。通过对好田村 6 个社贫困户和贫困人口进行实地走访、调查摸底，掌握了每一个贫困农户的基本情况，建立了贫困人口档案。有一户村民，家里祖孙两代人家，老两口都近 80 岁了，身患多种疾病，孙子不到 30 岁，也成家了，孙媳妇领着一个孩子，肚子里还有一个即将出生的孩子。他们热情地把实践团的同学请到家里，那个“家”里，还是低矮的土房子，室内除了一盏电灯，别无其他电器，时光仿佛一下子回到了几十年前。但青壮的男主人对生活还是充满了希望，他把贫困归结为父母和爷爷奶奶一辈子身体不好，不能赚更多的钱。看到院子外，十几只羊、还有一些鸡鸭鹅，给这个家里带来了些许的生机。这些贫困户的情况，触动了我们的内心，成为我们无法忘怀的影像。

在社会实践活动中认清了自己的位置，发现了自己的不足，对自身价值能够进行客观评价。对自己的未来有一个正确的定位，增强了自身努力学习知识并将之与社会相结合的信心和毅力。“在大学里学的不是知识，而是一种叫自学的能力。”这次实践后才深刻体会这句话的含义。勤于动手慢慢琢磨，不断学习不断积累，要有高度的责任心和集体荣誉感。老乡们质朴的语言，很多老乡不断叮嘱实践队员的安全，令队员们感动至今。队员们见到了社会的真实一面，实践生活中每一天遇到的情况不断在同学们脑海里回旋。

最是乡音感人深

来到农安县的第一天，映入眼帘的就是一片片的玉米地，看着绿油油的晃人眼。这个实践团队实践内容是为给玉米授粉。吃过一顿饭后，我们领取了工具：白大褂，草帽，剪刀，大头针，针包。工作主要就是给玉米套袋，给玉米授粉，玉米砍杂。过早或过晚授粉都不利于收货时鉴定选系材料的结实性，因此应选择适当的授粉时期，取粉时，先打开大口，右手将大袋置于头顶前方，注意打开袋口时不能将手指伸入袋内，以免带入其他花粉。然后，左手抓住雄穗基部（手指不能直接触碰花粉），轻轻将雄穗拉倒袋口，右手轻轻拍打纸袋，将花粉抖入袋内，并将花粉集中在袋底一角，并折叠大袋，保证花粉集中，整个动作要快，减少异质花粉混入机会，授粉时，头戴一顶宽沿的草帽，遮住套袋果穗上方，阻挡周围异株花粉，增加安全性。这三个动作，每天重复无数次，持续了共 20 天。每天重复的是真正的三点一线的生活，餐厅，宿舍，玉米地。六点半吃饭，七点准时集合下地，全副武装（主要是白大褂），捂得严实长痱子，捂得不严就要被大苞米“款待”。草帽口罩加手套，装备一样不能少，挨个苞米去查看，半道儿就是一身汗。这就是当时的真实写照。

日子并不是一帆风顺的，我们有汗水，有泪水，有欢笑。这个实践点还有其他两所高校的团队，因为学校放假晚，所以我们团队去的最晚，他们技术已经很熟练了，我们还是“一介小白丁”，难免被嫌弃慢，影响了进度。好在我们勤学苦练，迎头赶上，才跟上大家的节奏。晴天时，我们在外面苞米地里顶着大太阳给玉米授粉，空气的闷热和身上的白大褂使得我们汗出得很多，团队的小伙伴没有一人说要放弃，选择来农安给玉米授粉的孩子都是毅力特别坚定的，每个都不错。我们有彼此，我们相互扶持，相互帮助，相互鼓励，每天晚上我们都会聚集在一块，拍完集体照之后，三两成群的围在一起唠嗑，谈着遇到的搞笑的事情，聊着遇到的不顺心的事，我们一起开怀大笑，一起愤懑不平。看看自己和别人不同的待遇内心会不服会愤怒，慢慢想明白，不能一味而抱怨，不论怎样只要做好自己，好坏自由他评，做到问心无愧便是成功。原来我们是本校的坐在一起，没几天，其他学校的同学也加入进来，大家一起唱歌，谈一谈各自的生活圈，我们发现其实还是有很多共同话题的，依然记得在路灯下，我们三五成群，歌唱，玩闹，听着风穿过玉米叶，呆呆地盯着远方遐想，这是最放松最惬意的时刻。彼此之间的感情逐渐加深，很多人建立了深厚的友谊。所以，不要在心里建一堵墙，也不要轻易地给别人定位，不然会错过很多有趣的人。

一望无际的玉米地里总是欢声笑语。我们分成两人一组，从来不会出现下班时哪一组被拉下的情况。在授粉的高峰期，工作量都很大，而且要在规定时间内完成，总会有几组不能跟上步伐，但是我们是一个团队，我们是一个集体，那块地里充满了我们互帮互助的影子，至今回忆起来满满的都是感动，男生帮助女生时只会说我来你这儿逛逛，然后就默默地干活，不求任何回报。那些温暖的记忆烙在团队每个人的心中，让我们彼此温暖，让我们一同解决问题，感动无以言表。

我们社会实践的地点相当于小社会，形形色色的人，各种可能发生的状况。

每一天都很累，身上穿的白大褂每天要湿两次，早上穿上中午湿透，午后两点穿上下午回来湿透，常有因为长时间在太阳下暴晒而中暑的学生，但他们都能在症状得到缓解之后立即投入自己的任务之中，为了每一株珍贵的自交系玉米不被浪费，每个人的认真努力都值得被尊敬赞扬。在开始的时候觉得坚持二十多天很难，但是一天一天地坚持下来，发现当初很难实现的事儿也不过如此，这很是不可思议，能坚持下来的每个人都是非常有毅力的人。

万事开头难，不能因为遇到小小的挫折就放弃，不能因为不顺心就停滞不前。不然在这个社会将无我们的容身之处，社会需要有能力的人才，而能力不是与生俱来的，需要后天的锻炼，那些逆境则可以很好地帮助我们，所以不要胆怯，不要逃避，正视它，解决它。我们一定放低自己的身价，知道该说啥，知道该做啥，在什么职位说什么话做什么事，要从实际出发，明确自己想要啥，保持自我，懂得保护自己。大丈夫能屈能伸，在人际交往这块儿，诚恳亲切，不交损友。对待学习，虚心，活到老学到老，现在的社会是一个人才的竞争的社会，自身的能力提高了，才会增加自己本身的价值。

印象长白山

长白山，是每一个吉林人魂牵梦绕的地方。如果，你没去过长白山，就无法领略真正的原始森林的美；如果你没见过天池，无法体会水的静谧。大美长白山，印象长白山，吉农实践学子走进长白山，感受她的美。

随着车窗外的风景，一幅接一幅地消失在身后，让大家感受到了一股清新的味道。五个小时的车程后，“希冀长白”团队达到了宛若仙境的临江市花山镇，一个大自然的清流沁入全身，倍感轻松。热情的接待姐姐安置好我们入住，来自其他高校的小伙伴团队便来与我们进行了联谊，而我们的舟车劳顿也瞬间消散，陷入一片欢声笑语当中。虽说还是8月，在花山的傍晚还是感到一丝凉意，没有了奋笔疾书的燥热，有的只是身心愉悦的快感。

为了更好地贯彻精准扶贫实践主题，我们选取了花山村果园。果园树苗目前种植一年，由几位当地村民合伙出租承包，这是他们维持生计的唯一来源，今年，果园虫害严重，面临减产的危险。果园里还种植着大豆，队员们对果园里树苗及大豆进行了多颗多株观察，并取样回学校进行了初步形态的鉴定，发现了大豆炭疽病，大豆蚜虫，大豆双斑萤叶甲等；在桃树园里，我们发现了红蜘蛛虫害等，同时我们在实践成果报告中给予了相对应的防治及灭虫除病的措施。通过走访花山镇农户，并对其进行了问卷调查，通过事先针对花山镇设计的问卷，并进行了后期的数据统计分析。

调查中，遇到一个当地的种粮大户，也是当地小有名气的合作社负责人。他是大学毕业生，毕业多年，曾经去深圳，广州等城市打过工，最后还是回到了故乡务农。一开始很多人不理解他，甚至嘲笑他，大学生还回来务农，“大学白念了”的想法一度让他的家里人抬不起头来。但是他相信凭借自己的学识和热爱学习的精神，种地也可以种出名堂。现在，他已经成为当地的种田大户，联合其他大户，进行规模种植，开展了农民合作社，他连连感叹，赶上了党的好政策。种地，还真种出了大名堂!

种地是一项大学问，从种到收，几乎每个环节都很有讲究，包括节气的掌握、良种的选择、耕作方式、设施的运用、田间的管理、适时的收获、高效的储运和销售等等，无不渗透着科学技术有形无形的作用。但很多农民习惯了传统的种植方式，“面朝黄土背朝天”“日出而作、日落而息”是他们农耕生活的真实写照。近年来，山区出现了一些新型农民，懂得经营土地，懂得科技应用，但大多数山区农民虽然体格健壮却缺少新的生产技能，仍然采用千百年来流传下来的耕作方式，生产技术落后，土地利用率低，产出低。绝大多数农民没有参加任何技术培训，没有一技之长。表现在，一方面劳务输出人员中技能型人才极少，大多数从事强体力、高难度、多危险、低收入的苦力劳动，挣的“血汗钱”，劳务增收潜力不大。另一方面，因多数农民文化程度低，掌握不了一些农业及主导产业发展新技术，现代农业新技术推不开，制约和阻碍了农业内部增效和产业发展。

农民并不是我们想象中的一些样子，他们对农业机械的掌握程度比我们还要多，我们在课堂上只能学到一些理论，而农民们不仅知道专业的术语，而且还了解一些适宜当地的土方法。我们在生产实践的时候，对于病虫害，草害的把握也扎实了很多，了解到了水稻这一生常见的病虫害，田间常发生的草害，水稻负泥虫，稻水象甲，中华稻蝗等等，而病害有稻瘟病，纹枯病，白叶枯病等等。草害在我们调查的地段发生较多，他们种植的是绿色稻米，所以对化肥农药的使用有很大的限制。在当地，小浮萍的发生状况特别多，这也是我们在这次实践中学到的东西，因为浮萍对于水面的遮挡，使得水下温度较低，不利于根系的活动，同时也会影响气体交换，从而致使植物体进行无氧呼吸危害作物。亲眼所见而且自己试了水温，所以印象特别深刻，老师也说这些东西在早期就要防治，一旦发展起来就很难处理了。同时呢，这片地里我们也发现了一个问题，因为我们实践阶段正处于水稻的齐穗期，营养生长已经到达最大值了，我们在田埂上还能看到田间的间隙，这因为种植密度不当，行间距过稀导致的，所以建议明年种植时应调整间距，我们队员在这个实习阶段也发现了一些问题，有一株水稻的剑叶发生了变异，我们讨论了一下可能发生的原因，有的说是冷害，有的说是药害，有的说是环境影响的，有的说是自身基因变异的，后来查阅资料后发现是因为药害导致剑叶没有张开而引发的畸形症状。这个讨论的过程也是我们那一天里最开心的过程，从专业知识到人生理想，无所不谈。因为我们的水稻田间掌握真做到了这些，我们在田间所学到的是在课堂上学不到的东西。我们以后应多多了解农村的现状才可以更好地从事工作。

记录精彩瞬间，捕捉美好画面。我们的实践团队还肩负着传播魅力长白的使命。同学们在微信、微博上发现并推送最美村庄，经过对花山镇多个村庄的调查走访，那个拥有“彪哥煎饼”招牌的老三队村，不仅从味蕾上征服了同学们，也给大家留下了深刻的印象。有人说:“使人成熟的，并不是岁月，而是经历”。不知道短短一个假期的专项实践调研是否能让他们成熟，但，有些事，不经历永远无法体会。

实践结束了，但这又是另一种开始，是我们的一个开始，我们正在为自己的人生书写不同的篇章。年轻，是骄傲的资本，这个时代注定要我们去开拓！我们年轻而勇敢，我们都想成为在天空展翅翱翔的雄鹰，去搏击浩渺的蓝天；我们都想成为在草原自由的奔马，来一个惊天动地的嘶鸣；我们都想成为史册著名的伟人，于自己的画图上留下光彩的一笔！我们好想好想，用自己的行动开拓一片属于自己的天际，成为一颗闪耀的恒星，把短暂的生命定格为永恒。而这一切的一切，需要我们用行动把空想变为现实，用实际行动证明！“千里之行，始于足下”，实践出真知。我们有理由相信，当代青年大学生有实力承担得起未来建设国家的重任。追求进步，刻苦求知，勤于实践，全面成才必将成为广大青年学生的共同心声和行动。正是在由浅入深的不断实践中，青年学生对历史的使命，对

吉农社会实践团队进村调查贫困户基本情况　于梓琦 摄

人民的呼唤才会体会得更加真切。

扶贫的号角已经吹响，实践的脚步已经迈出，让我们用热情与真情去温暖那些需要帮助的人。

（苑淑玲　文）

为了你们　我们愿意

——沈阳农业大学农学院 2016 年联合实践纪实录

为了你们，我们愿意一直讲下去

就像顾城的诗写的：“草在结它的子，风在摇它的叶，我们站着，什么都不说，就十分美好。”那时我在讲台上站着，什么都不说，就十分美好。回溯到七月，在炎炎烈日下，还留有那一群农科学子辛苦奔忙的身影。

抚顺市新宾县永陵镇陡岭村是辽宁省财政厅定点扶贫村，坐落在青松岭脚下，林多地少，农民的收入比较低，村里环境不尽人意。来的路上车窗外的风光迥异别致，一时沃野千里，一时重山叠嶂。泥土的清香伴随着我们的脚步，我们怀着激动又好奇的心情，来到了抚顺市新宾满族自治县永陵镇永兴小学，一所位于大山深处的小学。

清晨的田地间，三三两两的村民在忙碌耕种，徐徐的微风和优美的风光让人倍感舒适，身后是一座座伫立在葱茏草木间的瓦房。今天，我们的千乡万村科普实践团将在这里开展特殊的一课。在这所小学里，虽然有完整的一到六年级，不过六个年级加在一起才 62 个学生。通过和村口小朋友们的沟通，我了解到附近几个村子的孩子几乎都在这里上学。即便在这样的乡村，他们也始终坚信着知识改变命运，并为此而不断努力着。

为了更好地开展本次支教活动，弘扬“走遍千乡万村　服务农村环保”的志愿精神，沈阳农业大学农学院组建了“2016 千乡万村科普实践团”，引导我们青年学生发挥专业优势，组织科技支农、教育关爱志愿服务活动。实践小队此次开展了农技人员培训、农业科普讲座、先进农技推广送到田间地头，送进农家大院，切实为农民提供“田间地头”的生产实践指导。用科技惠农，科技助农，科技兴农的生动实践，参与新农村建设，为辽沈经济社会全面振兴奉献智慧和力量。团队在前期首先进行了问卷调查，通过问卷发现了孩子们对于环保知识了解程度很低，但是这群孩子对于生活环境关注度很高，所以我们立刻决定将支教的重点放在了提升学生们的环保意识上。

进村之后我们第一时间通过和老乡的沟通以及实地考察，大致了解了村中农作物的种植情况，并因地制宜、结合实际写下了上课所使用的教案。根据之前的准备，我们还为孩子们介绍了科学饮食结构——膳食塔环保课堂和水知识课堂，并通过游戏环节，鼓励小朋友现场背诵古诗、农谚，让小朋友们将简单而基础的农业知识牢记于心，寓教于乐。我们做了满满的准备，在走进教室的那一刻却惊愕了，破旧的校舍，采光虽好，却四处通风。一间教室，桌子们都被搬走了，六十几个孩子搬着自己的小凳子安安静静地坐在教室里等着这群从城市里来的大哥哥大姐姐，孩子们大大小小，不吵不闹，这是这个小学所有的学生，一年级到六年级。

我们的到来，小朋友们欢乐之情溢于脸庞。一开始，孩子们有些拘谨，课堂节奏也好掌控，待到互动环节时，孩子们发言争先恐后，望着他们渴望的眼神和举起的小手，队员们欲休还说，不经意间已经过去了 2 个小时，带来的礼物也渐渐到了小朋友的手中。

在给他们讲课的时候，我可以感受得到，他们很认真地在听，在记忆。透过孩子们的笑容我们知道这趟没白来，也让我们觉得这样的实践很有意义。同样令人感动的是同学们认真负责的态度和关爱精神。为了更好地完成这次实践活动，他们做了精心的准备，付出了许多的心血。也许，是由于这些莘莘学子本身的优越素质；也许，是他们深深懂得自身所肩负的责任和使命。我们的言行，不仅直接反映沈农的形象，也体现着辽宁人的面貌和素质。

此次在陡岭村永兴小学所开展的科普课堂，我的心情沉重又轻松，我们作科普讲座，宣传环保、安全、创新、健康等知识，引导改变村内人员日常生活中错误的生活习惯，从而让陡岭村的孩子们准确理解科学的环保理念，了解周边环境与人体健康密不可分的联系，使环保意识深入人心。这一堂课充满欢声笑语，这

2016 全国农科学子联合社会实践——沈阳农业大学农学院赴辽宁省抚顺市陡岭村永兴小学扶贫支教实况　吴迪 摄

是一群十分质朴的孩子。我们能为他们做的事情并不多，但只要能帮助他们的成长，我们都愿意去努力。实践过程中，我们紧扣支农和助农的主题，充分利用了网络优势和新媒体的助推作用，通过微信、微博等新媒体的宣传，取得了良好的辐射效果，得到了辽宁高校志愿之家官方微信的头条报道，沈阳农业大学官方微信的专题报道，专题纪录片播放量达到 2000 余次，广受好评。在小学设立的爱心图书角，虽然捐赠图书 200 余册，但真心希望我们的付出能为孩子们收获知识，带去欢乐，更希望我们的调研能为乡村的发展助力护航。一些先进、科学的生产、生活的方式也正激励着农村的孩子走出农村，拥抱世界。

为了你们，我们愿意一直讲下去……

情系三农　青春建功

一提到农村、农业和农民，不少人脑海中浮现的是“面朝黄土背朝天”的场景。其实这只是传统农业的“标准像”，而现代农业是以资本高投入为基础，以工业化生产手段和先进科学技术为支撑，用科学的理念来管理农业形态。与传统农业相比现代农业可谓“脱胎换骨”。在这样的时代背景下，更加呼唤有知识、有文化的年轻人投身三农。

科教兴农是沈阳农业大学传承61年的光荣传统，目前学校在辽宁省14个市县全部建立了科教兴农基地。农学院在巩固原有5个农学专业基地的基础上，2016年暑期拓展实践范围，采用集中实践、分散实践及小组形式组建多个“三农服务团”，在暑假期间分赴大连、法库、黑山、辽中等地区，深入田间地头，参观种植、养殖基地，开展新型农业经营模式调研及农业科技普及的社会实践，足迹到达瓦房店、黑山、庄河等9个地区，举办农业科技知识讲座13场，宣传最新农业科技产品，让科技真正惠民惠农，通过宣讲会和去各地经销商的走访，了解当地的农业经营模式的创新，协助当地农业部门宣讲新技术、新品种。

与车水马龙、高楼鳞次栉比的城市相比，农村在基础设施建设与物质文化生活上都落后于城市，我国依旧处于城乡二元结构的时期，我们实践队队员很多是生于城市长于城市的土生土长“城市人”，对于农村缺乏认识和了解，但是实践中同学们并没有因为条件艰苦而中途放弃。我们发现现今有很多地方的农民仍旧在不知情的情况下用假化肥、劣质化肥，我们的实践队员通过一系列的宣讲会，为农民扫盲，识假辨假杜绝农民使用假化肥、劣质化肥，推广最新优质的化肥，让农民在科技的进步中获益，了解当地的农业经营模式的创新方向，并将最新的农业产品宣传起来，让他们感受到科技进步的成果。

调研的初期阶段，我们也遇到了不同程度的困难。有的农户并不识字，不能阅读调查问卷，有的农户还抱着防备心理，以“我什么都不清楚”“我没有时间”等理由不配合调研。对于这些问题，队员们充分发挥主观能动性，与当地村委会取得联系，在其引领下进行走访调研，同时采取代填辅以口头询问的方式帮助农户完成调查问卷的填写。

记得汪涵在一次演讲中曾说过这样一段话：“每件事情，都是我心里觉得我应该去这么做，而且这么做我特别地开心，不管是什么情况，我都接受。今天所有的一切都那么不如意，赶快在内心鼓掌，因为你的机会来了。我一定要学会很好地忍耐，这样的一个特别尴尬或者是特别难堪的局面，我一定要扛下去，因为面对困难无非三点：渡过了这个困难，你就有渡过困难的智慧；面对困难，你就有了面对困难的勇气；绕过困难，你就有了绕过困难的狡猾。多好。你还要生命教你什么?”调研的过程让我明白，永远不能轻视行动的力量，只要用心去做，定能不负所望。

实践活动的开展拉近了同学们的专业知识与专业实际操作的距离，在开阔了视野、增长了见识的同时更加认识到学好专业知识的重要性。近一个月的实践生活，既紧张，又新奇，收获也很多。通过实践，使我对我的专业有了深层次的感性和理性的认识。我想投身三农凭的不仅仅是一时的激情，更需要长久地坚持与付出。

“物有甘苦，尝之者识；道有夷险，履之者知”。回顾我们的实践过程，感触是很深的，收获是丰硕的。实践中在感受到先进企业的管理方法和效率的同时，也深切地体会到如今农村农业对科研人员的渴求和农民的主要需求，激发了我们进一步学习的激情，耳濡目染，我们的视野开阔了，思维成熟了，也了解各个地方的风土人情及种植品种和主要病虫害。二十余天的实践使得我们的假期过得充实而有成就感，在实践服务的过程中增强了我们专业知识的运用能力，更牢固了专业思想。与此同时，我们的心中也埋下了使命的种子。

任何经历都是一种成长，而每种成长都有不同的味道。感叹贫困地区艰苦的自然条件和生活条件的同时，我很庆幸，我还是一名在校学生，我还有专门的机会去学好专业知识，过程中我更新了许多固有的错误观念，社会实践更拉近了我与社会的距离，也让我深切地体会到大学生只有通过自身的不断努力，拿出百尺竿头的干劲，胸怀会当凌绝顶的状态，不断提高自身的综合素质，在与社会的接触过程中，减少磨合期的碰撞，加快融入社会的步伐，才能在人才高地上站稳脚跟，才能扬起理想的风帆，驶向成功的彼岸。

中央一号文件指出：任何时候都不能忽视农业、忘记农民、淡漠农村，这是国家意志。作为一名有理想的青年，作为一名农业大学的学生，我们更应该响应国家号召，有责任、有担当、有作为，用自己热情似火的青春年华驻守农村，用自己挥汗如雨的实干精神助推农业现代化，用自己与时俱进的创新精神带动农民思想进步！

一路走来的汗水与苦涩都已经变为内心的喜悦和美好的记忆，青春就像一颗种子，已经在这片土地上生根发芽，我想未来的我们将会为这片土地注入新的营养，成就不一样的自己！

实践拉近距离　责任铸就理想

行是知之始，知是行之成。浩浩荡荡农学院暑期创新实践小队是农学院依托各类学术创新科研团队组建而成的。通过学生参与科研任务和下乡实践历练，从而加强学生团队意识，培养学生专业兴趣，加强学生实践创新思维、创新能力和综合素质的培养。

我们一行 20 人拥抱着青春，怀抱着憧憬踏上了实践之旅。大家大多都是第一次走出校门，走进社会，走进一个企业，感受它的生活与工作。7 月 21 日大部队从沈阳陆续出发，很多没有出过远门的同学表示这次实习包含了他们太多第一次，有第一次出省，第一次到基地，第一次下农村……虽然听起来很稚嫩，但是他们也确实走出了自己的第一步。我的内心既饱含了对目的地的好奇，又有一些未知的忐忑。在大家陆续到达张家口火车站后又经过一个多小时的车程，随着

沈阳农业大学农学院农业科技普及实践团调研　祁莹 摄

视野里大面积的土豆花映入眼帘，所有人内心的激动都不言而喻，终于到了我们的目的地——雪川农业发展股份有限公司。1300米的海拔，长日照等适宜马铃薯生活的地理生态环境，造就了雪川农业。

作为实践小队的一名成员，我感到莫大的荣幸，这其中更包含了作为学生代表的那种身体力行的责任感与使命感。正所谓："欲戴王冠，必承其重"。于内而言，我在此次实践中积极学习，并将所见所思分享给我的同学们；于外而言，所谓"三人行，必有我师"，我在实践中收获了更多的友谊和知识。对于我们农学学子来说，要想有所作为首先要学会实践，而实践又不仅局限于在实验室中做实验，我们要做好走到田间地头去的心理准备，脱下身上的品牌，换上田间的工作服，并且在这个宝贵的过程中磨炼吃苦耐劳的精神，同时具备从事科学研究工作所必须要有的客观、严谨、细心、耐心的科研精神。另外，在学习工作中不能斤斤计较于自己的利益，重要的是要学会团结，以集体利益为重。理论需要实践的检验，实践需要理论的支持。这种新鲜的体验让我不仅真正做到理论用于实践，更在实践当中有了更加深刻的感悟：要不断提升专业科研能力，多看、多思考，把理论运用于解决实际问题，最后回归形成理论成果。

"一屋不扫何以扫天下"，想从事本专业工作的学生来说专业知识就是万事的根本，实践中我们到基地、下农村，过程中感受自身专业知识的匮乏，我第一次近距离了解全机械化智能化生产的发展模式，无论是走针式喷灌，水肥一体化，还是组培苗繁育，智能化仓储，触动都非常大。新农业的发展，土地的进一步流转，从分田到现在的收田，市场在不断变化，我们也要改变思维适应发展。尤其当前的大数据背景下，互联网+农业的发展前景以及部分企业做出的尝试，都让我看到了一个传统农业外崭新的领域。

机会永远留给有准备的人。为期二十天的实践活动就这样在不经意之间结束了，我再一次切实体会到了把握机会的重要性。你可能有很多想干的事，但是由于你的怯懦，你的犹豫，你的准备不充分，机会拱手让人或从指缝溜走，世上事事不能尽如人意，但勇敢地站出来，至少对得起自己拼搏的人生！

（郭瑞　黄家慧　文）

华东大地

2016年，一场大雨轰然间笼罩全国，农科学子与贫困村民由此结缘，打响一场抢救性助农的反冲锋。

实践是教科书，实践是传送带，实践是宣传站。

乡土一如既往，慷慨地给予着知识与力量，相比之下，我们的帮助显得微不足道，生活在高楼大厦荫蔽下的我们，如果不走出象牙塔，远赴乡野，又怎会亲眼看到风烛残年的老人蜷居石板房的艰辛。

走进乡土乡村　助力精准扶贫

——安徽农业大学农学院实践小分队纪实录

历经时代变迁，安徽——这个如今占国土面积1.45%，下辖22市、44区、55县和一个国家级高新区的农业大省，一直以蓬勃的生命力顽强地生长在中华大地上。

1978年，18位农民以“托孤”的方式，冒着极大的风险，立下生死状，在土地承包责任书上按下了红手印，创造了“小岗精神”，拉开了中国改革开放的序幕。向前追溯50年，一颗高等农业教育的种子已然根植于这片江淮热土——安徽农业大学。

数风流人物，还看今朝

2016年夏天，安徽农业大学积极响应全国农科学子联合实践行动的号召，充分发扬大别山道路精神，正式拉开了社会实践的帷幕。经过层层选拔，最终立项国家级重点团队1支，校级重点团队1支，校级团队2支及院级团队4支。其中安徽农业大学青年农场主国家级团队和安徽农业大学农学院赴阜南县校级重点团队以“走进乡土乡村，助力精准扶贫”为活动主题，各自开展为期半个月的社会实践。

一位队员在他的回忆录中这样写道：“当我知道我即将以一名农业知识青年的身份走进农村时，我突然感觉到这片土地赋予我的责任”。1968年，一代伟人毛泽东大手一挥，“知识青年到农村去”。48年过去了，从安徽农业大学走出来的具有完善技能储备，高等知识素养的安农人一直将自己根植于江淮沃土，他们更清楚地知道，在这创新发展的时代，农业不再是面朝黄土背朝天，他们更清晰

调研阜南兴农果树专业合作社　钱锐 摄

地感觉到这片土地在呼唤着他们。走，走出学校。走，走到农村。以自身的点点火种燃遍整个江淮。2016 年的夏天，8 支团队，93 人分赴安徽各地，他们即将开始属于自己的青春故事。

青春无悔　建功农村

1. 互联网 + 生态农业助力精准扶贫

2016 年 8 月，青年农场主暑期“三下乡”社会实践团来到明光，考察了明光善成生态农场，了解了农场创始人张祥（化名）的故事，决定和他合作，支持他的家庭农场发展。

张祥是一位先天性小儿麻痹症患者，双腿落下残疾，早年在上海打工积累了一定的资本，随着年龄的增长，他决定返乡创业，在家乡明光成立了明光善成家庭农场，开始从事农业工作。起初，张祥尝试过养鸡、种植果树等各种项目，但都因效益不好以失败收场。好在他并没有放弃，摸索了几年之后，终于在山羊养殖上取得成功，摆脱了困境，然而随着市场的冲击，羊肉价格逐年下降，而生产成本却越来越高，导致他的农场又一次陷入了举步维艰的境地。此次与明光善成生态家庭农场签约是试验班开展精准帮扶和订单农业的大胆实践。公司委托善成生态家庭农场种植50亩生态鲜食玉米，计划种植两季。青联壹品收购鲜食玉米鲜棒，玉米秸秆作为农场养殖青储饲料，羊粪作为有机肥料改善土壤肥力和结构，帮助实现循环发展和绿色无公害发展。而订单式的生产模式有助于解除其销售困扰，做到农业生产没有后顾之忧，预计每亩玉米能给家庭农场增收近千元。

目前2017年百万无公害玉米江浙沪皖平价大派送的预订已经开始，市民只需在青联壹品的商城里支付1元钱就可以提前以成本价预订到2017年的无公害鲜食玉米，据统计目前的预订量已经超过40亩无公害玉米的产量，而青年农场主青联壹品也正在寻找更多的优质产地进行各种订单式循环农业的产销合作。下一步，试验班青联壹品公司将加大对各个试验站岗位体系科学家指导生产的产品进行对接，通过专业营销，推动农产品的市场化，为全面建成小康社会进程中安徽省生态农业发展、精准扶贫和安徽美丽乡村建设贡献力量。

2. 青年情怀　对点帮扶

在2016年7月7日，“三下乡”的第四天，队员们乘车来到阜南县柳沟镇，参观了创业典型养蚕大户的桑蚕养殖基地，向农户询问了蚕的养殖情况、桑树的种植情况及销售中存在的问题后，队员们认识到蚕易得病，重在预防。目前有公司统一发放蚕种、统一收购，为这一产业提供了便利。

作为创业典型，该农户正在往创新实践上摸索着。在他所在的村子，我们在村办公室还看到了关于脱贫计划中其他项目的展板，上面明确规划了各户脱贫的年份及参与的项目，这也预示着脱贫攻坚正在有条不紊的进行着。

他是一位退伍军人，在他的身上看得到中国军人的铮铮铁骨。复员之后，他选择返乡创业，从无到有，从盲目摸索到经验丰富，他的创业之路正印证了社会大潮下，几十年来我们国家发展的真实写照。

我们的队员在微博上曾经发出过他的照片。天蓝，风轻云淡，放眼满是绿色的桑叶，一个身着半袖衣服，短裤的黝黑壮硕的汉子低头操弄着他视若珍宝的桑叶，风吹过来，稍稍掀起草帽的一角，男人起身，扶了扶帽子。看到我们正在拍他，他挥手致意，照片定格了那个爽朗的微笑，那是我们整个调研期间看到的最美的微笑。

在这期间，另一个让人记忆犹新的是那位年过半百的空巢老人，虽然之前自己身边也有空巢老人，很大部分是因为家里相对贫穷，青壮年不得不外出打工维持家里的生计。而这位老人，虽然身处贫困县，但却一个人住着一栋本该四世同堂的楼房。当与村支部书记走到他家房子跟前的小路上时，看到的是他那布满皱纹的额头和张望的眼神，好像在等待着谁。当我们走到他跟前，他盘着手，面带微笑，露出了仅有的几颗牙齿。眼前这位双耳有点失聪的老人并没有清楚地向我们诉说他此时内心的想法，但他表现出来的是对自己儿子、儿媳还有孙子的思念。队员们试着去问他儿子有没有给他打电话，他摇摇头，摆摆手，更加靠近他，将头凑近老人的耳边问他一顿能吃几碗饭，他依旧摆摆手。后来从老人的邻居那了解到老人基本每天都吃得很少，由于牙口问题也只有吃软和一点的东西。当我们跟老人家说我们要走了的时候，老人就站在他家门前望着我们，那是一种失落而又期盼的眼神，我们想要躲闪，内心却感觉被什么扎了一下。

> “如果我有一所大房子，我定要这个房子里有个恰好的人数，不吵不静。一张照片，主角就是那位老人，他斜立，穿着拖鞋的右脚稍稍前倾，背景是他一个人住的大房子，屋内没有光，屋外是一片明媚，双手抱怀，45 度角的仰望或是发呆，有些时候，我看着看着也会出神。”
>
> ——队员随笔

在张大坡村这位老人只是许多空巢老人里很普通的一员。面对这样的人群和现象，社会各界爱心人士肯定已经付出了很多时间和精力去关爱他们，我想我们作为一名接受了高等教育的大学生，我们思考应该怎样去解决这个社会普遍存在的问题，关键在于怎样将劳动力留到离家最近的地方，又如何在离家近的地方能很好地维持生计。

在我们接受高素质教育之后，应该争取返乡创业，建设离家最近的土地，使家乡成为真正的美好家园，给家和家乡所在地一份温暖的爱。

3. 排忧解难　守护舌尖上的安全

由于 2016 年 7 月上中旬安徽省多地遭遇持续降雨，引发洪涝灾害，调研活动于 7 月 23 日正式开始。顶着酷暑，队员们来到了暑期调研的第一站——淮南市潘集区万顷农业科技开发有限公司，对淮南市潘集区葡萄产业的发展情况展开了实地深入考察，通过对葡萄种植大棚的参观和与“淮南市最甜葡萄”的缔造者田万公（化名）的交流，我们了解到近年来当地葡萄生产和销售的整体状况，就今年而言，连续的降雨对葡萄的生产产生了一定的影响，不过由于万顷农业架设了大棚，很大程度上降低了雨水所造成的危害。

随着种植技术以及管理技术的提升，目前葡萄生产整体情况良好，但由于农场主、农户本身精力、推广能力有限且目前各类葡萄的种植面积不断扩大，市场竞争相当激烈，淮南市潘集区的优质葡萄存在“养在深闺人未识”的情况，难以将优质的产品销售出合适的价格，且销售渠道不尽如人意，对此老田无奈地说：“好的东西卖不出去，卖不出好的价格我们也没办法，没人懂这个（市场推广）。”老田的儿子田强（化名）是安徽农业大学青年农场主试验班2012级的学员，6月份刚毕业，老田一直希望儿子可以在家帮助自己经营家里的农场，但田强告诉父亲他觉得自己的能力在家并不能给自家农场带来质的改变，他要去学习更多的知识和经验再回来为家乡和周边的农户们做出更大的贡献，于是他参加了安徽农垦集团赴津巴布韦的农场建设项目，当一个祖国“农业走出去”战略的先行者，远赴非洲去锻炼如何经营、管理农场，今后为家乡和祖国做出更大的贡献。一个优质的产品，两代农场主的传承，还有无数人执着的追求，都让我们感受到了农业的魅力，认识到作为一个农业人的使命感，也让大家深深地体会到做农业的不易和艰辛。

农业人的情怀不是停留在嘴上的说说而已，从农场到城市任何一个普通的角落，我们要做的，是将新鲜、安全的食材送到千家万户，这是我们的责任，也是时代赋予我们青年农场主的使命，每一株带着泥土香气的作物都是我们值得珍惜，值得开心的源泉。

为了帮助淮南潘集优质葡萄走出困境，团队借助青联壹品创业公司开展了线上线下相结合的主题为“淮南最甜葡萄”的市场推广活动，不到半个月便帮助当地农民销售葡萄2500多千克，创收近10万元，通过推广活动不仅抓住了市民们的味蕾，更是给合肥葡萄市场带来了一抹新绿。

随后的7月底，团队再次起程前往合肥市肥东县见到了“老合肥”区域的最后一块有机稻田，以及3000多亩的水稻生态种植基地，并走访了当地的水产、家禽养殖农场。在走访过程中，恰逢一片清虾养殖水域正在投食，我们也亲身参与到农事操作中学习和感受。

4. 我在这里　微笑带给你

“每每回想起我在黄梨树中徘徊的那段时间，我就觉得如果这些梨子能换成一笔钱，一份梨农的微笑，那该多好”

——赴阜南县调研实践团队员

2015 年秋季，安徽省阜阳市阜南县晚秋黄梨开始在市场上崭露头角，个头大，水分足，口感绵滑的梨子在市场上很受追捧，销售价格一度迫近每千克 20 元。但时间到了 2016 年 10 月，情况发生了 180°的转变，阜南县晚秋黄梨盛果期来临，黄梨大量集中上市，近 3 万亩的种植面积，每亩产量高达 3000 多千克，产能严重过剩，销售渠道匮乏加之黄梨生长期受到雨水和高温天气的影响，果品与上年有不小差距，造成了当地黄梨大量滞销，我们团队与赴阜南“三下乡”调研的实践团队一道，启动滞销黄梨“1 元购”的活动（单个重量接近 1 市斤的黄梨 1 元 1 个，市场价约 2. 8 元），成功在半个月内销售黄梨 10 万斤，虽然对于阜南来说，这只能算杯水车薪，但是在生态农业市场化的探索中，我们寻得了新的渠道和方式去营销和推广，同时也是在农业供给侧改革和农业结构调整上做出新

青年农场主助力精准扶贫　佚名 摄

的尝试。

经过一段时间在各地的走访调查，团队在第一阶段工作结束后进行了总结和思考。由于今年洪灾的影响，多地的农业受损十分严重，团队也将借助安徽农业大学的技术力量，尽力帮助灾区减轻灾害所带来的损失。在生态农业得到大力推广和支持的当下，各地的生态农业都呈现生机勃勃的景象，但大部分地区的生态农业市场化进程受到地缘、品牌、运输、价格等多种因素的限制，发展缓慢。另一方面，生态农业的产业化进程中并没有很好地与政府所号召的全域旅游结合起来，利用农旅结合的形式去发展生态农业，这使得多地方仍然没有摆脱“人气低”的现状，生态农业发展难以兼顾生产与旅游。

5. 脱贫攻坚　有我们的声音

七天的行程，我们拜访阜南县团委，农委，深入四乡五村。我们要做的不是“到此一游”，而是利用大学平台的影响力和学术资源就一些农业相关问题进行实地解决，协助阜南县在2020年前完成脱贫攻坚的工作。

青年人要带着问题看社会，于是想到这样一个问题，脱贫攻坚离我们有多远？通过扶贫开发，先富带动并帮助后富者，才能逐步实现共同富裕。我国正处于并将长期处于社会主义初级阶段，通过扶贫开发，努力消除贫困，才能解决社会主义初级阶段的主要矛盾，实现国家的总任务。对于生活在小康家庭的年轻人，脱贫似乎离我们很遥远，远到我们只需要更努力的去维护我们已有的物质精神生活，做到独善其身，我们就没有给这个国家带来更多的负担。

但好像我们离脱贫攻坚又很近。青年人需要有理想，有担当，既要充实自身又要懂得将自己投身社会主义的建设洪流中。试想，如果每一个已经达到小康的家庭不去承担一份属于社会人的责任，任穷者越穷，富者越富，两极分化不断加深，那么社会矛盾就会被激化，从而引起社会的动荡。“一玉口中国，一瓦顶成家”，没有国哪里有家？

想通这个关系，才能再思考下一个还未完全入世的大学生能在脱贫攻坚的道路留下怎样的属于自己的印记。

在乡村，无论是田间地头还是村间小道，每一个看到我们身上安徽农业大学暑期社会实践队服的百姓都会放下手上的活，投来或是好奇，或是欣慰的眼神。每当我们和村民聊天，他们都是满眼期待，每一次我们走时，他们都带着淡淡的失落。透过我们，他们看到了更广阔的外面世界。透过他们，我们看到了更真实的中国乡村。青年人是时候做点什么了，实践期间，通过青联壹品，我们为晚秋黄梨解决销路，通过园艺学院，我们为冬桃种植解决果树劣根、旺长，通过资源环境学院，我们为种植户解决土质问题，并且结合城乡规划专业特色为当地大面积的产品种植规划提供可借鉴依据。

下一步，我们将继续克服空间、时间等诸多因素带来的不便，以“安农——阜南县”对点服务机制为实验，进一步摸索行之有效的社会实践服务模式。

大学生学的是理论，缺少的是实践，凭自身能力简单依靠为期七天或是半月的调研实践，我们很难做出有建树性的功绩。我们是时候做一个桥梁，桥的这边是安农大，桥的那边是阜南。

听　中国少年说

中国近代思想家、教育家、政治家梁启超先生在《少年中国说》这样写道“美哉，我少年中国，与天不老！壮哉，我中国少年，与国无疆！”

体验是珍贵的，实践是重要的。和坐在大学课堂的桌椅上听老师授课不同，“三下乡”带给我们的是最直观最真切的现实体验，这是我们在老师的谆谆教诲和一本本充满油墨味的书籍中找不到学不来的。“三下乡”带给了我太多“第一次”的美好回忆——人生第一次走进村政府办公楼，那个小小矮矮大的楼房中，有一群满怀热情，时刻以人民的名义为要旨为大众服务的基层党员干部；第一次来到乡村小学，走进为方便留守儿童联系父母而建的爱心联系室；第一次进入孤寡老人的家，亲切地拉起老爷爷那粗糙干瘪、近乎盘根错节的手，拼命压抑住内心酸涩的情感和眼角快要涌出的泪水，轻声询问爷爷的衣食起居可安好；甚至，还是第一次和一群志同道合的伙伴，带着同一个目的出发，一路携手，互帮互助，顺利完成了一次了不起的人生旅行……

我们在下乡过程中积极思考的问题也令我至今仍印象深刻。农村留守儿童问题长期得不到彻底解决，儿孙在外的老人孤守空宅生活难以自理，一群充满创业梦的乡亲们在实际创业过程中发现各方面的困惑。我们带着敏锐的发现问题的眼睛观察着所看到的一切，而每晚回到宾馆，我们都会围在一起，在队长的带领下讨论今日行程中的收获与感触，积极分析讨论发现的这些问题有哪些可行的解决方案，下乡结束返回学校后，我们并没有就此结束我们的调查研究，而是认真整理，查找各方资料，以对此做出更丰富更稳妥的完善工作。

下乡之行是一次美好的尝试与体验，我们在这个过程中的所见、所听、所思、所想、所感都不是过眼云烟一过而忘，它们会丰富我们的头脑与思想，开阔眼界，帮助我们在面对现实问题时做出更全面更实际的思考。

美哉，我如此青年！壮哉，我如此中国！

（仇飞 钱锐 文）

FAFU 新农人的周宁扶贫助农之路

——福建农林大学作物科学学院 2016 年暑期社会实践纪实

2016 年 7 月的盛夏，即便是台风也没有削减我们的热情，因为我们与福建省宁德周宁李墩镇有一个约定，亲近那片土地、深入了解她，是我们不变的初心，都说人的熟识是“相遇相识相知”的过程，大概对于那片土地也是如此。在全国农学院协同发展联盟发起的以“走进乡土乡村，助力精准扶贫”为主题的全国联合实践行动号召下，我们于 2016 年 4 月初组建了“福建农林大学作物科学学院”新农人“实践队”，由夏法刚、林彬彬2 名带队老师和 7 名学生组成。队

夏法刚老师指导蓝莓种植技术　徐海燕 摄

伍组建后，为了“知彼”，马不停蹄地查找有关资料、联系当地人员，一切都忙而不乱地进行着。

遇见　绽放在夏季的莲花

2016 年 7 月 13 日清晨，我们在福建农林大学东门口集合，福州绝对不愧于“四大火炉之一”的称号，早上 7 点半的太阳就开始执着地把热气赶向大地。一行 9 人，每人一背包轻装上阵，为期 4 天的实践调研活动就此开始。1 小时的公交到达福州客运站，紧接是两小时的大巴带我们来到目的地——李墩镇，此时已经是正午。一下车，宽阔的街道人很少，扑面而来的是凉爽的风，和福州火辣辣的感觉完全不一样，这让我们觉得极其舒爽，对高山气候倾心不已。调研活动主要是在李墩镇际头村进行，于是，我们在下车点附近随意吃了点东西后，按照路人的指导坐上了镇上开往际头村的城乡公交。

城乡公交车不仅容量小，而且班次很少，都有固定时间，因为来返时间长，且出行人少，并不像城市里边的人一样熙熙攘攘，甚至摩肩接踵。一路上，不知经过了多少不同路段，从柏油路到石板路到盘山公路再到石子路，接近山顶时，坐在车上就能清晰地看到绿油油的山间点缀着一些小房屋，这里两三栋，那里四五幢。路很长，从镇上进村大概 1 小时，大有进山难的感觉，但是初达此地的我们不由自主地被窗外事物吸引，或是摆着油纸伞的小摊，或是陪着孙儿玩耍的阿公阿婆，或是再简单不过的青石板，在这儿一切的生活似乎都是放慢的，全然不比城市的快节奏，不知不觉中，际头村站到了。很有意思的是，途中有一个阿姨下车时全然不知在自己座位上落下了一把伞，边上座位的小伙子告诉了司机，司机在停车时打了个电话，到了某个站点，雨伞就被司机转交到了一个早在等候的阿姨手上，但明显看得出来和丢伞的不是同一人，两人在交流着什么，隐约听到“我会把这个给她”，我的心中感到一阵暖意，也许是因为地方范围小，大家都相互熟识，所以有了这种“曲折还伞”的事儿，第一次来到这片土地的暖心见闻，让我对她有了深深的好感。

下了车，拨通了出发前就联系好的村书记陈树根的电话，不一会儿，就有两人前来相迎，介绍后得知原来村主任陈明祝也一并过来了。陈书记和陈主任很热情，对于我们下乡调研表示很支持，并会全力配合，他俩提出先带我们到住处把东西安置好，一路上聊了聊当地的风土人情。

际头村在山上，村子所在地海拔800多米，典型的高山气候，所以同为福建省，当地和福州市温度却全然不同也就能解释了。际头村四面均有群山环抱，风光旖旎。六蒲溪支流蜿蜒曲折，环绕村庄缓缓而过，溪水清澈见底，细看能发现有零零散散的鱼群悠哉地游动。溪岸边两棵郁郁葱葱的百年老松，随风招展，好比热情好客的迎客松，时刻迎候进村的客人；他们又像亲密无间的哥俩儿，以对面的月山为桌，以溪畔的古柳杉为笔，以源远流长的溪水为墨，尽情描绘村庄的辉煌。村口有供奉当境明王的道场，一丛古树簇拥其间，略显庄严肃穆。树丛中有8株百年红豆杉，进出村庄，都要从其树荫下经过，仿佛经受洗礼一般。水尾处，一座27米长，七米宽的石拱廊桥如一道彩虹横跨溪流两岸，该桥取名龙兴桥，预示着村庄永世兴旺发达。

我们实践调研期间住在村委办公楼三楼，有两间大房，每间房都有两张空床，但是平时并没有人住，所以让一名村民现搬了几床被子过来，厕所在一楼，仅有厕所和另一个露天的水龙头能作洗漱之用。村主任说因为这是山上，晚上蚊虫多，所以特地拿了两扇纱窗在房间安上，并且贴心地拿了两块布当作临时窗帘，还备好了蚊香。虽然住的地方比不上学校宿舍方便，但是在人生地不熟的地方，我们能有这样的住宿条件已经很满足了。至于吃饭问题，村主任安排我们在附近一名村民家里解决。

收拾完床铺后第一件事自然是亲近土地和自然，一行人来到了田间，一眼望去尽是无边无际的绿色，远处是高耸的山峰，蓝天上缀着朦胧的云朵，真是好一个小桥流水人家。远远地就看到农田里有一个大爷，手中的锄头正一上一下地挥动着，沿着田埂，我们走到了大爷边上，大概见我们年轻，大爷主动和我们攀谈了起来，当知道了我们此行的目的，大爷更是热情地聊了起来。作为农学院学子的我们，看到大爷在田间劳作，我们又怎么能光看不做呢，毕竟学校田间实践课不是白上的，于是，我们边谈天边开始了“面朝黄土背朝天”的拔草工作。

不久已是傍晚，“两竿落日溪桥上，半缕轻烟柳影中”，乡村的夕阳景象似乎也带点悠远淡然之感。于是我们一拨人前往“临时食堂”，从村里的水泥主干道绕进一个弄堂，弄堂很窄且弯曲，是最原始的泥土路，幸亏那几天并未下雨，所以没有泥水，还算好行走。刚到门口，饭菜香就扑鼻而来，大堂的饭桌上整整齐齐地摆放好了碗筷和饭菜，一对50多岁的夫妻是屋子的主人也是招待我们的人，尽管我们再三要求一起同桌吃饭，他们俩却始终坚持我们先吃饭，招架不住这般热情，我们只得先吃。饭桌上的搪瓷碗比起现在家中通常用的瓷碗略大，有股莫名的亲切和淳朴，因为这碗存在于我的儿时记忆里，菜虽然没有大鱼大肉，都是家常菜——拌黄瓜、炒青菜、酱菜、土豆、葱煎鸡蛋等，但是格外好吃。

吃完饭走到街上，不禁打了个寒战，同样是在福州晚上穿短袖衣都觉得热的难受的日子，在这儿晚上竟有些凉意，虽没有大风，却像是有一个大空调一般，四周都被清新的凉风横贯，只穿短袖衣竟有些招架不住。赶忙回到了我们的住处，此时蚊虫开始活动，纱窗派上了大用场，不由得感激村主任周到的考虑。在嗡嗡声的全程陪伴下，我们讨论确定了接下来的计划。由于办公楼门口和主干道并无铁门等相隔，况且一楼灯光昏暗，下楼洗漱总觉得黑黢黢的，大家都是结伴一块儿洗漱，短暂的混乱之后，大家纷纷上楼回房睡觉，安静了下来，只有蛙叫和蚊虫声。

相识 坐落在山间的桃源

各地情况不同，自然也需要不同的经济发展方向，我们打算从当地较为优秀的案例出发，学习其长处来为他们提供一些发展建议。于是我们早起准备前往周宁县农民创业示范基地参观调研。殊不知，进村容易出村难，大清早的并没有合适时间的班车外出，只能找村主任帮忙给我们安排车去往镇上。见到车的时候，大家大眼瞪着小眼，每个人都在怀疑，但很快大家还是上了停在路边的那辆有些历史感的拖拉机，拖拉机后排设置了两排简陋的硬座，我们陆续挤上拖拉机，艰难地合上了车门。拖拉机一路上声音很大，而且中途停车几次，司机下车把后车厢的煤气罐取下来给路边等候的村民，我们才知道原来这辆拖拉机是负责给村上送煤气罐的，偶有急事也作为出村载人的交通工具。车身不管是发动、行驶或是停车，都抖动得厉害，车尾吐出连续不断的黑色烟圈，像是表达着不满。“屋漏偏逢连夜雨”，又一次停车，司机下车提着工具箱捣鼓了半天，告诉后排被挤的晕晕乎乎的我们车抛锚了，无奈地说只能联系人过来维修，幸运的是，维修没有拖太久，并没有耽误后面的行程。

走进周宁县农民创业示范基地，一片密密麻麻的向日葵就映入眼帘，耀眼的金黄色很是漂亮，当微风吹过，让人不自觉地想起金色的麦浪。紧接着我们走进了“瓜果长廊”，长廊里以各式各样的南瓜为主，包括砍瓜、老鼠瓜，葫芦瓜等，绿色、黄色、白色让长廊变得色彩缤纷，充满了生机与活力。

出了长廊，我们与一名食品有限公司的负责人不期而遇，他带我们实地参观了主要经营的项目无花果的种植基地，在同负责人的交流中，我们得知，这里的无花果共有 9 个品种。由于无花果不耐运输，所以在采摘季节，部分果实鲜售后，其余均进行深加工处理，可制成冻干无花果、蜜饯、果酱、无花果茶饮及果酒等，不仅解决了贮存难的问题，也为突出产品特色、增加产品销售量提供了新思路。“我们在周宁共有 100 亩基地，在苏州、江西等地也有大规模的基地”，负责人向我们介绍道。无花果干采用独特的冻干技术，能较好地保留无花果的色香味和营养，我们每个人也都尝了一些，口感酥脆，甜甜的但无丝毫腻的感觉，怪不得负责人说无花果冻干在天猫上销售业绩可观，好评不断，好产品自然有好口碑。这让我们意识到当前做农产品一定要在产量的基础上，提升产品的品质，做到保质保量，才能适应当前的市场，而且要想做大就要做好产品的深加工，多种不同的加工技术能够丰富农产品本身的单一性，而且可以扩大农产品的销售区域，把单一的农产品做大做强，销售上可以多些革新，把当今蓬勃发展的电商作为农产品销售的一条新的渠道。

其实，当前的农业需要这种示范公司和龙头企业带领当地的农民去更好地走农业这条路。因为作为带头人，他们身在基层，有技术，有资金，也更贴近农民，让他们去同农户合作，带领农户发展农业，比我们下去做技术指导会更为有效，而我们要做的是技术上帮助公司，让公司成为一个桥梁，这样提升农户的农业技术就会有效得多。同时，公司同农户合作不仅能够使公司的利益最大化，也提高了农户的收入，还一定程度上带动了当地农民的就业。农业需要领头羊，更需要后继力量，农业发展，还需我们“新农人”的继续努力，把青春的激情挥洒到农业发展的大地里，这也是一种不一样的青春。

下午第二站，周宁县益丰种养专业合作社。合作社负责人是际头村村书记陈树根。合作社成立于 2014 年 10 月，主要从事茶叶、果树种植、草鱼和绿壳蛋鸭养殖等。该合作社能够充分吸收返乡大学生、“二女户”以及农村剩余劳动力近 260 人，组成专业生产队，聘请相关技术人员作为技术顾问，实行统一运作。合作社每年有部分分红用于帮助村内“精准扶贫”贫困户，数额不会太多，却也是给予困难家庭的一份实在的支持。合作社正规划建设一个观光园，夏法刚老师和我们受邀去实地考察。陈书记和几个村民带我们前往观光园，原来观光园在村口的一座矮山上，在保留原有大面积竹林的基础上，也尝试着种西瓜、茶树、向日葵等项目计划内的植物，但不知为何，生长情况并不理想。山顶的向日葵居然不向阳，让人摸不着头脑，这些问题已经困扰书记好长一段时间了。夏法刚老师结合周宁土壤条件，仔细查看生长不良植株后，给出了一些种植建议，并介绍了几种适合当地气候并且容易获取经济效益的植物，例如可以考虑建造一个猕猴桃长廊，既有观赏价值，又可增加一个绿色水果采摘项目。尽管在考察的过程中，一直是烈日当头，但一路上惊喜也是不断。书记随手摘了几颗野生树莓给我们尝鲜，就已经让我们激动不已，树莓这种野生小果子，因为采摘后易坏，很难贮藏，所以市场上一般见不到它的影子，可见真正深入大自然才会得到更多的馈赠，这一点在农业上尤其突出，也引起了我们的共鸣。

晚上，不知是谁玩笑般提起：“你怎么变黑了”，大家扑哧笑了后却发现每个人都一样，无一例外，掀起衣袖，对比手臂颜色便可知色差显著。原来高山气候也意味着当地紫外线强烈，光线不强的凉爽天气并不表示紫外线强度很低，在这儿恰恰相反，我们每个人只要是裸露在衣服外面的皮肤，都被紫外线晒得红彤彤的，有些刺痛。

凝聚　点亮扶贫助农的火把

身为大学生，我们身边的大多数人都不需要担心温饱问题，贫穷到难以维持生计的情况，在我们看来是无法想象的。但在某些角落，总有一些需要阳光和温暖的人们。精准扶贫政策就是在这样的时代背景下诞生的，我们的调研活动虽然只是萤火之光，但相信众多微光汇聚一起便是最炽热的光亮。

际头村当前有 240 多户人家外出务工或经商，但仍有 30 户农户因为家庭变故或者其他原因导致无法外出务工，也有无法在家务农的丧失劳动力者或者在家务农收入不佳的贫困户，这些贫困户中，包括了建档的精准贫困户 15 户，当前贫困户的收入来源主要靠国家的扶贫补助，以及当地茶叶合作社的分红。当地对扶贫问题十分重视，希望能够依托于国家的优惠政策之上，在当地发展一些农业产业来提高当地农民的经济收入，特别是贫困户的收入，从而能够把精准扶贫落实到实处，同时，当地也希望有更多的社会人士能够来关爱这些贫困户，帮助他们走出贫困。

最后两天，我们着手开展全国精准扶贫调研活动，我们针对当地贫困户以及部分非贫困户进行了问卷调研活动。同时，还对全村的整体情况做了问卷调研。本次调查以书面问卷的形式进行。但是，由于大部分留在村中的村民都是老人和小孩儿，问卷调查没法独立填写，所以只能以一问一答口述形式填写。

土坯房、水泥房、木质结构房、弄堂、溪边、田间，越来越多的地方留下了我们的脚印，在问卷调查逐渐完成的两天里，我们作为倾诉对象听了一段又一段的人生经历。也许，作为旁观者，只是个别有些波澜和曲折的故事，但对当事者来说，有的只是切实的苦痛和感悟。

越是经历磨难，越是能体会到平静生活的快乐与幸福，可惜平时衣食无忧的我们很难意识到平淡简单的美好。

在三十多平米的土坯房里，我们见到了重点扶贫对象陈梅（化名）。她驼着背，用她朴实的语言给我们讲述了她的人生经历。早年时她在城市当保姆，她照顾的孩子发生了意外，法院判她服刑，才刚出狱不久。入狱期间，丈夫去世，她自己孩子便成了没人管的“孤儿”，还好有亲戚和乡亲的帮忙以及国家精准扶贫政策的扶持，不然她还会遭受更多的不幸。她还告诉我们，她那小小的房子一到下雨便漏水，下雨时，她只能躲到其他人的房子里。特别是去年发大水，水浸过房子的三分之二，人根本无法生活在里面。幸运的是，国家的危房改造政策帮助他们实现了有个家的梦想，她的新房子就建在老房子旁边，总算有了个可以遮风挡雨的地方。

之后我们又走访了十几户的精准贫困户，其中有一户极其困难，房屋都是老式木质结构。房子里只有一个身影单薄的中年妇女，大型电器也仅有一台老旧的洗衣机。这个阿姨就是户主，叫吴花（化名），她黄褐色的双手布满老茧，因为小女儿患上白血病花费了大量的医药费，加上几年前丈夫因病去世，给这个本已经济极其困难的家庭一次又一次沉重地打击。吴花本身又有残疾，不能干重活，但是她却一直没有放弃，一直积极生活，独立经营着一家小杂货铺以维持日常开支。因为是村里面的精准扶贫对象，所以村里面出资在她的房子边上给她们盖了

实践队拜访建档贫困户陈梅（化名），并对其致贫原因进行调研　谢雄峰 摄

新的房子。她心怀感激，在整个采访过程中记得最深的一句话是："如果没有国家精准扶贫的政策以及当地政府的帮助，我现在真不知道该怎么办，真的很谢谢国家"，简单的话语藏不住最真挚的感情，我们更加确信精准扶贫政策在很大程度上减轻了贫困户的家庭负担，给他们的生活带来了新的希望，所以我们更要付诸更多的行动来做好这次扶贫工作，因为也许我们绵薄的力量就可以帮助到他们的生活。

通过这次调研，我们发现很多人之所以还处在贫困阶段，一方面是当地经济发展的原因，但是更深层次的原因是贫困户自身的遭遇造成的，他们当中多多少少都有因为家庭变故，或者自身残疾，或者因故失去家庭劳动力，失去亲人，或因高昂的医药费导致家庭贫困的情况存在，他们淳朴善良，不轻言放弃，他们善待世界，所以也希望世界能够善待他们，帮助他们。精准扶贫户不仅需要国家的政策帮扶，更需要我们社会、爱心人士给予他们更多的关注和关爱，尊重他们，帮助他们走出困境，让他们更好地更有尊严的生活下去。

最后一个下午，我们举办了一场反季节蔬菜培训会。反季节蔬菜价格高，收益可观，周宁县海拔较高，高山气候尤其适合反季节蔬菜的种植。而且，我们福建农林大学在周宁县设有高山作物研究所，具有明显的优势。会议结束后，我们向到场的农户们推广“农天下”APP。在说明APP的用途后，大家即使口头说着我不太会用智能手机，一边却还是积极地在我们的指导下学习使用，“靠山吃山靠水吃水”，土地滋养了当地的大部分人们，如何高效利用上天的馈赠创造出更多财富，想必是每个农户心底所期盼的。培训会结束，就是正式向这片土地和这群人们告别的时候了，4天的相处，时间不长，说再见时内心却忍不住泛起一阵酸楚。

那天，天空格外蓝，溪岸两旁的两棵老松，斜着身子，伸出的枝头仿佛是在和我们道别。车底扬起一片尘土，身后的村庄逐渐模糊，带着收获和思考踏上归途，但是扶贫助农之路还在脚下延伸。

（徐淑华　谢雄峰　林彬彬　文）

记忆 留夏

——江西农业大学农学院2016年暑期社会实践纪实

七月，盛夏的味道
滚烫的空气，躁动的知了
七天，遇见最美的火石村
青春在这个夏天里，一天一天地成熟
年轻的脸庞
诠释了七月流火最美的纪念

——题记

打开窗户的刹那，夏夜里暗涌的燥热扑面而来，望着窗外回忆满天。倏忽轻微的扑翅声将我惊醒，原来是一只金龟子，顺手将它用线系住，听说抓住一只金龟子，就能留住这个夏天。

哒—哒—哒，金龟子不安地乱窜。岁月从指间流淌着，刻在记忆里的这个夏天。一群农科学子相约在阳光下，踏着夏日的脚步，开始了为期八天的以“走进乡土乡村，助力精准扶贫”为主题的全国农科学子联合实践行动。在这里，一群充满青春活力的大学生，遇见了美丽的修水县何市镇，开启了一段不平凡的旅程。

实现中国梦是当代中国的主旋律，正值青年的我们是推动中国发展的主力军。在举国上下大力实施精准扶贫的今天，作为一名大学生，我们有义务走进乡土乡村，为助力精准扶贫，奉献青春正能量。江西农业大学农学院为响应和践行“全国农学院助力脱贫攻坚工程”，组建了7支暑期实践营队，分赴修水、上饶、井冈山、横峰、鄱阳、余干、上高 7 个国家级贫困县，深入开展实践活动。此次活动共有 30 余名学生党员和优秀学生干部参加，在暑期的不同时间段开展暑期社会实践活动。联合实践行动期间，7 支营队队员累计完成村级调查问卷 10 份，农户调查问卷 250 份（建档立卡贫困户问卷 150 份、非贫困户问卷 100 份），积极为产业发展建言献策，助力当地经济发展。

初临 融入

乘着夏风，逆着记忆的脉络，在这寂静的夏夜里寻找着最初的起点。

如出一辙的多云天气正如前往火石村的我们，既包含着对于即将开始的生活的向往与兴奋，又包含着对未知的陌生领域的不安与忐忑。然而一切的不安与忐忑，都在看到火石村美丽的景色之后被抛在脑后，都在当地居民的热情欢迎下烟消云散。做好了吃苦准备的我们，幸运地遇见了有史以来下乡最好的待遇。火石村的村支书、村长百忙之中抽出时间来解答我们的疑问，带领我们熟悉道路，帮我们把名单上抽出的农户分类，为我们提供一张地图并标出具体位置。一位村干部姐姐在了解到我们走访的农户路途比较遥远时，主动将家中的三轮车借给我们，只为让我们节省一些路上的时间。因为有了这么多朴实的帮助者，有了这么坚实的后盾，我们实践活动的开展变得简单迅速起来，生活也变得愈发精彩。“摸着石头过河”的我们因为有了指路人而不会再滑倒。

相知 相熟

乘着夏风，逆着记忆的脉络，在倾城的夏夜里回忆陌上小路行走着的我们慢慢与农户相知。

与农户交谈的过程，是一个慢慢熟悉的过程。刚开始很是生硬，谈话的氛围也略带尴尬。经过几次锻炼和队员之间的经验交流，我们从多个方面对火石村有了进一步的了解，便能很轻松地和农户进更加深入的交流，更贴近他们的生活，一改之前的尴尬，更像是唠家常一般。他们也更信任我们，将家庭情况一一说给我们听，在愉快的聊天中达到了我们访谈的目的。这里的人们非常好客，就算生活非常拮据，还是会泡上当地特有的粮食茶来招待我们。令我们感到震惊的是，一些农户家里真的是家徒四壁，房子虽然很大，但里面空荡荡的，没有一件大型

实践队员深入农户家中开展入户调研　刘康 摄

家具。也有农户将我们视为“救命稻草”，向我们讲述他们家的情况，希望得到帮助，我们也如实进行记录，力求调研统计的数据能真实地反映他们的情况，真正能为精准扶贫尽一份力。

在调研过程中，我们遇到这样一户人家，户主是一个 50 岁不到的中年男子，家里一共 6 口人，妻子和四个孩子。大女儿上大学即将毕业，最小的才上小学一年级。在与户主的交流中得知，以前他为了省钱，小病忍着，不重视，久而久之小毛病变成大毛病，以致现在稍稍干些活儿，都会非常痛苦，可这并不能阻碍他的劳动，不能抵挡他改善家庭生活环境的决心。然而现实是残酷的，作为家中重要经济支柱的他，被疾病困扰，只能靠他人接济才能勉强解决温饱问题。而他的妻子从未上过学，不识字儿，没有工作，平时在家种些菜，养养猪，原本就不富裕的家庭变得更加拮据。谈话的气氛不免有些忧伤，但当他谈到大女儿时，眼里却充满了希望，他和我们说了这样一句话：“再穷不能穷教育，再苦不能苦孩子”。这对父母把最好的一切都给了孩子们，他说，“等到孩子毕业了，家里就会好起来了。”这句话深深地触动了我们。孩子，是每个家庭的希望，也是我们国家的希望，农村的孩子早早地体验到了生活的残酷，读书，似乎成为他们改变命运唯一的出路。我们虽拥有这里的孩子所羡慕的东西，但却不知道珍惜，不知道利用好这些资源让自己全面发展。孩子是父母的希望，我们现在的努力不仅为了自己，也是为了父母、为了家庭。这位叔叔还告诉我们，现在生活与以前相比已经得到了许多改善，以前没有医疗补助，现在村里能够报销40%。当我们问到贫困户评选是否合理，他毫不犹豫地告诉我非常的公平，并且贫困户评选都是大家公开投票选举，过程十分合理。临行前，我们把“农天下”APP推荐给了他，跟他演示了具体的用法，直到把他教会我们才离开。唯愿科学技术能够帮助这个贫困的家庭，减轻他的劳动负担，使病情得到缓解。

后来我们在与村扶贫办主任的交谈中，了解了贫困户的评选条件，他们大多是精神上正常而身患残疾，或者是无儿无女的年迈孤寡老人。近几年国家的扶贫工作越来越完善，扶贫力度加大，村里许多农户家庭条件得到极大的改善。村里现在发展油茶、葡萄、水产等产业，不仅带动了整个村的经济发展，也让更多的贫困户参与到产业发展中来，为他们提供了工作机会。

调研的大多数农户都是贫困农户，在他们的脸上刻下了生活的艰辛和岁月的痕迹，由于每天辛勤的劳作，他们看上去比实际年龄要大。有一位老人在讲述到家里的情况时，脸上便露出了失落的表情，儿子在附近打零工，生下了孙子孙女，老人身体不好但还是坚持在家种田。可在某一天孙子突然被查出了大病，儿媳只得放弃工作陪着孙子在外治病。他们辗转了南昌、武汉、上海等地的大医院，治疗费用远远超出了他们所能承受的范围，除了花光家中所有的积蓄外还欠了外债，这对于本就不富裕的家庭更是雪上加霜。好在近段时间孙子的病情终于有所好转，家里才得以松了一口气。看着老人眼中泛着的泪花，我们的心也“咯噔”一下，耄耋之年的老人，不能在家享受天伦之乐，还要整天为生计担惊受怕。但即使这样，老人对国家政策表示了高度的信心。在逆境面前，老人能始终保持积极向上的心态，这是会让当今大部分年轻人自惭形秽的。多少年轻人遇到挫折就放弃，怨天尤人，甚至将过错归纠于社会，做出损害个人、集体利益的事情。苦难并不可怕，可怕的是我们放弃了自己，要学会用积极的态度去面对。对于生活，或许有时候我们会无能为力，但无论如何也不应该向命运低头，我们要始终相信自己，相信党和国家。

走访中让我印象最深刻的是一位老党员，他的家庭条件并不好，但还是很热情地给我们端上了当地消暑的豌豆芝麻茶。在得知我们此行目的后，非常配合我们，不仅为我们介绍整个村子的情况，遇到问卷上深奥的内容，还不断帮我们细化，整份问卷下来都是满满标记。在做完问卷之后，他还挽留我们吃饭。我们不仅被党员爷爷的热情负责所感染，更被中国共产党党员的模范带头作用所震撼。老党员对于近年来发布的一些新政策都非常清楚，同时也关注国家的时事新闻。在短短 30 多分钟的交谈中，我们感觉自己的精神受到了洗礼，这一点让我们更加坚定了加入中国共产党的决心，坚定了为人民服务的信念，明确了自己的入党动机。

在走访的过程中，我们遇到了许多语言不通的情况，但都因周围邻居们帮忙“翻译”而顺利完成访问。通过一两天的接触，村民们开始信任我们，路上遇到会主动跟我们打招呼，甚至早上去买菜的时候不收我们的钱，但我们要坚持“不拿群众一针一线”的原则，不给农户添麻烦，自己出钱买菜，靠自己解决我们能解决的问题，迷路的时候及时求助。在村民踏实肯干、吃苦耐劳、勤劳不息的身影上看到了他们充满希望的内心，和对美好未来的希冀和展望，我们也在当地居民的影响下，更加努力细致地进行自己的工作，希望能够通过自己的一份努力帮助到这么多淳朴的需要帮助的人。

守望 希望

哒—哒—哒，金龟子不停地扑腾着翅膀，却被绳子“嗖”地拉回。逆着记忆的脉络，在连绵起伏的夏风里试着去拥抱你们。

在贫困村，越来越多的农村青壮年劳动力外出务工，导致“留守儿童”和“空巢老人”的数量进一步增加。勤劳淳朴的农民，为了自己的生计外出打工，导致年幼的孩子过早失去父母羽翼的庇护，年迈的老人承担起照顾新一代的重任。

我们和留守儿童展开互动，建立了一份纯真的友谊。来到当地小学，第一次走进他们教室后，我们惊呆了。30 多度的天气，教室里没有一台电风扇，孩子们就只能忍受着高温努力地学习，直到我们搬来了一台风扇，燥热才稍微得到了缓解。尽管如此，活动中途还是有一个小男孩出现了中暑的现象，好在及时联系老师将男孩送回了家，且后来得知他身体没有什么问题，我们这才松了一口气。为了丰富留守儿童的生活，我们为他们精心准备了“昆虫总动员”和“精品花卉”两门趣味课程，一幅幅精美的图片、一段段优美的文字，通过 PPT 的形式带领留守儿童走进昆虫与花卉的世界。由于是第一次上课，队员们心里也不免有些紧张，手心不住地冒汗，说话的语速不觉中有些加快。在最初分配任务时，觉得上一节课很简单，但在备课的过程中却是状况百出，有种“书到用时方恨少，是非经过不知难”的感觉。一些知识难以学以致用，不知道如何深入浅出，如何让小朋友接受相对专业的知识，也是第一次切实地体会到做任何事情都不能眼高手低。这就是当老师的感觉，把自己会的东西教给学生们，当他们学以致用时，老师会觉得世界上最大的幸福也莫过于此。看到孩子们清澈的眼睛，从眼神中透出的对知识的渴望，真心想为他们做些什么。受到孩子们天真烂漫的笑容感染与鼓励，我们的发挥也越来越好，课程也越讲越细，中途还唱了《鲁冰花》等耳熟

实践队员给农村留守儿童开展趣味课程教学　刘康 摄

能详的歌曲，一起欢度难忘时光。随后我们分为三个小组，分别带领孩子们学写毛笔字、做折纸、制作丝网花。孩子们学得很认真，现场欢声、笑声一片。最后，孩子们将自己的微心愿写在小纸片上，并贴在队员自制的“心语心愿墙”上。乡村留守儿童十分单纯，他们的心愿也很简单，多半仅是要一部漫画、一套彩色画笔、一个飞机模型而已，但这些小小愿望，也折射出他们对知识的渴求、对外界的向往，更是承载着他们立志成才、搏击长空的内心梦想。

我们被孩子们淳朴的想法深深地感动，每位队员对接 1 至 2 名留守儿童，按照他们提出的愿望，纷纷记下联系号码和通信地址，尽自己的努力去帮助他们实现这些小心愿。我们也去到这些孩子的家中，了解到他们的父母大多外出打工，一年也只有过年的那几天可以见到。在最需要父母陪伴的年纪却远离父母，他们真的很需要陪伴。我们能为他们做的并不多，能陪伴的也只有短短几天，希望在今后的人生路上我们能携手一起走过。

乘着夏风，逆着记忆的脉络，在流光溢彩的夏天和你们相遇。

在敬老院的时光短暂而快乐。敬老院的老人大多没有子女，我们的到来受到了院长和老人的欢迎。我们和老人进行深入的交流，也许是平日里缺乏子女的关怀，所以老人们对我们特别亲切，对我们的一切都非常好奇。我们在和一位老人交流的时候，边上会围上来很多人，一起加入我们的聊天。老人们生活都能自理，敬老院的环境还是很好的，老人们也都能将生活打理的井井有条，平日里没事喜欢出门散散步，有体力的种种菜，日子还算过得舒坦。最后我们为老人表演了一些歌唱节目，大家都很开心。给我印象最深的是，在我们将要离开时，老人们全都走到大门前看着我们离去。在我看来，相比与那些仍住在土坯房的独居老人而言，他们是幸运的，孤独冷清是他们的进行曲，也许他们已经习惯了，也许他们是无奈了，但想必他们真的想和儿孙生活在一起，或者有人经常陪伴他们，和他们聊聊天。可是现实的生活形势不容他们去奢望这些，高昂的生活费用只能迫使儿孙们离开家乡、离开老人，外出拼搏。这是时代的原因，也许还会持续很久，问题也会继续存在下去，也许会更多。在回来的路上想到自己的长辈，我们也应该尽早地尽孝，不能当“子欲养而亲不待”时而追悔莫及。

互助 成长

哒—哒—哒，秒针的步伐在安静的空气里显得突兀，金龟子在微亮的灯光下起伏，令我有一种它就这样自顾自地拽着时光分秒倒退的错觉。此端是现在，彼端是那段忙里偷闲的时光。

每天调研结束后，都会发现太阳即将落山，此时忙碌了一天的我们被疲倦一波一波地袭击着，好想直接瘫在长椅上，但我们相互鼓励，共同对每天完成的调查问卷进行检查汇总统计。当我们想要偷懒时，看到身旁的人在努力地工作，便再也生不起想要偷懒的小心思。一群人在这里交谈着每天的收获，互相进行着监督，无论多么疲倦，都将问卷数据及时录入。讨论也一天都没有中断，讨论的过程，也是我们的思想一步步成熟、完善的过程。就如萧伯纳所说“你有一个苹果，我有一个苹果，彼此交换一下，我们仍然是各有一个苹果；但你有一种思想，我有一种思想，彼此交换，我们就都有了两种思想，甚至更多。”

烧菜做饭是我们每天的日常工作，也是我们可以稍稍偷懒一下的时光。都说“身体是革命的本钱”，只有吃饱了才有力气干活。我们 12 名队员轮流负责大家一天的饮食，买菜、择菜、洗菜、切菜、烧菜，全都是我们自己摸索。一群人起了个大早，开着三轮车前往附近镇里的菜市场，从未接触过买菜的我们也慢慢学会了讨价还价，也慢慢学会了蔬菜的挑拣，慢慢融入了这个不大却充满人情味的乡镇。离开了经验丰富的父母，突然变得好无助，好在还没有独当一面的我们，拥有一群志同道合的伙伴。一群人在厨房倒腾着，虽然没有繁复的做法和诱人的外表，但是我们也是用心在做。看着大家大口大口地吃着自己做的饭菜，心里的欣慰和满足感真是不言而喻，幸福不一定是要自己做了多少轰轰烈烈的大事、取得了怎样伟大的成就，而是一些来自于平常的微不足道的小事，因为这才是真正贴近生活的，接近人的本原，平凡之中才能看出真正的伟大，自己动手，丰衣足食，要实践就要自己动手去做，也只有这样我们才能有所成长，有所收获。

金龟子不停飞舞，带我来到了最后一天，我们去了秋收起义修水纪念馆。秋收时节，一声暴动。1927 年 9 月 9 日，工农革命军的大旗飘扬在湘赣边界的上空。一场秋收起义，拉开了中国革命的新帷幕，翻起了一个新篇章。我们重温入党誓词，感悟老一辈革命家心忧天下、一生为民的革命精神，这种精神值得我们每一位党员学习。

离别 不舍

没有一首诗篇找不到句点，而这个夏天永远定居在我们的岁月。轻轻的扯断线将金龟子放飞，我想我不需要金龟子来帮我留住这个夏天，回忆足矣。

一起走过的日子，很美，像一朵开在夜间最灿烂的花，静静地绽放，温暖我们的心。快乐的时光总是太短暂，我们的相遇，带来太多的惊喜。从相互磨合到默契十足，时间见证了我们的友谊，时间也给了我们历练，让我们更好地成长。

感谢生命里的遇见，构成一季的美好。散落几许浅浅时光，拥一份恬静安然，用心灵的素笔，轻绘流年的芬芳。听风浅吟，沉淀琐碎，只为这一季，和火石村的相遇，如此，便很好。

（刘康 叶蕾 张春霆 文）

等待中的故事

——南京农业大学农学院2016年暑期社会实践纪实

为了深入学习贯彻习总书记系列重要讲话精神，更好地践行社会主义核心价值观，配合开展“两学一做”学习教育实践活动，南京农业大学农学院“碧海青峰赤子行”精准扶贫暑期社会实践调研团积极响应团中央大学生暑期“三下乡”社会实践号召，深入农村，走进基层，用知识与科技服务三农，展现农科学子的风采，青春共建十三五，携手共筑中国梦。

走进乡土乡村，深入扶贫调研　葛佳琨 摄

实践小队带着希望与梦想，长途跋涉奔赴贵州麻江，在短短的 7 天实践中，走遍了麻江县贤昌镇的 6 个村，几十个寨子，开展了村官座谈、兴农讲堂、精准扶贫调研、青少年夏令营等既接地气又有意义的主题实践活动。在此过程中，有这样一段记忆让人难忘，有这样一个人值得我们等待。

初见　未曾谋面

坐在姊妹井旁，细数星空中的闪烁，不知道你是不是也坐在这星空下，仰望月光，等待着爸爸从归途中走来。

还记得小时候看过一篇文章，叫做《母亲是女儿的地狱》，大概讲的就是女儿小时候遭遇过一场事故，给女儿的身心带来了很大的创伤，母亲不仅无微不至地保护着女儿，而且每天活在悲伤里，逢人便讲述女儿的不幸，女儿因此而变得孤僻话少。而文章作者却意外发现女儿是一个阳光开朗的女孩，反而是母亲将女儿硬生生拽在痛苦中不放。我们故事的主人公，是一对在等待中的父子。

听说我们的实践团队要来麻江看望留守儿童，同行的老师毫不犹豫地说出了这个名字：阿涛。阿涛 10 岁，小学四年级，家中贫困父亲酗酒，母亲改嫁。路上老师讲述着阿涛的基本情况。我们带着水果来到了他们家，门开着但是家里没有人，“这里民风淳朴，平时都不锁门”，老师讲道。屋子十分简陋，与政府出资翻新的大门和墙面形成鲜明的对比，屋子里光线昏暗，几乎没有任何家电，唯一的桌子上留有阿涛自己做饭的痕迹，与这没有什么生活气息的家庭相衬的是一进门就迎面扑来的酒味。我们把水果放下，奔赴下一个留守儿童家中，匆匆结束了与阿涛应有的第一次“见面”，而我们在心中却开始了等待。

再遇　无语凝噎

在贵州的行程很紧，两天走了很多寨子，而我在心中为自己许下再次去看阿涛的约定只能一拖再拖，终于在我们即将开始留守儿童夏令营的前一天，有机会再次来到了黄家小屋。“阿涛，阿涛……”，跟着老师的声音，屋子里探出了个小脑袋，黝黑的皮肤，精神的短发。看到老师的瞬间他是开心的，后来目光扫到我们一行人，他突然失去了安全感，跑回了房间。老师示意我们等在门外一会儿，只听见屋里传来老师一个人主导的对话，我们待在门外，等待着，不安着。不一会儿老师出来，告诉我们他进去穿鞋子了，因为不想穿着拖鞋来见哥哥姐姐，当时只觉得他真的好懂礼貌，我开始异常期待和他的见面，准备好满肚子的话想和他聊，然后我鼓起勇气跟着老师走进屋子里。屋子越走越深，床上的被子扭曲着与各种杂物堆放在一起，而旁边的作业本却变得异常的明亮，老师拿起暑假作业本，翻来一看，高兴地告诉我这个本子是他买给阿涛的，他刚刚看已经写了很多了。就在这时，我期待很久的阿涛小朋友从后院走来，穿着很长很厚的衣服，在将近 35 度的天气下，被裹得严严实实的他显得很不知所措，后来老师告诉我，这是去年冬天镇政府为他买的。他朝我走来，却又停在了老师的后面，为了不让他害怕，我便不再改变我与他的距离，开始说明我们的来意，并邀请他参与我们的夏令营活动，我们微笑着，期待着他打开话匣子，能与我们聊天。“嗯。”在老师的引导下，我的所有期待得到了一声简短有力的回答。我很想伸手摸摸他的头，告诉他明天见，但是想到一直没有正式抬头看过我的他，我选择了继续等待。

相守　静待花开

夏令营开始了，我们设计的环节都受到小朋友们的热烈追捧，每个小朋友都争先恐后的介绍自己。我一直观察缩在角落里的阿涛，我很开心他应约来了，但我希望他有所收获，然后我便朝他走去示意他上台出个谜语顺便自我介绍，他拒绝了，虽然声音很小，但是我听得很清楚，他说不愿意。我告诉他姐姐会一起陪他，这是他抬起头第一次直视我，我看到他深色的瞳孔中透露出不安与恐慌，而这时我也开始害怕，我害怕我的请求已经超出他的接受范围，我担心我的要求会让他崩溃，让这次原本想让他收获的旅程充满不安。就在我快放弃劝说他时，他站起来了，在我和我的伙伴的帮助下上了讲台。但是上了讲台后，我突然发现他在发抖，他不停地将身子靠拢我，不停地把手指放在牙齿上咬着，我将他尽量搂入我的身旁，帮他完成了谜语和自我介绍，然后他便飞一般地回到属于自己的角落里，低着头，像是在等待着什么。

夏令营活动慢慢走向高潮，我们展开了三米长的画卷，让孩子们书画自己的梦想。科学家，音乐家，足球运动员，各种缤纷的梦想跃然纸上，而此时的阿涛却一直坚持用黑色的笔在画着自己认为的五百年以后的世界。奇形怪状的外星

放飞梦想，农科学子在行动　姚敏磊 摄

人，各种独特的飞行器，我惊讶于他的创作，但也希望他能像别的小朋友一样用水彩书画未来，此时教室窗台外一直趴着看的一个男子突然走到阿涛的身边，“用水彩笔画嘛！”

后来才知道这是阿涛的父亲。他一个下午一直趴在窗台上看着儿子参与活动，就像一个普通的家长一样。我很难想象，就是他整天酗酒不回家，不务正业导致老婆改嫁，就是他整天不归家让孩子三岁起每天自己做酸汤当一日三餐，就是他带着儿子醉驾摩托车倒在马路边，村里人扶他回去却百般不肯，孩子陪他在田里坐了一夜，就是他在神志不清的情况下用砍刀砍下了自己右手的食指。我更是不敢相信，阿涛是如何自己待在漆黑的屋子中一直等着母亲回来，如何在父亲的要求下跟老师要钱，又是如何在马路边守在烂醉如泥的父亲身旁度过那艰难的一夜。此时在我眼前的只是一位父亲开心地看着孩子画画的场景，那些故事仿佛是别人家的一样，而他们依旧在过自己的日子。

每个人都有自己的等待，黄爸爸可能在等待妻子的回来或者是好心人的帮助，阿涛在等待的可能是一个父亲能准时回来的夜晚，而我在等待的是，那张塞在阿涛手中的联系方式能有回音。

七月，我们播撒爱的种子，以爱的名义，悉心呵护扶贫的成果，回首来时路，只需静待花开的声音。我们一行 15 人，愿以 15 颗诚挚的心传递更多青春的正能量，共同关心帮助诸如这对父子般守候在大山深处的人儿。扶贫路上，你我携手同行！

（姚敏磊　文）

科技服务为三农　社会实践献真情

——青岛农业大学农学与植物保护学院2016年暑期社会实践纪实

二里庄一下子热闹起来。一群大学生起早贪黑，挨家挨户的串门走访，组织村民开展讨论会，到田间地头帮扶农业生产，给留守儿童和老人送温暖，参与村委会的学习活动，村子里到处活跃着他们的影子。这不是村子在搞“大生产”，而是青年学生在开展社会实践。这群大学生来自青岛农业大学农学与植物保护学院，他们积极响应全国农科学子联合实践行动的号召，组织开展了“聚焦农村发展现状，助力齐鲁精准扶贫”暑期“三下乡”社会实践活动。在这次社会实践

“聚焦农村发展现状，助力齐鲁精准扶贫”社会实践队合影　毛菲菲 摄

中，农学与植物保护学院共组织了 15 支小分队，他们以“敬农、爱农、务农、兴农”为宗旨，分别前往枣庄、菏泽、章丘等贫困地区开展帮扶活动，而二里庄就是其中一个帮扶地点。

“小康不小康，关键看老乡。”“没有农村的小康，特别是没有贫困地区的小康，就没有全面建成小康社会。”“农业丰则基础强，农民富则国家盛，农村稳则社会安。”“中国要强，农业必须强；中国要美，农村必须美；中国要富，农民必须富。”这是习近平总书记的“三农观”，也是每一位农科学子应该树立的“三农观”。在迈向现代化的进程中，农村不能掉队；在同心共筑中国梦的进程中，不能没有数亿农民的梦想构筑。青岛农业大学农学与植保学院的农科学子们，深入学习领会习近平总书记精准扶贫系列讲话精神，用自己的实际行动为三农事业做贡献，他们在祖国大地最需要的地方挥洒汗水，用青春和激情投身农村建设，助力农村脱贫，用行动诠释青年人对三农的关注。

深入农户调研　助力精准扶贫

清晨，瓦蓝的天空云雾缭绕，朦胧的景色仿佛童话仙境一般。太阳从东边缓缓升起，阳光洒向不远的村庄。农户的烟囱里飘起袅袅炊烟，伴着鸡鸣犬吠之声开启了新的一天。远处是郁郁葱葱的山坡，漫山遍野的鲜花点缀其间。实践队员沿着不算宽敞的马路一路前行，顺利抵达帮扶村庄，开启了扶贫行动。

“没有调查就没有发言权。”习近平总书记在《谈谈调查研究》一文中也指出：“马克思主义的辩证唯物主义、历史唯物主义世界观和方法论，党的实事求是的思想路线，党的从群众中来、到群众中去的根本工作路线，都要求我们的领导工作和领导干部必须始终坚持和不断加强调查研究”。要想做到精准扶贫，必须了解“三农”，通过深入农业、深入农村、深入农民开展调查研究，把大量的零碎材料去粗取精、去伪存真、由此及彼、由表及里加以综合分析，透过现象抓住本质，找到事物的内在规律，在此基础上才能提出切实可行的政策建议和工作决策。因此，实践队的第一项任务便是对村子进行全方位调研。

“耳闻之不如目见之，目见之不如足践之。”实践队员以“敬农、爱农、助农”为实践基础，秉承着“入户调研，摸清情况，建立档案”的实践原则，找准致贫原因，对症精准扶贫，实现长期帮扶。来到村子后，实践队员顾不上奔波劳累便两人一组，深入农户家中开展走访调研。一张张真诚朴实的笑脸，一声声情真意切的“老乡您好”，帮助实践队员推开了村民的大门。他们拿出事先备好的“精准扶贫专题研究”农户问卷和“2016年全国农科学子联合实践行动——调研篇”问卷，从农民的衣、食、住、行和家庭经济情况等方面仔细询问着农户的生活状况和需要解决的问题。

为期八天的调研时间，火辣辣的太阳毫不留情地炙烤着大地上的一切，仿佛像一个巨大的蒸笼，罩得使人透不过气来，但实践队员们仍然咬牙坚持。他们共调研了14个村庄，完成78份调查问卷。经过实地入户调查，他们发现各村都实行帮扶建档立卡贫困户的普惠和特惠政策，村委委员表示贫困户的建档立卡，有助于贫困村民得到政府直接的补贴帮助，改善村民生活条件。“村里的一些扶贫政策真正有效地帮助了贫困户，改善了我们的生活质量。”村里一位80岁的老奶奶感激地说道。这个村子于2015年5月份开始落实“3+3+X”帮扶政策，并于2016年3月份展开“师生结对帮扶”活动。“这一系列新出台的扶贫政策极大地吸引了当地村民的注意力，他们积极响应”村党支部书记谈到，“这些政策在村子里影响力很大，强力而有效，另一方面也促进了村庄的进一步发展。”

我国是传统的农业大国，农村经济的发展是我们必须加以重视的方面。自“十一五”以来，我国就提出了社会主义新农村的建设目标，并出台了一系列惠民措施。实践队调研的村庄坚持严格落实各项国家政策，保障村民利益。在生病就医方面，村里人都有了合作医疗保险，无论大病小病都有补贴，减轻了人们的经济压力。针对60岁以上的老年人，政府每月还会发放一部分养老补贴，在减轻子女压力的同时还能满足老年人自身最基本的物质需求。此次走访到户的实地调研活动是实现“五年不间断调研”目标的第一步，本次活动主要是对乡村贫困户进行摸排建档，这为后续社会实践活动的开展打下坚实基础，同时为精准扶贫确定具体方向。

科技放飞梦想　关爱创造奇迹

“老师，你们这里什么时候开课？”一双双充满求知欲的眼睛、一张张朴实的面容无不让在场的社会实践队员们动容。初次与实践队员见面的孩子们并没有感到十分生疏，而是亲切地与他们交流沟通。凝视着这群孩子天真无邪的眸子，你会发现那里面看不到对艰辛生活的悲伤和自艾，或许是因为已经习惯，或许是因为孩子幼小的心灵并不知道什么是苦，或许因为他们并没有感受过城市里的繁华，他们的眼神里没有什么不满，而满满都是天真的童趣、对外面世界的好奇还有求知的渴望。这些孩子仿佛与实践队员有着奇妙的缘分，他们被孩子们的天真烂漫深深吸引。淳朴的孩子们拉住实践队员的手，热情地分享着自己的故事，无数可爱的声音回荡在整个院子中，为院子添加了新的生机与活力。

亲切的背后，是三年情感的积淀。“续暖山亭”实践团是三年前青岛农业大学农学与植物保护学院组织的赴枣庄山亭支农支教社会实践团的延续。2013 年 7 月，安琪、赵文珺等团员与当地孩子们展开了为期十天的支教活动，2016 年 7 月，在同一间教室里，孩子们三年的温馨记忆充斥在他们的脑海里，他们亲切地喊出当年来支教的哥哥姐姐的名字，愉快地讲述着他们之间的美好故事。“姐姐，我好想你，我看到了你的照片，但是见不到你的本人。”当地孩子张慧向我们索要当年哥哥姐姐的照片，激动之下与安琪姐姐通电话。“你什么时候回来看看我们呀?”。隔着电话，再激动复杂的心情也难以真正表达出来，渴望的神情、期待的目光，孩子们强烈渴望着当年的哥哥姐姐们能够再回来看看他们。十日支教，建立一生深厚情。社会实践支教活动不只是短期的授课活动，而是支教背后与孩子建立的深厚感情，一生的情意是“续暖山亭”社会实践团最大的收获。“我们很欣慰三年后，这么一帮孩子还牵挂着我们”，安琪感慨道。

在支教活动正式开始前，实践队员根据孩子的年龄情况开展了一系列思维拓展的“科技夏令营”活动。其中妙趣横生的科学实验，让孩子们看到了化学世界的神奇；柔美优雅的手语表演带孩子们感受着情感与音乐相结合的美感；创意无限的美术手工课教孩子们在简单的粘贴材料组合出神奇的贴画；互助友爱的团体游戏更是让孩子们在嬉耍时感受团体合作的力量。

没有统一的制式校服，没有课桌，没有椅子，孩子们蓬乱的头发，不太干净的衣服，手上吊着的“书包”，还有脚上的泥鞋都在诉说着孩子们的艰辛与不易，可这一切丝毫没有减少孩子们的学习热情。孩子们积极融入“科技夏令营”活动中，体验在乡村之外奇妙而有趣的课堂生活。同一片蓝天下，还有这样多的孩子在饱受着贫穷落后带来的苦难，但愿今天的读书声能换来孩子们明天的幸福。

三队联合实践　共促山村发展

社会实践是一场未知而奇妙的旅程，也许因为大家有着共同的社会实践目标和愿景。实践路上，我们与青岛农业大学“汇汇爱”大学生志愿者服务队和春蕾志愿者“启眸行动”服务队在宋庄村相遇。三队都以“服务乡村，促进美好乡村建设”为宗旨，以“实现精准扶贫”为奋斗目标进行社会实践活动。“三人行，必有我师焉”，三支队伍共同努力、相互分享实践经验，共同促进山村美好发展。

三支社会实践队伍于宋庄村联合展开入户调研和科技支教活动。经过三支队伍在宋庄村里的大力宣传，村民们纷纷表示会配合调研工作，当地不同年级的孩子们也积极来到宋庄小学上课学习。课堂上，孩子们在书桌前坐正姿势，一双双炯炯有神的目光淋漓尽致地表现出他们对知识的迫切渴望、对学习的高度热情。三支队伍的队员们之间默契配合，通过认真展示 PPT 内容，为孩子们讲述了一堂生动有趣的书法课。在队员们与台下孩子们进行互动交流中，孩子们积极融入课堂氛围，并与他们相处融洽，建立了深厚的情谊。

为了使“农天下”APP 在全村庄得到推广，三支队伍各自分工，有的负责联系当地村委以便 APP 的更好推广，有的负责向村民演示具体的用法，他们一直到把村民教会才离开，村民也热心配合大家的工作。村民们在了解软件用途之后，纷纷表示“农天下”APP 十分贴近农民的生活，能够真正帮助他们解决在农务方面的问题，在他们渴望的目光中看到的是对现在高科技的期待和向往。在长达两天的“农天下”APP 推广工作后，实践队员希望在他们的努力之下，实时进行的专业解答能够滋润这片贫瘠的土壤，帮助他们弄清当地的土质问题，用先进的科学技术引领农民走向更高领域的农业世界，并能够为世世代代生活在这里的人们注入新的生机和活力，促进这里农业的繁荣发展。

“千人同心，则得千人之力”，本次三队联合社会实践活动，深受村民们的认可。大家努力合作、分工明确，高效地开展调研、支教活动，真正体现了“联合社会实践，共促乡村发展”基本原则。“一滴水只有放进大海里才永远不会干涸，一个人只有当他把自己和集体事业融合在一起的时候才能最有力量。”实践队员充分认识到在此过程中团队的重要性，同时也希望将来会有越来越多的社会实践团队能够心系乡村发展，真正落实“精准扶贫”的工作，共同为美丽乡村的建设贡献微薄力量。

参与党课学习　树立党员模范

为深入学习贯彻习近平总书记系列重要讲话精神，推动全面从严治党向基层延伸，巩固拓展党的群众路线教育实践活动和“三严三实”专题教育成果，村庄的村委开展“两学一做”学习教育，9名村委干部和5名农学与植物保护学院山亭社会实践团入党积极分子参与其中，学习教育由村主任主讲。

主讲人安排了“两学一做”学习教育活动的相关内容，他要求各位干部要认认真真学习《党章》《准则》《条例》和习近平总书记系列讲话。通过学习教育，要让全体党员增强党员意识，认识到党员有哪些权利，该履行哪些义务，该遵守哪些规定，做一名合格的党员。除此之外，他要求社会实践团入党积极分子们要树立正确的世界观、人生观和价值观。在学习生活中，主讲人提出大家不能停滞不前，要与时俱进，无论身处环境如何，都要有艰苦奋斗的决心，努力成为一名优秀的共产党员。会议最后，主讲人要求全体同志要在生产、工作、学习和社会生活中起先锋模范作用，为党在思想上政治上行动上的团结统一夯实基础，为协调推进“四个全面”战略布局、贯彻落实五大发展理念提供坚强组织保证。

本次学习交流会进展得十分顺利，社会实践团入党积极分子认真倾听、仔细记录。他们纷纷表示此次会议拉近了与村干部之间的距离，深入了解到“两学一做”的内涵。此外，他们更加坚定了要努力成为一名合格党员的决心，为中华民族贡献出自己的一份力量。

慰问孤寡老人　爱心传递温情

“老吾老以及人之老，幼吾幼以及人之幼”，在实践队所调研的村庄中，孤寡老人数目达100余名，他们仅靠低保补贴维持生活，作为社会的弱势群体，他们应该受到社会的关注、关心和帮助。由于大部分年轻人都外出打工，村里的留守儿童和空巢老人特别多。为填补孤寡老人心灵上的空虚，营造温馨的家庭氛围，我们利用几天的实践时间走访了当地的几户空巢老人，给他们带去慰问和温暖。此外，实践队还开展剪纸送“福”、送“寿”，包饺子送温暖等活动，当地的孩子们也积极参与其中。

镜头从一个个狭小的街巷拐进了一个漆黑漆黑的小单间，一进去便看见一位老人蹒跚着步伐出现在大家的视野当中。她已经70来岁，独自一人生活，患有脊椎病，脊椎压迫脑神经，使视力模糊。老人的老伴在其60余岁的时候辞世，她的一个儿子和一个女儿都为残疾人无法自理。在老人的晚年生活当中，基本上没有享受过家庭的温暖。平日里，老人仅靠养老保险和务农获取经济来源。老人的房子只有两个小隔间，光线即使在白天也非常微弱，而且又因为地势低洼，所以在下雨天时室内相对来说十分潮湿。此外，家里的陈设也是相当简陋的，除了基本的炊具还有一些简单的生活用具，再也不能发现任何有价值的家具。队员们无不为老人目前的生活处境所触动，队员和孩子们纷纷向老人送“福”、送“寿”，送饺子，并帮助老人在简陋的水泥墙上张贴“福”“寿”字。鲜红的“福”“寿”墙上挂，饺子热气飘满屋，为清冷的房间增添了活力和生机。“孩子们真有心，饺子都是热乎的。”老人感动地说道，“家里好久没有这么热闹过了，我的心里真的好温暖。”

其中一位70岁的老奶奶告诉我们，家里的两个儿子都常年在外打工，孙子孙女也被带了出去，家里就剩她一个人。儿子们会定期把生活费寄给她，平常生活都是她一个人。当问到孩子们多久回来一次时，老奶奶顿了顿说道：“他们都忙，隔的远，没空回来。有时候过年也回不来。”跟这位老奶奶一样情况的老人在村里还有很多，还有那些常年见不到父母的孩子。他们都有一个共同的愿望，那就是能全家团聚，平平安安的在一起。这也是在强大的生活压力下，广大农村普遍存在的一个问题，希望有一天这个难题可以得以解决，让每个人都幸福，真正实现幸福新农村的远大目标。

队员们共慰问十余位孤寡老人。老人们一看到端着饺子赶来看望他们的队员和孩子们，立刻关心起来，拉着他们的手问寒问暖，十分关心他们各方面的情况，体现出了老一辈对年轻一代殷切的期望和关怀。还有一些老人也是高兴地合不拢嘴，与孩子们分享自己“想当年”的陈年旧事，并聊起了一些日常生活中的点点滴滴。更多的老人表示队员们和孩子们的到来为他们平淡的生活带来了生机和乐趣。

时光如水，流动得那么安静、那么祥和、那么难舍。不知不觉中，社会实践之旅即将结束，没有欢乐的节拍，有的只是心中难舍的情结，对这里可爱孩子的

深入农户调研，助力精准扶贫　毛菲菲 摄

不舍，对这里慈祥老人的难舍。虽然这次社会实践的时间很短，但在大家的共同努力下，每天都让人感到充实而有意义。“千里之行，始于足下”，这短暂的社会实践，对青年学生来说起到了一个桥梁、过渡的作用，是人生的一段重要的经历，实践是学生接触社会，了解社会，服务社会，运用所学知识实践自我的最好途径。“纸上得来终觉浅，绝知此事要躬行”。社会实践活动使他们找到了理论与实践的最佳结合点，亲身实践，而不是闭门造车。深入了解农村，了解农民，了解农业的发展，这次调研活动面向广大农民群众，从他们口中了解到当下农业发展的真实状况，为农业多功能科学研究提供一定的数据资料参考。虽然贫困山区遍布全国，农科学子的力量显然是微薄的，扶贫的道路也是漫长的，没有到不了的终点，只有走不完的路，扶贫之路，一直前进！

（姜涛　谷元兴　王伟龙　文）

回望这一片可爱的热土

——山东农业大学农学院社会实践回忆录

盛夏的大地，艳阳似火，生机盎然，一如我们热烈奔放、踌躇满志的青春。还记得那年夏天，我们结伴背起行囊，一路走向远方，在广阔的土地上用辛勤的汗水写下七月滚烫的诗行。2016 年，是“十三五”脱贫攻坚的开局之年，山东农业大学农学院积极响应学校鼓励广大学生利用暑期开展“三下乡”调研活动的号召，启动了全国农学学子联合实践行动，共组建 2 支专项扶贫计划实践团队，共计 20 人，内容涵盖“社会主义核心价值观”宣讲、“科技支农，助力精准扶贫”“关爱老人、支教服务”等主题，社会实践地点遍布山东省 2 个地市，5 个村镇。

豪怀满志赴朝阳

不惧酷暑心意满，满腔豪志赴朝阳，这是距社会实践已经几个月的今天，我们还是能在回忆的丝丝缕缕中体会到的那年夏天远行的意义，在泰安市东平县朝阳庄村，因为一群人和一个个画面被感动被震撼被温暖。朝阳，我们从四面八方汇聚在你身旁，我们为你而来。

通过学校老师和我校驻当地村第一书记，我们了解到泰安东平朝阳庄村发展严重滞后，被列为国家重点扶贫试点。在院校支持下，我们 10 位同学组建了“赴泰安市东平县朝阳庄村科技支农实践服务团队”，在我院刘鹏教授带领下，走进乡土乡村，助力精准扶贫。

难忘那方乡里乡亲

三面环山的朝阳村庄，像一只落单的鸟儿，孤单地独守大山一隅；又似一个

拜访“中国好人”李广义　卢晨阳 摄

深藏功名的隐士，神秘地匿于青峰深处。还记得第一次到朝阳村时，我们乘坐的车子一路颠簸，绕过几条坑坑洼洼的小路，穿过几个村庄，又沿着一条笔直的路走了很久，才风尘仆仆地赶到目的地——朝阳村老区。直到现在回想起那一天，村支部书记热情招呼的音容，路边乘凉村民好奇打量的目光，还有我们走访村中各处进行调查的一幕幕，都有如昨日重现般历历在目。

在路上，驻村的胡化坤书记给我们介绍了朝阳村的大致情况。朝阳村在几年前被划为省级贫困村，这里有我们无法想象的饮水困难的生活，无法想象的不能读书的孩子，或者说，无法想象的“与世隔绝”的样子。然而就在这样的条件下，朝阳村的人们依然乐观地生活着，一步一步向着憧憬的未来努力着。

进入村子里，随处可见老人或中年人三五成群，或拿着蒲扇，或手执拐杖，或坐在停靠在路边的小脚蹬车上，闲话家常。小路两旁，一排排古老的石屋鳞次栉比，给我们带来极大的震撼。村中这些房屋大多是用山上的石头垒成的，还保留着原始古朴的风貌：屋顶呈现半圆柱式样，石墙有的平整，有的棱角分明，不少村民家中还保留着如今少见的堡垒和石制农具。对于看惯了钢筋水泥建筑、吸惯了雾霾粉尘的我们来说，这原生态的石头房屋、乡间新鲜的空气都让我们感受到一份自然淳朴的气息。

在胡书记的带领下，我们拜访了空巢老人李奶奶。她年近 90，在承受了白发人送黑发人的痛苦后，她的晚年还要独守破旧的石板房，依靠上山捡柴和仅有的 8 分庄稼地过活。老人的家让我们心惊：院子没有围墙，瘦小的黑狗是老人唯一的陪伴，门口和其中一间房屋堆满了木柴，都是老人自己劈的。看着老人羸弱的身板，我们心中五味杂陈。房屋十分昏暗，除了一张床和炊具，很难再找出像样的家具。李奶奶带我们看了房屋后面的土窑洞，这是她以前的居所。老人回忆说住在里面很是难受，天气一潮湿，衣服和被褥就会发潮，甚至能拧出水来。说到村中新建的社区，老人充满了激动和向往。临走时我们留下带来的礼物，她眼里噙着泪水，颤抖着骨瘦如柴的双手，声音哽咽着不住地道谢，也让我们大家红了眼眶。她紧紧抓住我的手，嘴里默默念着：感谢党，感谢伟大的党。那双手，是真真正正的中国劳动人民的手，我能摸到手上的硬茧，能感受到手指的微颤，能感受到手掌的温度。生活在高楼大厦的我们，如果不走出温室，来到乡野，怎么会亲眼看到一位风烛残年的老人蜷居在石板房的艰辛。

“老伴离不开我”，耳畔再次响起这句话，一股暖流涌上心头。走进“全国好人”李大伯的房间，首先映入眼帘的就是“全国好人榜”光荣匾额。李大伯的老伴儿常年瘫痪在床，面对命运的沉重打击，大伯没有放弃老伴，而是倾注自己的下半生任劳任怨地照顾她十一年。当别人在外面乘凉时，他要回家照顾她；当别人走家串巷时，他要回家照顾她。李大伯说得最多的一句话就是：她离开我不行……走过了青春时期的激情岁月，走过了而立之年的跌跌撞撞，大伯早已和老伴儿心意相通，他用一点一滴的陪伴作为对爱人最长情的告白，他用不弃不离的守护为老伴搭起爱的港湾。据了解，他们有两个子女，现在都是国家公务员，对父母也很孝顺。哀哀父母，生我劬劳。见此情景，胡书记教育我们只有好的家风才能教育出好的子女，希望我们好好学习，将来报答父母。从大伯家出来，队里一个女生哭了起来，“那场景太让人触动了，我本来以为他老伴没有知觉，可一听到大伯的声音她马上就笑得那么灿烂，怎样的情谊才能这般相知相守”。对啊，要怎样的深情才能在艰难的人生路上这般相濡以沫，要怎样的深情才能在这纷扰的世间执子之手、与子偕老。朝阳村世外桃源般美丽的风景，还有那热情淳朴善良的人们，会让我们永生难忘。

学实结合助力扶贫

朝阳庄村作为全国重点精准扶贫试点，近年来在党和国家的关心扶持下，开始步入全面建设小康社会的正轨。村内夏季作物大部分是玉米。在政府支持下，依托领导全面实干、村民勤劳苦干以及我校专家教授出计献策，朝阳庄村正逐渐摆脱落后的面貌，日新月异变化发展。村子与外界隔绝便于防疫，因此生产出来的食物纯净无污染。借助这一天然优势，朝阳庄村与外地大企业合作发展村内经济，相继推出合同狗、合同鸡、合同蔬菜等各种项目，“订单农业”纷至沓来。

今年在政府的支持与资助之下，朝阳村实行了“精准扶贫，易地搬迁”项目，让家家户户都能住进宽敞舒适的新居。同时，承载朝阳庄村历史与记忆的旧村由公司出资改造为旅游基地，村干部也计划在道路两边种植杂交构树，作为饲料获得利益。

在指导老师帮助下，我们开动脑筋，充分运用专业优势，尽自己所能帮助村民解决实际问题。短短几天之内，我们详细制作并分发了小麦玉米种植技术手册，在村委会门口张贴农业技术宣传海报；在村内走访调查，向农民普及种植管理知识，为他们答疑解惑，引导他们正确种植、科学管理。

朝阳初生　净土如斯

看着眼前的朝阳庄村，一幅画卷在我们心中徐徐展开：一幢幢整齐规划的小楼拔地而起，夜间万家灯火闪烁，透出和乐幸福；村中花园，藤萝满地，凉风习习，黄发垂髫，怡然自乐；收获时节，风吹麦浪，机器轰鸣，人们额上晶莹的汗水映照出疲惫满足的笑脸……朝阳初升，净土如斯，心之所向，素履以往。这片净土，正朝着光明，朝着希望大步迈进。而在不远的将来，我们也将抱着更加坚定的信念，更为企盼的心情回到那片家园，坚守学农爱农深厚情怀，肩负农学学子责任担当，用我们火热的青春化作科技支农的点滴力量。

韶华不负 情动莱河

仍然记得，踏上从菏泽单县的回程时，耀眼的阳光穿过层层枝叶映在我们身上，队服上有些明明暗暗，配着标语印花便构成一幅斑斓的图卷，恍若这次实践调研的五味齐聚，而其中酸甜只有经历过，只有我们，才能明白，领悟其间意味。

时值七月中旬，俗话说得好：“七月的天，孩子的脸，说变就变”。一场雷雨匆忙擦肩而过，我们一路奔波到了菏泽单县的莱河小镇，开始了乡村暑期调研活动。刚下车一股泥土的清新气息便扑面而来，但映入眼帘的却是泥泞的街道和两旁低矮的房屋，此情此景对我们触动很大，更加坚定了我们对此次“走进乡土乡村，助力精准扶贫”暑期社会实践的决心。

赤心如炬 共调实情

为了解有关山药种植和销售的一些情况，当天下午我们一行十人去了村民李大哥家里。敲响锈迹斑斑的门，开门的是个汉子，黝黑的肤色和脸上的皱纹都表明了他饱经风霜，朴实的话语更是让我们倍感亲切。李大哥夫妇对我们的到来感到些许惊讶，更多的便都是热情了，他们话虽然不多但是却一个劲的让我们吃瓜，甘甜的西瓜一直甜到心里。

第二天一早我们拜访了李半庄的村长，一个三十多岁微胖的男子，当天上午在他的带领下我们去了村里种植山药较多的农户家里了解情况。队员们通过与农户面对面的交谈完成了对农户种植情况的调查，并及时用问卷形式归纳获得的信息，列清实况，为分析数据做好了准备。在交谈过程中村民对我们讲出来各种山药种植过程中的问题，其中他们最为苦恼的便是山药种植的连作障碍问题，一块地连续种植 3～5 年后山药产量将会降低、出现品质恶劣情况，给农户带来了很大损失，是一直困扰着农户未得到解决的问题，亦是中药材种植过程中亟待解决的一大难题……朴实的方言掩盖不了这些农家人的热情，当然，语言交流不便、天气炎热难耐等一些小小的挫折也磨灭不了我们想为乡亲们做点事情的决心。

在村长介绍下，我们制定计划到贫困农户家中了解实际情况，细致记录贫困户的家庭基本信息，以便为精准扶贫打好基础。

你眉眼间是我们读不懂的沧桑

当我们出现在这些贫困户家中时，看到的是这样的场景——简单的房墙围起一个朴素的家，周边点缀着片片青草，残缺脱落的墙体展示着它的久远。一座座低矮的房舍依着某种秩序有序排列，新建水泥大院零零散散分布其间，那高翘的檐角像是在眺望着远方，想象着明天的光景会是如何。细细看去，村子里不起眼的地方，还有些勉强能遮风避雨的小院子，这就是我们访问的贫困老人的住所。我们一行十人访问了多位贫困户，他们大都一房多用，简单的扯根线挂个帘子，或摆个桌子就将屋子分成不同区域，吃饭睡觉甚至做饭都在一个屋里，空间不可避免的很小，我们十个人站在屋里就有点挤了。

其中有位陈大爷，在他的家里不多的蔬菜、咸菜与餐具一起随意地散在桌上。墙上一指多宽的裂隙，老旧破损的房门无一不透露着老人生活的辛酸。最让我们感动的是，虽然老爷爷孤身一人，生活条件不如人意，但是他身体还很硬朗，国家补贴勉强满足生活所需。交谈过程中，老人一直是笑脸相对，言谈间充满着积极正能量，深深地感染了我们，不知不觉间我们的心情便在交流中慢慢放松，时不时老人乐观积极的笑脸就会透露出内心的富足。他说："能够拥有现在的生活很欣慰，我们要时刻感谢祖国感谢党，没有共产党的领导我们不会有现在美好的生活，人呐，要知足常乐……"听着听着我的鼻子多少有点酸了，平凡而又富有哲理的话语深深烙印在我们心中，让我们想了很多，感受颇深。而且老爷爷也十分关心国家大事，通过那老旧的电视观看 CCTV-1 节目，临别前，老人再次叮嘱我们政府已经提供给我们太多太多，现在要好好学习，以后一定要回报社会，回报祖国。热切的嘱咐表达着老人的乐观与感恩知足的心态，让我们为自己曾经的种种抱怨感到羞愧。

远远回望那个简陋的小院子，老人扶门向我们挥手。然而，如果老人有陈疾，或不是孤身而是儿女不孝，抑或是心态不够乐观，那生活又该是什么样子呢？乡村如此多，贫困户们的生活究竟怎样是我们无法真切感知的，不过我们可以尽力去帮扶他们，带着知识与技能，走进乡村，走进他们的生活；或带去先进的农业技术或优化当地的生产方案、环节；或是搭建他们能够进行科技交流的平台……如此看来，我们能做的事情还是很多的。在促进乡村经济中，我们可以拉动贫困户的福利待遇提升，将农科学子青春昂扬的朝气转化为帮扶、实践的光热，为他们的生活添些光彩，加点温暖。

融入乡村 宣传科技

接下来的几天，小队在莱河镇周边的李半庄、鲁新村、江庄及张海村进行了走访，收集了当地大量的土地、种植相关数据，发现了很多种植方面的问题和弊端，掌握了第一手的资料，为我们后续的调查研究奠定了坚实的基础。在走访时我们发现了山药种植过程中塌沟的严重性，向村里的人介绍了山药斜插式的科学种植方式，引起了村民极大的兴趣。尤其是鲁新村村长鲁大哥，他肤色较黑，人挺瘦，但对新技术的热情却是不可小觑，在听说我们宣传的这种新方法后，便蹲在地头和我们一起探讨当地的土壤、山药大小等情况和新方法可行性等问题，最后我们向村民推荐了“农天下”APP，引起村民极大的学习兴趣，他们急切向我们询问使用方法，对这款手机软件十分喜爱。谈话过程中他说自己和邻村李半庄的村长大学毕业之后便回村做了村官，一干就是好多年，因为做人不能忘本，不能忘记家乡的父老乡亲。朴质的话语蕴含着最质朴的家乡情怀，触动了我们内心深处，让我们不觉地肃然起敬。

尤记那时稚颜笑

在江庄村民的支持下，我们在一个较大的院子里进行了一次支教活动。队员们悉心安排，有的教小朋友们唱歌，有的教识字算数，还有的积极介绍科技小知识。我们还专门为小朋友们带去了铅笔、文具盒、作业本等学习用具以及故事书、橡皮泥等休闲用具。“少年强则国强，少年智则国智”，少年对国家有不可估量的作用。为人先立德，道德建设更应处于教育建设的首位。农村孩子接受教育的方式有限，教育质量也不高，而且在农村家长们忙于农活无暇精心照顾孩子，造成一些小朋友的知识和思想比同龄孩子低，性格上有些顽劣，为此在这个五年计划中我们必定会加强对农村孩子的教育，同时我们也会以身作则，用自己的行动树立榜样的力量，力求能在潜移默化之中实现对孩子们道德教育的提升。

队员们和支教的孩子们合影留念　孙铭苑 摄

切实交流　明真境解疑难

调研第四天的下午，单县农业局巩副局长、杨主任、单县莱河镇单所长、村支书与团队一起到田间考察，近距离观察山药种植、生长情况，亲切地与农户进行交流，积极了解近年收成、遇到的病虫害等种植情况，倾听农户心声，感慨塌沟的严重性。为便于推进后续工作进程，巩副局长、技术人员与房信胜老师在田间地头，边观察山药种植情况，边探讨斜插式山药种植新技术的实地应用注意点以及两种种植方式的不同，力求探明这项能便利广大山药种植户的新技术，让更多的农户富裕起来。

经过实地调研后，我们汇总了广泛困扰农户的种植问题，为解答种植户的这些问题同时向村民集中介绍斜插式山药种植新技术，团队在调研的第五天，与单县市农业局杨主任及四个村的村长联合，在"单县道德大讲堂"开展了一次新旧技术大碰撞的座谈会，搭建了一个可以实现专家与农户面对面尽可能详细交流的平台。团队指导老师房信胜教授与农户们面对面交流种植经验，同时还向村民介绍了适合在本地种植的其他山药品种，并从生长特点、经济效益等方面和九斤黄、铁棍等当地主种山药进行比较，建议考虑更换品种以增加收益。针对肥料种类及施用过多的危害问题，房教授建议用有机肥，从根本上解决问题。对于炭疽病等困扰种植户的病虫害问题，房教授提出实用建议，还对塌沟、连作障碍等进行了技术指导，讲解浅生定向槽的便捷性，从工、时、财方面进行新旧技术对比，使农户对新技术有一个形象认识。结合当今互联网的飞速发展，房教授建议村干部们利用互联网的快捷性为农户提供新的销售选择及思路，发现适合本地实际情况的并且能够提高农户收益的山药销售途径。最后房教授为村民介绍了斜插式山药的科学种植方式，并与种植户共同探讨该方式在本地区的应用前景。

回望这一片可爱的热土

暑期社会实践让我们在点点滴滴中体会到真实的乡土乡村及社会实践的宝贵之处。淳朴羞涩的笑脸、席地而坐娓娓交谈的自然、打理山药苗时的“宝贝”以及简陋屋子中孤寡老人或无奈或乐观的神情……我们都记在了心里，不是因为这里很美，而是这个普普通通还有点落后的小乡村给了我们用心感知祖国农业基础的窗口。

习总书记说过“中国要强，农业必须强；中国要富，农民必须富”。莱河小镇这片热土可以看作是很多乡村的缩影，吸引着我们跳出自己狭小的空间，用脚一步步丈量乡土乡村的土地，用双手实践以提升农户的生活质量。“读万卷书行万里路”，这是奉献的过程，也是检验所学所能的机会。由实践指导理论，我们更好帮扶贫困乡、户，涓涓细流汇成滚滚长河。作为农科学子，作为青年，我们携手齐心相信定可有所作为，解决“三农”问题。

以梦为马，不负韶华，“走进乡村，精准扶贫”，我们一直在路上。

（韩菡　尹昌美　文）

我和大山深处的一个约定

——上海交通大学农生学院实践队云南洱源实践有感

“我们拉钩，你们好好学习，哥哥姐姐们在交大等你们。”

“嗯！好的！”

简单的动作，腼腆的笑容，一颗约定的种子就此种下，一段故事就此开始。

穿行在时空的隧道，将时间定格在 2016 年 7 月，纵是夏日炎炎似火烧，仍有一群交大农生院学子兢兢业业、奔波在祖国的东海之滨和西南边陲。他们来自

“走进乡村乡土，助力精准扶贫”捐赠仪式　高艳华 摄

不同年级、有着不同的性格，却为了同一个目标奋斗。2016年，我院积极响应学校号召，结合学校“行万里路，知中国情”社会实践主题，学院依托农科特色，派出了一支由专业教师和学生组成的实践团队，深入祖国的贫困地区。在几天时间内，和村民们深入交流，初步了解了当地贫困的原因和可以提供的帮助。他们用皱纹和语言向我们诉说生活的艰难和人格的坚毅，我们用青春的活力和知识向他们传达未来的光明和希望。

出发啦！在深夜，我们登上了西向的火车，它像一头不知疲倦的耕牛载着我们消失在无尽的黑暗中，离开了灯火璀璨的上海。火车有节奏的轰鸣声、车厢中嘈杂的交谈吵闹声，还有对遥远的目的地的憧憬和遐想，都使人久久不能入睡，漆黑的铁轨边偶尔会突然出现几户零散的人家，屋里亮着几盏孤独的灯。每当眼前闪现出一些光亮，我总会拿出相机，对着灯光尝试留住这使人平静、引人遐想的一幕幕。

晨光熹微之时，祖国的大好河山展现出了她真正的美，沿着蜿蜒的铁道，窗外风光亦变化万千，一时是“浮光跃金，静影沉璧”的宁静湖泊，一时是“重峦叠嶂，隐天蔽日”的万仞高山，一时是“天苍苍，野茫茫”的辽阔原野。经过两天的奔波，我们终于到达了目的地——云南省洱源县。

新人传旧情　真情系洱源

告别了48小时的舟车劳顿，我们好好休息了一晚，大家都睡得特别香甜。第二天一早，我们迫不及待地想感受一下这个陌生地方的每个人每件事，早早地起了床。晨曦播撒在大地的每一寸角落，清新的空气滋养着每一个人，贪玩的小鸟叽叽喳喳叫个不停，叫卖声、欢笑声、车铃声充斥在小城的每个角落。

我们早早前往洱源县团县委，参加本次实践的调研座谈会。会上，团县委的浦礼辉书记欢迎了实践团的成员们，并向我们介绍了洱源县的总体情况。随后，县扶贫办、教育局以及茈碧湖镇、牛街乡和邓川工业园区管委会的负责领导分别谈了各自分管领域的情况，并对实践团队在洱源的连续第三年实践活动寄予厚望。接着，挂职茈碧湖镇丰源村党支部第一书记的邓云老师向实践团队提出了“认清现实、承认差距、积极引导、正面报道”的16字要求，希望大家尽自己的力量，为洱源县传递青春正能量。随后，院团委书记卜军敏老师、媒设学院团委书记宋玲老师以及实践调研组领队高艳华分别代表实践团队发表感言，感谢了洱源县的热情接待，并表达了实践团队继承往年团队精神，尽自己绵薄之力，助洱源改善教育、脱贫致富的决心。接下来，挂职洱源县副县长的邓云老师对团队提出了几点要求，希望实践团队端正态度、注意安全，圆满完成本次实践活动。

在座谈会的最后，进行了农生学院对两位定点帮扶学生的爱心捐赠仪式。学院这两年持续帮扶的两名小学生小敏（化名）和小铭（化名）今年已经升入初中，她们的学习成绩依然名列前茅，与她们清苦的家境形成了巨大的反差。为了延续她们求学的梦想，我们在活动前期在校园内外进行了爱心募捐，为小敏（化名）和小铭（化名）的家庭各筹集了 1000 元的善款。在捐赠仪式上，我们将筹得的善款和购买的学习用品和书籍，以及学校绿色爱心屋捐赠的暖手宝和练习本，一同赠予了两位小女孩。她们红润的脸上浮现出了充满希望和踏实的笑容。我们相信这些善款和物资，能将交大师生的爱心带给两位女孩，鼓励她们在求知的道路上克服艰难险阻，永不言败，砥砺前行。

短暂的午休后，我们前往洱源县炼铁乡，参加“走进乡村乡土　助力精准扶贫”捐助活动。会上，炼铁乡有关领导、当地学校校长分别欢迎了实践团队，并介绍了当地教育发展的实际情况。当了解到当地具有数十年历史的学校，面临地震破坏、年久失修、难以为继的窘境时，当我们听到当地百姓在资金不足的情况下仍维系着学校不被撤销时，享受着交大优质教育资源的我们都受到了巨大的震撼。随后，实践团队的卜军敏老师、宋玲老师、富伟燕老师、杨筱薇老师和高艳华同学都谈了自己的感想，在表达对当地教育工作者的敬佩的同时，也希望为当地教育的发展、当地经济的改善尽一份力。在捐助活动最后，我们向当地学校捐赠了之前购买的书籍、书包和学习用品，以及学校绿色爱心屋捐助的练习本和暖手宝等物资。希望我们的点滴心意，能汇聚成爱的暖流。也希望炼铁乡的学校，能在历尽磨难之后，焕发出新的活力，培养出更多的优秀学子。

炼铁乡的脱贫工作，需要的不仅是农业和工业的发展，更是观念的脱贫，教育的脱贫，这也证实了洱源县正是我们能发挥自己所学所得的地方。

在回程的路上，我们在群山之中停下脚步，倾听那风声、那鸟声，那自然万物的耳语；欣赏那山上草原、那天空、那云海美景。身处大山之中，身体的每一部分仿佛都融入了大自然。柱子一般矗立在大地上的山峰之间，田野绿宝石般镶嵌，山峰上几头牛羊心无旁骛地吃草，不理会仅隔几步的悬崖万丈。田野中，农人在阡陌上往来，有的挑着担子，有的赶着水牛，还有烂漫的小朋友野马似的追逐嬉戏着。在如此艰难的条件下，洱源人以坚毅的品格开创出了自己的一片天地，顽强地在这片神奇的土地上扎下根来，繁衍生息，用辛勤的劳动养活自己，不需要旁人的半点怜悯和同情。虽然他们生活在大山之中，却从没有放弃对外面世界的憧憬和期望，他们明白“再穷不能穷教育”，他们明白明天会更好，希望和奇迹是存在的，明白用自己勤劳的双手一定能创造更加美好的未来。

这是自己对实践第一天的记录，早上两位熟悉的交大师长给我们的寄语不仅让我更加清楚了此行的目的，也更加清楚地认识到了洱源的现状，同时对于他们的这种奉献精神也感到十分敬佩。第一天总是那么的充满激情，洱源的天气非常凉爽，凉爽的让人心情大好；洱源的山水非常美，美得让人无限向往；洱源的民族多，但他们都依自己的习惯扎寨而居，相安无事。这些是自己所见所闻，但内心感受最深的还是这里的贫穷，我想这也为我们第二天的实践做了一个很好的铺垫。

调研知实情　感悟受终生

第一天奔波的疲劳仍在，但是早上大家还是早早地起床了，叫醒我们的不只是闹钟，更是一整天的调研任务。简单的早餐后，我们便开始了一整天的走访问卷调查，此行由挂职任茈碧湖镇丰源村党支部第一书记的孟祥琦老师全程陪同。

上午，我们一行人乘车出发前往茈碧湖镇丰源村进行贫困村农户问卷调查。到达目的地后，在当地自然村村长的陪同下，我们沿着蜿蜒的山路提着食用油，一家一户地对农户进行拜访和调研。海拔两千多米的狭窄山路上，时而会有牵着牛羊的农户迎面而来，他们黝黑的脸上总是能泛出淳朴友善的笑容，坚毅而略显憔悴的面孔充满着好奇与疑惑，这种不期而遇却也透露几分尴尬——原本就难于行走的狭窄山路更加显得拥挤难过，但令我们感动的是，在那段路上为了避免牛羊蹭到我们，他们始终盯着牛羊来调整方向，细节处见人心，这也许就是山区农民纯真心灵的体现吧！到了村民们的家里，我们见到了平时在电视上才能看到的场景，漏雨的屋顶、漏风的门窗、简陋的桌椅板凳，还有破旧的家具，他们没有现代化的厕所，没有洗澡间，没有大多数日用电器，一盏台灯对他们来说已经是奢侈品。两相对照我们这才知道自己平时的生活条件有多么优越，多值得珍惜与爱护。就这样我们完成了上午的调查任务。

午餐在丰源村村委会进行。做饭过程中村长对我们说他们平时的主食是土豆，只有逢年过节才会吃米饭，一般吃的都是素菜，自己地里摘的，但是村长得知我们今天要来，特意去镇上买了两斤猪肉。我们望着桌上的米饭和猪肉，久久不能释怀，连吃饭的动作都慢了下来。午餐后，我们准备离开丰源村，就在这时一个干瘦黝黑的老爷爷牵着水牛朝我们走来，他佝偻着的瘦小的身躯上还扛着一把显得格外大的锄头，针似银发下的脸沟壑纵横，诉说着岁月的沧桑。看到我们一行人后，他热情地和我们打了声招呼，然后掏出了绿色军裤口袋中的烟，一个个问男性成员们抽不抽，坐在村口石头上和我们寒暄几句后，老爷爷便牵着他的牛咳嗽着向村庄深处走去。

离开丰源村后，我们前往此碧镇永兴村继续下午的问卷调查任务，虽然问卷的问题很多，有些甚至比较晦涩，但是每一位受访者都很耐心地回答我们的问题，我们也很耐心地为他们答疑解惑，尽管由于语言的障碍我们有时很难明白对方的意思，但是受访者也不会厌倦我们的不断询问。问卷调查的同时，那些贫困户村民还会主动和我们聊他们的生活，话语间流露着的有对现实的无奈，有对国家、社会帮助的感激。唠家常的过程中，我们觉得真正走进了农户的心里，想之所想，了之所愿。我们为他们顽强的精神所折服，也为他们所设想的美好未来而感动。

“走进乡土乡村，助力精准扶贫”，我们还在路上。

实践第二天绝对是硕果累累的一天，不仅我们的调研有了较大进展，我们的心灵也受到深深的触动。驱车两个小时到达山顶时，我们才发现原来在山脚下看到的大山中竟然还有着这样的一片“世外桃源”。土坯房，牛羊，老人，孩子，村庄尽收眼底，如此的简单、纯粹。我们先去往一个校点，也是这里唯一的小学，孩子们今天就要放假了，走进校园，看到无忧无虑的孩子，本该勾起我们对于童年的回忆，但是不管怎么想，心中还是带有一丝悲伤，不是因为学校的环境有多差，也不是因为孩子们的穿着，而是因为他们中的绝大多数并不能在这样的校园里待多久，务农或者外出务工将会把他们硬生生地从这里拉走，把他们强行拉上父母亲的道路。看着那一个个天真烂漫的孩子，难以想象他们以后走上工地搬砖拉车时满脸辛劳沧桑、佝偻蜷缩着的背影。

相聚总别离　一生洱源情

今天是我们实践团在洱源实践的最后一天，鸟儿唤醒睡梦中的大家，一行人乘车又开始了新一天的实践。今天的任务主要分为两块儿，上午前往牛街乡福田村进行最后的问卷调查，下午社会实践团的成员专门拜访两位老党员，听了两位老党员诉说自己的感人事迹。

淅淅沥沥的小雨，给大山蒙上了一层神秘的面纱，远处的山峰直入云霄，迷蒙的气晕笼罩在山峰顶端，仿佛一座群龙守卫的宫殿。驱车两个多小时后，我们终于来到山脚下，由于山路狭窄，一行人只能徒步上山，本就狭窄的山路因为下雨而更加泥泞湿滑，使得我们走每一步都格外谨慎。行至半山腰，已经能够听见从村庄里传来的悠远的几声犬吠，山间的云雾也徐徐铺展开来，仿佛置身仙境，我们就在朦胧中走到了山顶的小村。调研团队分为三个组分别入户进行调研，走进村庄后，看到的并不是整齐的现代建筑，而是散落在各处的当地传统土木房屋，由于身处大山，当地居民的卫生意识很差，村庄随处可见家畜的粪便。这个村落基本交通工具就是骡子，我们到处都可以看到老乡牵着骡子装水。当我们敲开第一户老乡的门时，眼前的景象有些触动我们，房屋是土坯房，泥土地，两个孩子呆呆地看着我们，老乡们也很诧异地看着我们，并不太懂普通话，交流出现了很大阻碍，我们简单地表达我们的来意后，在村长的翻译下，艰难地完成了第一份调查问卷。紧接着，我们简单地走访了另外十四户人家，我们踏在这片土地上，艰难前进，内心深处刺痛。看着老乡们纯朴的眼神，孩子们渴望的诉求，我们觉得自己该做些什么。

和村民们交谈时，了解到这里基本都是留守在家的老人和小孩，年轻的壮劳力都去经济发达地区务工赚钱。他们平时在家种些田地作为口粮，年轻人一般过年才回家看望老人和孩子，大山里的生活十分无聊寂寞。在他们的语气中我们读到了对外面世界的憧憬和向往，以及岁月催人老的无奈。

下午我们分别走访了两位当地老党员，两位爷爷向我们讲述了他们的入党经历以及这么多年来和党的故事。从他们真挚的语言中我们看到了老党员对党的忠诚，对党的拥护，对党的路线的清晰把握。令我影响深刻的是，一位党员爷爷说到自己对党的认识的时候，说道："没有党，就没有新中国"，我想，从小就生活在新时代背景下的我们，并不能切身感受这句话的深刻内涵，但是爷爷说这句话时却激动地留下了泪水，这对我有很大的触动，正是有他们这样的一批淳朴，忠诚，优秀的老党员的不懈奋斗、不怕牺牲，我们才能得以生活在如此幸福和谐的新中国吧！当然爷爷们也给了我们一行人提出了一些要求，总结起来就是好好学习，将来为祖国的发展多做贡献。是啊，我想这就是爱国最简单最纯真的方式吧！

最后一天的时光过得总是很快，到现在我还深刻地记得从党员爷爷家出门时他们不舍的表情，当时我是走在最后一个的，爷爷把我们送出了门，道别之后我让爷爷赶紧回屋去，毕竟老人家年龄也大了，但是一直到小巷的尽头，期间我不停地回头看，爷爷一直保持那个招手的姿势，偶尔拭去眼角的泪水，他的孙儿依偎在他腿旁好奇地观望着，祖孙二人目送我们，直到我们消失在蜿蜒的山路尽头。我很感动，一位素未谋面的老人，对我们的此次慰问竟有如此大的触动。

本次实践的主要任务是调研，通过这次调研，我们大致了解了洱源县当地农村的情况，当地海拔较高，缺水，所以种植业还是以旱地为主，山林为公用，住房基本都是当地的土木结构，平时生活中最大的问题还是用水问题，孩子的教育

"走进乡土乡村，助力精准扶贫"调研活动　高艳华 摄

条件跟不上，师资力量很缺乏，年轻的父母很多都外出务工，所以留守儿童比较多。虽然说当地存在的问题比较多，但是相信如果社会上越来越多的人可以关注这里的发展，越来越多的爱心人士资助这里的需要帮助的人，这里终究会变成一个和谐富裕的地方，这里的孩子会有一个更好的成长环境。

虽然此次实践结束了，但是故事还在继续，我们之间的约定也在土壤中悄悄萌发。

（卜军敏　冯沸　文）

岁月如歌 浅唱不同的梦

——记扬州大学阳光协会安徽大别山支教之行

习近平总书记到安徽大别山考察时曾对大别山的发展提出要求：采取稳定脱贫措施，建立长效扶贫机制，精准扶持大别山地区的教育与经济。2016 年暑假，全国农学院协同发展联盟联合举办了“走进乡土乡村，助力精准扶贫”全国农科学子联合实践行动，扬州大学农学院响应号召，连续第十一年奔赴安徽金寨大别山区开展支农支教活动。

阳光协会十年支教暑期实践总结报告会 薛雨薇 摄

当太阳升起的时候　我们的爱无处不在

自2002年成立以来，阳光协会一直以爱心奉献、服务社会为宗旨。从2006年以来，连续10年，在大别山地区，开展支农支教活动。十年的坚持，建立了坚实的群众基础，浓厚了淳美的师生友情，产生了一定的社会影响。作为江苏省社会实践重点团队，阳光协会曾获得江苏省青年志愿者服务行动组织奖等众多荣誉。

1．预则立　为爱保驾护航

物资准备：2016年第11次大别山支农支教活动，实践团通过联系商家赞助、收集旧物义卖、校院支持等多种方式，筹集善款物资总价达50000元，用于资助当地留守儿童和学校建设。

人员招募：经过为期一个月的招募与面试，从500余名热情的志愿者中选拔出24名支教队员，涉及全校19个专业，各具文化体艺特长和综合才能。

沟通对接：5月份，院团委老师带领团队负责人赴大别山进行前期沟通，与地方村部、学校充分对接，保证实践活动有序开展。

2．欢乐颂　桑榆非晚

（1）多彩阳光学堂，丰富美丽人生。一方面，我们将延续多年传承，除了书本知识教育外，还通过开设兴趣科目的教学活动，比如音乐、基础绘画、书法课等，拓展当地学生视野，增加学习趣味性。另一方面，我们结合当地特殊的红色革命背景以及时代主题，为孩子们开设特色夏令营活动。此外，为了平衡教育资源并且避免短期支教的诸多弊端，我们结合“互联网+”思维，创新性开展网络支教，将暑期短期支教工程系统化、持续化、常态化。

（2）合力帮学支农，助力脱贫攻坚。按要求，我们开展了系列针对国家级贫困县的脱贫攻坚工程项目。走访农户调研交流，以问卷调查、实地考察与政府合作等形式，围绕当地农业现状、经济条件、交通状况、农资电商等方面进行调研，并进行专业指导，为当地建立较为健全的农业模型，同时为当地政府规划提供参考。“农天下”手机APP为面向全国农学院协同发展联盟帮扶地区广大农户提供在线农技问答、即时通信交流等三农服务的综合平台。我们通过实地推广等方式，让当地农民享受到“互联网+”模式下的农业新便利。

暖心的是，活动期间，校党委副书记、副校长叶柏森老师、校团委书记徐蕾老师、农学院党委副书记沙爱红老师及学院团委辅导员老师带着运动器材、教学用品与爱心捐款赴支教地看望学生。

怀揣诗和远方　向七月问好！

支教，于我而言，是幸运，是宿命，就像在我如白开水一样寡淡无味的大一末梢突坠了一颗珍珠。如同路遥的《人生》中高加林在不得已被遣返农村时遇到刘巧珍的欣喜狂热，如同东岗的风，吹得那一束桃花开得粉艳艳，而我所得的却是德顺老爷爷全部的糖，温暖得腻人。一如深山中，关于元冲的故事。

嗨，大别山，你好哇！印象里的大别山，只有关于刘邓大军挺进的故事。而今，它对我来说又多了一层含义，那层与我有过真实的、情感的、言语的肢体碰触的意义。我们乘高铁而行，在金寨停留，然后人生也开始了一段停留，我已经不想用人生的一个阶段去描述我这20天的行程，因为我觉得它太过美好，美好到我希望它是玻璃展柜里的一个陈列品，惊艳到只够让之后的剩余时光为它驻足而望。就是这样，世间美好往往只能让人瞻仰，可遇而不可求。在寂静的黑夜，在人潮汹涌的喧嚣闹市，我会想起我曾卧床而眠，想起那天格外亮的星，想起睡觉之前我喝了酒，像史湘云醉卧芍药丛，在梦中我踏上了开往命中净土的列车，一晌贪欢。又是一场梦里不知身是客的贪欢哪，然而我不是客，在那场梦里，我从来都不是客。梦，开始了。

你的名字　是一首诗

还记得第一次去家访是去的你家，至今我还记得奶奶温暖的笑。我一直很喜欢你，初见时，我是带有惊讶的，但克制了。可能是因为你的身体缺陷，所以我觉得你有一种骨子里透出的坚强，我去走近你，想和你成为朋友。平常和你玩耍，却玩不过你。你那双手真大，和你比手，我的手不知要小得多少。去“下路”（地名）最多，去你家也最多，我们都不会想好好做作业，都最是贪玩。记得一次回来，你的鞋坏了，我扶你穿鞋，不知原因，我突然有一种冲动，弯腰帮你去系鞋带，其实，我是很开心的。最是难忘你那双眼，满满的坚定，透过你的眼睛，像是看见了十几年的光阴一闪而过，让人动容。

真是何其有幸，让我遇到了你们这样一群难得的朋友，那一段段家访长长的路，我们相跟着走过；那一次次停电的时刻，我们一起流汗挨过；那些个夕阳余晖下的夜晚，广场舞响起；蚊虫乱飞的黑夜，最适合开会；夜渐黑时又未黑，最适合蹭网；当推人入水的刹那，我们齐心协力扬起水花，淋得个个满身湿透，好不痛快；最不愿去那个狭小的房间，洗澡洗菜洗衣服上厕所；最期待燥热的厨房中大厨端出的饭菜；最是还想再问你们一声谁喝粥吃饭；最是欣喜谁又耐不住口干舌燥去买了雪糕；桌上摆的零食最后也没有吃完；晚睡前的西瓜你还能撑下几块？去晾的衣服又缺了几个衣架？哪边的阳光最能把它晒干？楼下阶台，中午洗碗的阳光会不会让你晒黑？嘿！去蹚水啊，要不要穿短裤啊？嘿！你今天约谁洗澡？三个人会不会太挤？天哪！所有的一切都不奇怪，奇怪的是我竟无法用语言表达我的半分欣喜。

本来在漫长的时光里，我们行走在两个不同的世界，就像平行时空，或许不会有交集。但突有轨道，让我在你们的乐园来了一场过山车般的疯狂冒险。每一个人都不同，我不会说你们懂事，因为你们会吵闹，会哭泣，我不会说你们聪明，因为你们有很多的知识没了解，我不会说你们美丽，因为人人都有众生相。但，我最想说你们特别，是啊，在我所遇到的所有小孩中，你们最特别，特别当然是个褒义词啊，要知道，世人千万，有人聪明，有人富有，有人美艳，可特别的不多，因为彼此不相知。你们知道我最喜欢的话吗？“我认识她啊，她很特别。”我在太阳最毒的时候走过山路，一路上汽车轰鸣，清泉叮咚，鸟声婉转，还有我们的笑语欢声。我不怕热，不怕晒，因为上天有馈赠于我，这就够了。

备课、讲解、做饭、洗衣、聊天、谈笑，任一种，都是那么令人难忘，这是白天我们的理智。这个七月，最是让人无可奈何，因为花落，因为梦醒。我曾说，早知如此绊人心，何如当初莫相识？因为之前已经懂得，匆匆过客，不能赋予太多情感，否则只会剩自己一个人多愁，但是要离别时，还是会觉得有些东西不对劲，就是不对劲，我无法准确地形容这种感情，但直觉告诉我，这才是最真实最平淡的，不会在一开始就自然熟络，热情似火，也不会在离开时肝肠寸断，泪如雨下。从羞涩到熟悉再到最后像朋友一样不希望离开，我用最善良、最开朗、最耐心的一面去面对你们，希望带给你们以美好，最后意想不到的是，我得到了比我所给予的更多的东西，就像小王子的狐狸，当我看到满天繁星的时候，我想我会最念念不忘元冲最亮的星。因为爱，我们曾彼此遇见，你们给了我最幸福的一段回忆。

梦醒了，一个想装睡的人只恨演技太差，怕被看穿。只能再见，元冲；却望再见，元冲！

别离的笙箫

山间有萤虫
竹林有鸣蝉
当清凉河水淌过我的脚丫
有风呀
你听到了吗
嗨，你们来了啊
不，是我们要走了
官二曾说
人生若没有遗憾
那该多无趣啊
可我宁愿无趣
这场憾事太深
让我愁了又愁
那段家访长长的路
烈日炎炎，骄阳似火
是漫长，是艰辛，
如今坐车驰过
却更想它再久一点
好让我看清这座山
看清映在山林你们的眼
我以为只是萍水相逢
你们却赠我一场欢喜
我也以为离别不会哭泣
可眼泪却最不听话

梦里不知身是客
一晌贪欢
这场梦我做得开心
却偏是戛然而止
跨过石桥，席地而坐
抬头望向漫天繁星
你指给我银河
指给我最亮的星
但，你知道吗
亮的那个焦点是你啊
六点钟的鸡鸣唤我醒来
山间云雾缭绕
如果这一生就此安稳
我也是很开心了
你们都说我可爱
那我就可爱一辈子好了
纷繁的事情交给大人就好
我们只负责笑
这个七月
遇见你们
真是一场无以复加的恩赐
都说世间所有的相遇都是久别重逢
今日只是久别
重逢还在后头呢

授人以渔　任重道远

这次支农行动，从最初的迷茫惶恐到后来的自信笃定，再到最后收获时的自豪喜悦，这一切都离不开团队每个人的努力和汗水。实践虽短，但一路上的点点滴滴却让我难以忘怀。

对金寨县的印象停留在老支教队员的只言片语中，除了听说这里的风景钟灵毓秀，红色革命历史悠久外几乎没什么了解。初到金寨县，看到层峦叠嶂的山，我有点不知所措。短暂停留后，团队一行 9 人在孙发宇和周平的引领下顺利前往支农第一站——龚冲村。

得益于阳光协会十年的支教背景，老乡对我们不是很陌生，反而挺欢迎我们的。他们的热情，给我们后续工作的开展带来了很大的鼓励。抵达目的地时，阳光协会的小伙伴正在做饭，屋子里有一口土灶一口燃气灶，由于我们的到来，它们不得不同时开工来保证伙食供应。接连不断的降雨使得柴火十分潮湿，烧土灶的同学被熏得不断咳嗽，眼泪直流。想想他们平时在家里都应该是父母的宝，现在来这边什么都要靠自己的双手，除了心疼就是敬佩。感动之下，我也投入烧火做饭的大军中，为大家做了一个丝瓜蛋汤。

第二天午饭后休息片刻，我们按照制定好的计划找到村支书，拿了村里部分低保和五保户的名单，紧锣密鼓地展开我们的调研、推广工作。毛主席说得好，没有调查就没有发言权。调研结束我才后知后觉，这听起来很轻松的调查工作做起来真的不容易。龚冲村这种散点式分布的居住特点成为我们调查工作的首要拦路虎。除去一路探寻的艰辛不谈，体力消耗成为对我们很大的考验。从这家到那家，有时要走好几里的坡路，而且大多数贫困户都是远离好走的大路，蛰居在相当偏僻的山脚下，路途艰险，加上下午下起了大雨，我们一行人回到村支部时衣服鞋子都是湿的，而且按计划该完成的任务才完成五分之一。看着大家疲惫的面孔，我只能安慰大家并和大家讨论下一步工作该如何开展，内心却是十分焦急。

当晚回到住的地方，我们召开紧急会议，商讨明天如何高效开展工作以确保按时完成任务。分配完各自任务后我们各自回房休息，我查看了第二天的天气预报：中雨，心中又开始担忧。

“屋漏偏逢连夜雨，船迟又遇打头风”。也许这是老天故意给我们的考验，第二天集合的时候，有同学因为昨天的淋雨发烧了，本就沉重的任务变得更加艰巨。我只好安排一个同学陪她去医院，剩下六个人赶赴龚冲村进行调查推广。雨虽然越下越大，但这丝毫没有阻挡我们前进的脚步。用跋山涉水来形容我们队员今天的调查一点儿都不为过，由于第一天将村支部附近的贫困调查做完了，我们必须走到更远处去。而这也让我看到了以前只能在屏幕里看到的赤裸裸的贫困！

他家在山脚下，将村里的水泥路走完以后，还要徒步穿过将近2里的树林，道路蜿蜒曲折，一侧是几近90°的斜坡，另一侧就是山崖，我走着都很费力，他却憨厚的笑道，他平时就从这条路骑车下山，如此淡然仿佛讲的不是他自己，仿佛他平时走的是一条十几米宽的水泥路。访谈完他家以后我才重新认识了一贫如洗这个词。我木讷地走下山，内心受到巨大的震撼，很久才回过神来。

中午1点左右，我们6个队员才回到村支部，大雨也停了。统计了一下，上午我们做了15份调查问卷，下午就剩下6份，大家终于松了一口气。晚上回到住的地方，队员的烧也退了，一切都在往好的方向发展。

有了前两天的工作经验，后期元冲村的调查工作开展起来就相当的轻车熟路。晚上为了让村民真正了解我们这支支农队伍以及我们此行的目的，我们在村支部的帮助下，举办了一个文化广场宣讲会。前期的宣讲加上我们队员散发小册子介绍，让大家将我们与支教队伍区分开来，对我们有了新的认识。当我们讲到要用实实在在的栽培技术来提高茶叶产量时，一些村民激动地拉着我们队员的手提了很多茶叶方面的问题，我们的队员则将这些问题一一记下。还有一些村民拿着手机激动地喊："这个农天下软件真的对我提的问题进行了回答！"看到村民都主动找我们提问，愿意支持我们，我的心里也终于松了一口气，有一种莫名的成就感。结束时，村主任喊大家拍合照，拍完以后村长语重心长地对我们说："教育是脱贫的根本，要想富，只有把教育搞好，我们很欢迎你们来这里带给小孩子精神上的财富，也很感谢你们提供的农业技术，只有把知识学好了，才能真正地做好扶贫工作，只要明年你们能来我愿意自己贡献两桶油，一袋米作为对你们的支持！"我知道这番话是村主任的心里话，我也知道这个地方真的需要我们。

实践的时间虽然短暂，但是我们在实践中却成长了很多。我们学会了交流，学会了理解，学会了关心他人，更学会了团结。这对于我们来说不止是一次暑期实践，我觉得更像是一堂课，而这里的村民也教会了我们学校里学不到的东西，弥足珍贵。其实在调查的过程中，我的内心一直很压抑，当你看到这些贫困家庭所居住的山脚下简陋的土坯房，随时都有会被山上冲下来的泥石流吞噬的可能，我想这些村民不是不懂，而是为生活所迫。他们其实也想靠自己的双手来创造财富，奈何知识技术的缺失，疾病的困扰，地方产业支撑的匮乏，种种的种种，死死地缠住了他

“小小国旗班”迎朝阳，升国旗　田巧凤 摄

们奔往美好生活的步伐。此外贫富差距悬殊真的是一个实实在在的大问题，不只是在金寨县，我相信好多地方都存在。扶贫不只是送两桶油，送几袋米，他们需要的是渔，而不是鱼！扶贫这条路任重而道远！就像习总书记说的那样：要采取稳定脱贫措施，建立长效扶贫机制。这样才能从根本上实现先富带动后富。

再回首　不忘初心向前进

实践活动获得多家媒体关注报道，如中国青年报刊登的《用“接力”回应质疑与非议》，既展示了扬大学子高度的社会责任感，又体现了社会对贫困地区的关注度的不断提高。中华人民共和国国务院新闻办公室官网、共青团中央学校部等多家媒体的转载报道更是提升了我们努力坚持的决心，我们会再接再厉，将这条公益之路走得更远，继续坚持用我们的爱守护阳光。

（周立云　王亚玲　袁伟　文）

扶贫攻坚天不负　山水无情人有情

——浙江大学农学院 2016 年暑期社会实践纪实

2016 年的一个盛夏，祖国的北方、中原、西南、东南角出现了数支队伍。他们来自同一个地方，带着同一个目的，迈着同样坚定的步伐，踏上不同的土地。来自浙江大学农学院的 9 个小分队，184 名师生分流于精准扶贫、非物质文化遗产保护、PTPA 专项公益实践、一带一路关爱留守儿童等多个项目，奔赴于贵州台江、贵州威宁、贵州黄平、河南新县、山西石楼、江西上饶、江西吉安、

贵州台江县金秋梨调研　周秀琳 摄

重庆石柱和云南景东9个国家扶贫开发工作重点县，最终又汇聚成“青春触摸土地、先锋聚力扶贫”的主题。

这是一场始于热情，持于责任，恒于自觉的实践之旅，在党的奋斗目标的指引下，在对于农村全面脱贫农村快速发展的热切期待中，在浙江大学农学院优质资源与贯彻的社会责任意识的基础上，师生们用步履连接成一张挂住祖国四角细密的网。

这一张数百人编织的网，也是数百人接力般付诸心血的脉络，连通了这一带一路、浙大西迁路线上的万家农户。仿若持续而有力的心脏，不停地输送着最新鲜的血液。

宜未雨而绸缪　勿临渴而掘井

凡事预则立，不预则废。在农学院的高度重视下，充分体现了“兵马未动，粮草先行”的处事策略。浙大农学院于2016年6月3日举办了暑期社会实践启动仪式暨专题培训会，农学院党委书记赵建明、校团委社会实践指导中心主任吴维东等均出席了此次活动。而在此次活动前后，学院党委书记、学院院长等学院领导老师沥尽心血，为同学们的“出征”保驾护航，调动各方力量与资源，为同学们奏响一支雄浑高昂的入阵曲。

1. 领导有力　党团发力　实现为农大计的一盘棋

学院党委书记赵建明任社会实践工作领导小组组长，亲自召开了师生两场动员报告会，并亲自带领领导小组成员研究方案，设立阶段目标，做好项目五年规划与重点确定，并为实践活动的顺利开展创建了如指导教师的工作量认定、参与博士生的实践学分认定等多项支持保障机制。

赵建明书记亲自带队赴北京参与联合实践工作交流和洽谈，两赴贵州台江联系考察，确定社会实践主要内容和项目，多渠道筹措了20万专项经费保障实践活动的顺利开展。学院院长陈学新任专家顾问团团长，并亲自参加了8月的全国农科院校社会实践联盟的总结交流报告会。团委书记张颖任团队指导教师组联系人和执行小组负责人。

在学院领导们的牵线指引下，学院党委和校团委第一时间为活动铺设道路，与实践接收地单位进行了密切联系。赴台江小分队出行前，学院安排专业教师前往调研，洽谈项目的可行性，并邀请对方来杭建立广泛的联系与合作，为实践工作的顺利开展奠定了基础。

学院党委和团委先后修订了4稿实践工作方案，结合各接收单位的需求和意见建议，对我社会实践团的成员结构进行了创新和优化，提出了“技术专家—专职团干—农学院研究生—农学院本科生—其他学院学生”五组联合组队的模式，以保障团队技术指导、活动指导、实践带领、活动组织、跨专业支持等五方面力量构成，组建起素质高、能力强、业务精的高水平社会实践队伍，并联合卡特中心的指导老师制定了调研的方案。

2. 合纵连横 统一联动 强化扶贫支持

1次培训会、2次小分队负责人交流研讨会、3次顾问团会议、4次针对不同对象的动员大会、5个确定下来的实践方面（安全、宣传、新农村工作现状、支教工作经验以及如何开展社会调查），联合中国农大、西北农林科技大学农学院、南京农业大学农学院、华中农业大学植物科学技术学院等全国45个农业院校开展全国农科学子联合实践行动……每一个实践内容、每一个实践地点，背后都是学院倾尽人力所做的周全准备。

迈出象牙塔的实践，自然也有着迈出象牙塔的筹划。在筹备期间对于社会资源的引用，也可谓是亮眼瞩目。学院联合了企业彬康种业开展良种良稻的推广和栽种技术培训和彩稻田项目的应用；联系了新农都中心和景致田园的网上销售平台，开展农产品电子商务方面的设计和对接；联系了中国农大的“农天下”APP为农户提供长期交流与技术咨询的平台；联系了电力局和相关企业，以开展新农村绿色电力平台的应用……得到了来自社会上各方力量的支持，学生们的此次征程，也有了更加扎实的底气。

路过山 路过水 路过人间

1. 走遍山水 历经人生

我们踏上的是一片贫穷但又充满希望的土地，遇见的是平凡但又并不平淡的人，我们所做的并不是伟大而被铭记的事，却将希望的种子播撒在这崎岖的山麓与沟壑中。

山西石楼，总人口12万，其中贫困人口就有3.6万。石楼穷，是所有人心照不宣的现实。这个地处吕梁山西麓、黄河东岸的山区小县不仅经济欠发达，生态也十分脆弱。同学们穿行在蜿蜒的崎岖山路上，攀爬着层层叠叠的沟壑梯田。山高水不长，沟深石头多，地形破碎不宜种植。一些贫困户的生活也如同这片贫瘠的土地，拔穷根，似乎并不容易。实践队伍遵循“精准帮扶、长期相助”的理念，对于这个穷根，也有着不屈不挠的探究精神。山西石楼实践队走访调研石楼县周边乡镇的贫困农户，了解贫困第一手信息，聆听底层农民的心声，认真记录村民的诉求与心声。底层人民面临的生活困境，正是扶贫工作的核心。而为了达到精准扶贫的目的，各队在与农户结对的基础上，细致调查了农户的人员组成、健康状况、教育背景、收入来源等具体信息。充分了解，才是扶贫工作完善进行的关键。

贫困的表现大多相同，而贫困的原因与解决方式却大多不同。从贵州台江的苗寨村落、中国楠木第一乡——台江县登鲁村和桃源村，到江西上饶的稻谷之地，再到云南景东的茶园……每一支分队都一对一走访贫困户，了解精准扶贫政策的实施情况。同时走访贫困农户，对当地的地域情况、基础设施与社会服务、人口与劳动力、卫生医疗、扶贫资源的获取等方面做了详细的记录。

我们踏遍的土地，孕育着不一样的风景，不一样的人。探寻这片土地发展的最好方式，无疑是去了解生长于斯的人们。走进这些农户们的生活，倾听他们的人生故事。这片土地承载的聚散离合，世事变迁，从他们的口中缓缓道出。

有功成名就——励精图治走出大山，引进先进的理念与技术，带领全村人民脱贫致富；有跌宕起伏——曾一心求变，欲执当地经济发展之牛耳，却因天灾人祸多方阻挠，最终重新沦为平庸；也有功败垂成——被家庭与疾病的牵绊一点点浇灭了奋斗的热血，或是因信息与思维的局限有意无意地拒绝新事物带来的未知。他人之悲欢离合，他人之喜怒哀乐，在队员们真挚的笔下变得鲜活而又清晰。

2. 让作物散发着科技与智慧的光芒

苗疆腹地苗疆果，金秋时节金秋梨。在贵州台江，实践团们走访了当地支柱产业金秋梨种植基地。

在打革坝，我们见到了金秋梨种植大户李先福，随后也在台雄考察了金秋梨种植基地。在种植、产量、销量等多个方面，金秋梨的表现喜人。成员们继续来到生物科技公司考察台江水果深加工产业，并在当地倾听了农业局对于地区整体金秋梨发展情况的报告会，从而有了较为宏观的认识。就这样，从种植、果实售卖、果实再加工等这一链条摸索，实践团成员们对于金秋梨发展实况有了确切全面的了解。

尽管数据可圈可点，但仍旧不能忽视金秋梨这一支柱仍存在的隐患。深处苗疆腹地，外界沟通不畅，技术、管理、宣传上存在着较多疏漏。实践团队为当地农业发展带来硕果——利用学科特长，结合前期研究成果，并积极帮助拓宽宣传途径，为当地农业注入现代化科技与专业性知识的汩汩能量。同时，实践团在台江当地推广早熟梨品种，弥补当地种植品种单一化的缺陷，增强当地果业经济的多元性。

金秋梨的发展状况不是个例，在此次农学院的社会实践中，当地贫困县都普遍存在着相似的作物种植问题。在贵州威宁，实践团实地考察当地涉农产业发展情况、地理位置与气候情况，分析当地农业的优劣势，结合自身所学，就当地病虫害问题提出了初步解决办法；在山西石楼，实践团走访泊河实践基地，深入了解经营模式，参观长荣蘑菇基地，切实提出改进意见，前往畜牧业公司，认真开展帮扶工作，全方位了解石楼县第一产业发展；在江西上饶，实践队参观灵山蓝莓基地和绿丰生态庄园，了解产业扶贫成果；在云南景东和福建寿宁，实践队调研了九岭红茶业、东泰茶业等茶叶企业，切实了解寿宁县的茶业产业发展状况，在小东村和西浦村领略廊桥美景的同时，提出将茶文化纳入旅游开发以推进旅游扶贫的建议。

这已经不是面朝黄土背朝天，不问世情埋头种植的年代，抬起头，向远处眺望，有更加先进的种植技术与销售方式。浙江大学农学院实践团成员们，满载着专业知识与建议而来，期许着让万亩作物，闪烁着科技与智慧的光芒。

3. 扶贫　我们有“巧劲”

在城市电商产业如火如荼的发展趋势影响下，农村的经济发展也不能掉队。一些地区的特色农业产品受到当地人的欢迎，有了电商的渠道，也就有了广阔的销售平台。

在贵州黄平，实践团联系了多个农村淘宝人、黄平县村淘负责人、村民、物流人员，从农村淘宝人生活满意度调研问卷的结果分析和对农村淘宝人典型案例的刻画这两个维度，描述了服务站的运营现状，以小见大地分析了阻碍服务站甚至阻碍黄平村淘发展的问题，并尝试给出突破与发展对策，助力黄平农村电商发展，为其他地区的农村电商发展提供参考。

农学院实践团所到之地，大自然为当地的经济发展提供了挑战的同时，也创造了山水民族风情。千年风景与独特民族景观，无疑是为百年民族扶贫大计另辟蹊径。旅游扶贫，已经成为了扶贫攻坚战中不可忽视的力量。重庆石柱实践团结合当地“一园”（黄水国家森林公园）、“一场”（千野草场）、“一街”（西沱土家风情街）、“一人”（巾帼英雄秦良玉）的原有发展布局，充分认识到新三峡环湖游给石柱旅游业带来的良好机遇，整合周边小众却精致的旅游景点，为当地设计了集三峡库区融休闲观光、民俗欣赏和购物娱乐于一体的民族、生态旅游路线。贵州台江实践团通过对台江自然、人文风情的采集，意识到黔东南风貌及少数民族文化是当地旅游发展的最佳着力点，整合现代观光农业园、原始苗寨村落、红阳万亩草场等尚未完全开发却极具潜力的自然风景区，设计了一条不受时间限制的旅游路线，打破了当地旅游业季节性较强的壁垒。

4. 我把你们当作我的孩子看待

大山沟壑，高原黄土，经济落后，地区闭塞，是横亘在教育事业上令人望而生畏的天障，却也有无数人前仆后继，坚定留守，胜天半步。

在成员们密密麻麻情深意切的记录中，投身于乡村教育事业中的几位教师以及家境贫寒的学生们的故事令人动容。李传功是河南省新县南冲村小学的校长，十几年来一如既往地坚守这个大山里的小学。他自幼患小儿麻痹症，左腿残疾，前几年又患上了鼻咽癌。也曾有人过来尝试来接替他的工作，但是都被这座小学的困境吓退，只有他十几年来如一日地守护着这些孩子们。

村里经济状况困窘，教师资源缺乏，李传功就身兼数职，又当校长又当任课教师。对于更多的孩子们来说，长久陪伴他们的李老师更如父亲般关怀备至。他熟悉村里的每一个孩子，对于实践团此次的到来，尽管是萍水相逢，但同学们为了村里教育而来，他给予了我们最真挚热情的帮助与关怀。问心无愧，是他对自己，对村里教育描述时最常提的词。“我对村里的孩子们，都像是自己的孩子。对你们也是，把你们当作我的大孩子来看待。”在没有空调炎热无比的教师宿舍里，这位腿脚不便的老校长说道。

贵州威宁明德小学支教　赵宁 摄

翻越几个山头长途跋涉的学生们、留守村中仍要工作抚养孩子们的老妪、顽劣调皮父母无心关照的留守学生……实践团成员们来到每一处主流教育体系缺失的角落，竭尽全力点燃星星之火。贵州黄平的教室里，面对简陋的设施，狭小的空间，众多的学生，实践团成员一个个都争当最好的老师，年轻的手往黑板上一指，点亮的是孩子们未来的梦；浙江温岭的老年中心，实践团和留守儿童一起，为对面颤颤巍巍的老人唱上一首歌，用行动教育孩子们，没有父母长期的陪伴，你们也不孤单，你们甚至可以驱赶走别人的孤单；贵州威宁的乡村里，实践团开展帮扶支教讲座，告诉孩子们未来的无限可能，鼓励孩子们积极向学。夏令营、打造网上支教精品课堂网站、建立网上上课基础设备、开展组织结对工作、联系媒体面向社会大众开展众筹…… 在这一处处被上帝痛吻过的山区高原，实践团的成员们种下星星之火，总有一天，终成燎原之势。

千淘万漉　硕果累累

千淘万漉虽辛苦，吹尽黄沙始到金。农学院各实践团成员挥洒的每一滴汗水，走访过的每一户人家，触碰过的每一片枝叶，踩踏过的每一片土壤，播种下的每一分希望，都彰显着竺可桢校长曾经说过“公忠坚毅，能担当大任，主持风气，转移国运”的责任担当与公益精神。最终，形成了精准扶贫案例集、农民故事、实践图册、调研论文等十二项实践成果，多项实践活动得到了当地政府部门的参考采纳，实践成果得到社会的广泛关注。

1. 记录你的人生　改变你我的世界

呕心沥血的“新农村访谈实录”，是各实践队成员与当地农民一对一结对完成农户访谈和建档的成果。对农民家庭情况、特色农村文化与特色产品、政府政策的惠及程度、需求与规划进行大量细致的记录与探讨。

种植大户、养殖达人、新潮茶人、低保困境、山民绝境、留守教育……最平凡之人身上不平凡的故事，得以窥见人间百态。广泛接触、深入了解，在一家又一家的接触访谈后，实践团最终筛选、汇编成由 23 篇典型故事组成的农民故事集。

尽管有着那沉重而无言的事实，有心酸，有无力，但仍旧有着感动和温暖。虽不是轰轰烈烈大富大贵，但是基层工作人员兢兢业业的数十载工作经历，普通农民在小康道路上的不懈努力，仍旧让我们看到在逆境中的蓬勃生长的希望。

一部精准扶贫图册，收录了实践调研中的各种生活与活动照片。最为直观、生动地记录 2016 年暑假这样一个团队为农民、为农村、为社会付出的努力，也为后人留下了宝贵的扶贫经验。

实践团记录农户们的人生，这些宝贵的体验也改变了实践团成员们以及千里之外人们的认知。

农村的真实模样，农户们的真正诉求，农业的真正趋势与问题，不加任何遮掩地呈现在学生们面前。学生们意识到了农业科技的重要性，认清了自己肩上担子的沉重，更加坚定了响应国家脱贫攻坚战略，尽自己绵薄之力回馈社会的信念。实践结束后，收集到的学生所作“实践心声”实践感悟集，得到了广泛的宣传与阅读。“农村印象”视频的录制、开通的网上直播，都是用最真实的镜头还原出最朴实的农村生活。成员们挑选直播视频中的精彩片段进行剪辑，形成的“新农村印象视频集”，是最直观、最真实的成果体现。

文以载道，影像以传观感。千里之外的学生们没有翻越千山万水，却也被这远方未知土地上同学们的努力所触动，这是最优秀、最潜移默化、最令人动容的教育。

2. 漫漫扶贫路　吾将上下而求索

扶贫之路，是百年难题。艰辛苦涩，个中人最能知晓。实践团成员动用智囊，为当地政府建言献策，获得了一致好评。实践团大量开展基础调查研究，通过问卷和访谈调研，深入探索当地情况。各实践小队在选定帮扶对象的贫困户后，对该户的家庭劳力、农业生产状态和收入等做充分细致地沟通和调研，帮助贫困户找准问题，在实践过程中通过小组讨论，并在带队老师或者校内指导老师的协助下，形成该户的支农增收方案，探索长期帮扶机制的建设。共计提交调研论文 10 篇，其中选取优秀论文 4 篇汇总成册，团队完成总调研报告讨论稿 1 篇。

当地县情、致贫原因、脱贫方法、个人分析……9 份细致翔实的案例分析汇集了实践团成员们的分析和对策建议。实践团将个体案例汇编成集，通过对个体案例的分析总结出当地的贫困之殇与解决方案，最后制成书籍。书中丰富多角度的交流对话内容以及图文并茂，为接下来的扶贫工作夯实了基础。

在成员们的结果呈现中，旅游脱贫与农业电子商务可谓是重中之重。各实践队伍结合当地特色开展了最美农产品选品和最美旅游线路规划工作，并对接中国电商协会进行推广。农学院赴江西浮梁社会实践团完成了江西浮梁礼芳村旅游规划效果图，这一规划让当地政府赞不绝口。结合互联网的浪潮，实践团认识到农业电子商务是“互联网+”现代农业的重要内容，是转变农业发展方式的重要手段，是精准扶贫的重要载体。农业和电商的合作，是精准扶贫工作中的亮点和特色。

3. 春风十里　无冕嘉奖

壮不登高山，不知山之高；不临深溪，不知地之厚。浙大农学院的暑期实践团“登高山，临深溪，献社会，忧天下”的行动吸引了媒体各界的广泛关注，得到了强大的支持。据统计，本次暑期实践活动在校外媒体上报道 18 次，其中相关报道在国家级报刊上发表 14 次。浙江大学农学院赴山西石楼、贵州威宁、云南景东、贵州台江等团队的心血记录不仅得到了学校的充分认可，也得到了社会的广泛赞誉。共青团中央学校部公众微信号转载了团队的社会实践成果，点赞求是学子的报国热情和精准扶贫模式；中国乡村发现网对赴陕西省石楼县社会实践团、赴云南景东社会实践团、赴贵州威宁社会实践团等团队的实践情况进行了连续报道，赞赏农学院实践团队为大学生深入三农、深入西部、深入基层做出的优秀表率，赴贵州威宁社会实践团同时也得到了威宁每日新闻的报道。实践团队制作的实践视频也被广泛传播，引发了同学们的强烈共鸣。

在9月25日的农学院社会实践表彰大会上，23支队伍齐聚一堂，共同分享实践成果。学院表彰了2016年社会实践院级十佳团队，十佳个人，以及优秀新闻稿、优秀摄影作品等单项奖项。在2016年10月，学院计划组织农学院社会实践成果展。在2017年4月春季博览会上组织“新农村印象图册”和“实践心声”展览。一切都表明，这是一场薪火相传的事业，下一代人，也将奔赴在这百年大计之路上。

贵州的山，依旧高耸而陡峭；云南的水，依旧清冷而微澜。江南的稻谷成熟了，中原的麦穗随风飘动。每天依旧有少年跋涉在崎岖的求学路上，也依旧有农户叹息着生活多艰。扶贫，是一场未竟之宜，需要千秋的时光与万人的心力。而我们的努力，足以星火燎原。

（张颖　方俊　游睿杰　文）

华中大地

深入乡野，本身即是挑战。在这堂主题为认知与助力的社会大课堂上，解决问题的过程总令我们欢呼。

伴随着政策的落地，越来越多优秀的年轻人来到农村，在这片土地上轰轰烈烈地迎难而上，摸着石头过河，探索出产业经营的新路，构建出中国式的扶贫伦理。

殊途同归，艰苦的背后，看得到希望。

那段静默时光

——记长江大学农学院2016年暑期社会实践活动

如果你是水中的鱼儿，不妨畅游于更加浩瀚的大海。

如果你是空中的雄鹰，不妨翱翔在更加广阔的天空。

时间是漫长的，亦是短暂的。经历时，有一种艰辛；回望时，又有一种惆怅。人生总是有那么一段等待着我们的静默空白时光，而那些正是我们白驹过隙般荡漾的青春。

启动仪式　庄易 摄

裴斯泰洛齐曾说："实践和行动是人生的基本任务；学问和知识不过是手段、方法，通过这些才能做好主要工作。所以，人生必须具备的知识应该按实践和行动的需要来决定。"

2016年8月，为响应共青团中央及全国农学院协同发展联盟倡议，长江大学农学院立足实际，切入社会热点，以"走进乡土乡村，助力精准扶贫"为主题，组建了暑期社会实践小队。8月15日，小队十余人踏上了前往宜昌市兴山县水月寺镇郑家淌村的扶贫调研之路，深入大山，清新的空气，绵延的山路，颇有"山路十八弯"的韵味。

山村初遇的美好

古人说，山不在高，有仙则名；水不在深，有龙则灵。而我要说的既不是名山大川，也不是什么江海湖泽，而是那个山清水秀的地方——湖北省宜昌市兴山县水月寺镇郑家淌村。

郑家淌村这个村庄群山环绕，像父亲的身躯那样伟岸，背影那样深沉。在十余天的走访调查中不知道见过和攀爬了多少各异的山峰，无一不被它的奇秀伟岸所撼动，为它的旖旎风光深深陶醉。山上生长着各种各样的植被，青树、苔藓、花草、野果树、矮小的蕨类植物等，给大山穿上了最美的衣服。由于特殊的气候与土壤，使得这些覆盖山林的植被垂直分布，远远看上去是一层绿纱，这是生命的颜色，走近它们你会发现精彩纷呈。在走访期间，不时会看见一汪不起眼的泉水，我们时常会像当地村民一样，捧起来就喝。水的味道很甜，甜到沁人心脾，而且很凉，尤其是在炎热的夏天，只喝上一口，就有一股凉意直上脑门，就像冰激凌吃急了的那种感觉。每一天，都有人来此取水，每一天，水都静静地流着，实实在在，默默无闻。

村庄的山水养育了善良勤劳的村民，他们每天辛勤劳作，日出而作，日落而息，他们一年四季都在土地上辛勤地耕种着。每家都有自己的菜园子，种着各种蔬菜。清晨，第一声叫醒我们的不是闹钟，也不是马路上的车流声！而是"一唱天下白"的雄鸡！淡淡的雾霭中弥散着袅袅升起的炊烟，鲜红的太阳慢慢地从那田边的麦梢上笑着露出了脸，一天就从这里开始了。

远望去，田间有个佝偻的背影，一个农民伯伯挥着锄头，耕牛应声放快脚步；田垄上，光着脚丫的小孩在嬉戏着，嬉笑声隐隐飘向山谷。他的头上戴着一个头巾，眉毛又长又黑，眼睛有点小，在太阳的照射下眯成了一条缝，大大的鼻子，长长的胡子，身着短袖，脖子上挂着一条毛巾，热了用它擦擦汗。在田地，他锄了很多草，头上已是满头大汗……夕阳停落在山头那边，似乎在催促翻田耕地的农民伯伯该收拾犁具了，耕牛以一种近乎乞求的扭头方式苍白地倾诉着疲惫不堪，农民伯伯伸直腰杆，擦干顺势滑下的汗水，望了望远山日头落下的几缕余晖，看了看村头屋顶冒出的炊烟，耕牛低沉着头。此刻，二者的呼吸几乎是同步的。

夜幕徐徐降临，晚霞渐渐隐去。盛夏的农舍内十分闷热，将辛劳了一天的农人“驱赶”出屋子，男人们端着茶壶，拿着香烟、小凳子，摆在大树下，三三两两坐在一起借着月光呷下一口浓浓的茶水，手里的扇子悠然地扇着，或点燃一支香烟，在吞云吐雾中缓解一下疲惫的身躯。女人们迅速地收拾停当，加入各自围成的人堆，谈论着不同的话题，有说有笑，轻松愉快，似乎已经忘记了一天的疲惫。

这里的人睡得早，灯熄后，只听得见虫子、青蛙等的声音。没有城市里眩目的路灯和嘈杂的喇叭声，夜色如同宣纸上流淌的水墨，星星在天幕间出奇的亮。凉风在村庄里涌动着，带走了夏日难耐的燥热，这个夜因此显得无比清凉。不需要用扇子，更不需要用电风扇。凉风从敞开的窗户流进屋里，深吸一口气，肺腑间竟有村里井水的甘甜清爽，小孩子止住了哭啼，大人们很快舒舒服服地入睡了。如此宁静的夜晚，那浅草里的虫鸣和偶尔的犬吠，不会打破这美的氛围，反而给人一种“蝉噪林愈静，鸟鸣山更幽”的感觉。

蓝天、白云、青山、绿水——这里人民的淳朴、厚实，这里有浓厚的文化底蕴和人文气息。这里的一切都是那么的自然，那么的美好。虽然没有大城市的繁华与热闹，却有一番别样的宁静，是这个村庄给我们留下的深刻印象。我们走遍了整个郑家淌村，漫山遍野的树，偶尔传来的几声鸟鸣，远远望去犹如一片人间仙境。未去之前就听说“三下乡”的生活条件会非常的艰苦，但是，我们是非常幸运的，所去乡镇的领导以及村民对我们都特别热情，也许正是这份满满的热情，让我们忘记了艰苦忘记了汗水，在这里，我们与农户同吃、同住、同劳作。

走进乡土乡村，感受农耕文明跳动的脉搏，感受中国最浑厚的呐喊，感受那片土地的厚重，感受那片土地浸润的血汗，感受中国农民最纯朴的执著与坚忍，感受中国农民所经历的苦痛与无奈。在这里，我们本着“实事求是、潜心调研、精细分析”的原则，以实际行动服务于国家脱贫攻坚战略发展，以专业技能奉献于社会亟待解决的困惑难题，即便只是微微萤火，相信当我们汇聚在一起，也可堪比皓月之光。

现状簇满了苦涩

初以为，乡村便是童话的乐园。它褪去了城市的浮华，洗尽了尘世的繁杂。它是梵高画布上的阿尔，有明镜般纯粹的蓝天，有油彩般绚烂的花海，那金黄的向日葵在阳光的哺育下长出希望的种子；它是陶潜诗中的田园，在雾气迷蒙中演绎着仙侣的故事，斜斜的日光轻洒，便是悠然游然。可那只是诗中画中的乡村，当我们真正地走进乡村，用心去感知乡村，便会发现，我们的乡村在经历着贫困，村民的生活正面临着困难。只有当我们真正地走进了乡村之间，才能真实地去体会，才会有不可名状的酸楚在心里萌发长大，时间过了许久，依旧历历在目。

到达目的地后，我们在郑家淌村村委会召开了启动仪式，仪式上，刘金科书记对本次活动的背景、目的进行了讲解，提出了“三走进三学习”的要求，鼓励我们要找准扶贫工作的切入点，走进乡村、走进田间，学习地方工作经验和方式方法；并要求我们与农户同吃同住同劳作，做好形象使者，传递长大精神。随即，我们十人分成了五个小组，陆续入住到村里各组农户家，我们走访各个贫困户以及有特殊情况的非贫困户，进行调查了解，并协助村干部完成贫困户档案的整理。在与他们交流的过程中，了解到造成贫困的原因有很多，村庄地处山区，优良土地较少，较多处于坡地，无法较好地耕种，水资源缺乏，无法耕种水稻。每天吃的大米均需要购买，主要种植的作物是玉米，但其经济价值较低，没有多大效益，同时交通不便，即使种植其他有较大经济效益的作物也没有好的销路。长期以来，教育较为落后，受教育机会有限，普遍文化素质不高。村民分布比较分散，医疗卫生条件落后。

村中一条窄窄的小路崎岖无比，两边是深沟险壑，只要一不留神，就有可能掉下深谷。犹记得第一次去简奶奶家的情景，走过长长的“马路”，在一个转弯处有着一条窄窄的驶向山下的小路，这条路胜似悬崖，如果不是亲眼所见，根本无法想象这条小路是老人几十年来活动的必经之路。一座孤零零的土坯房，有一百多年历史，十分偏僻，在林中被重重大山包围，仿佛与世隔绝。一进屋里，有一个专门洗衣服的天井，右手边就是房屋。来到了窄小的房屋，只看见一台破烂不堪的电视机和一张桌子和几把椅子在里面，真是简陋极了，不禁鼻子一酸。家中只有两位老人，老人的两个女儿出嫁了，各自的家庭也很困难，很难顾及到两位老人。老爷爷疾病缠身，无法干活劳作，奶奶讲到父母在她很小的时候就去世了，靠政府与村里人养活她，奶奶不久前做过切除胆囊的大手术，现在仍患有高血压与脊椎病，身体比较虚弱。两位老人年迈多病，无法劳动，家庭根本无任何收入。老人很自然地跟我们讲述几十年来的生活，越听心里越不是滋味，曾经以为这样的生活或许只存在于电视或小说中，然而奶奶是一脸乐观，笑着对我们说：她小时候靠毛主席养活，现在又有习大大来帮她，她很幸运，国家扶贫政策非常好，自己无法脱贫的原因是两口子年迈，无法从事劳力活，也就没有能力完成脱贫任务，但很感谢国家对她的帮助。

“羊有跪乳之情，鸦有反哺之义”。人也应有尽孝之念，莫等到欲尽孝而亲不在，终留下人生的一大遗憾。当见到这一场景时，我不禁眼角泛起泪花。在我们眼前的是一位 76 岁的老爷爷，一个人独自生活，患有风湿、腰间盘突出、帕金森综合征，双腿几乎不能走路，双手连平时吃饭都比较困难，家里是破旧的土坯危房，家徒四壁。老人家里情况有些特殊，在 1985 年大儿子刚结婚没一年就闹分家，还把老人打得住院，老人还把当时村干部写的调解书给我们看了。老人的妻子 1993 年过世，到现在大儿子一家人都没给予老人任何关心，一分钱也没给他，老人的一些山林和耕地都被儿子占用。老人的房子与大儿子相连，家里电线是一条线路，他大儿子每月还要他出 15 元的电费。小儿子是作为过门女婿出去的，身体也不怎么好，腿中风，患有胆结石和高血压，家里有两个老人要赡养，还有两个儿子在读书，一个读初中，一个在上小学。在平时生活上，小儿子跟嫁出去的女儿只能给予他一些食物和生活用品。老人说他这几十年过年都是一个人，现在，身体彻底不行了。在交谈过程中老人泪流满面，老人说到国家政策好，这些年生活全靠政府救济，现在人老了，给国家添负担了。

满天繁星的夜晚，在这小村子里，偶尔一两条狗出来溜达，人们在家里休息，或几人在大门口乘着凉、聊着天。那天晚上，在所居住的阿姨家门口，我惊奇地发现一个小孩在昏黄的灯光下认真看书。我好奇地走过去，我问他："为什么不在家里看书啊？"他叹气道："家里交不起电费，停电了。"我沉思了一下，又问："明天早上再看不行吗？"他说："明天还要干许多家务，我要抓紧时间学习呢。"小孩家就在不远处，父亲残疾，母亲在山下镇上做着零时工，小孩每周要走几个小时的山路上学。我不禁陷入深思，我看着他的脸，仿佛就像天上的一颗最闪亮星星。我想起这样一句话："燕雀安知鸿鹄之志！"他不向命运屈服，在逆境中奋进，使生命活得更加光彩有力。而我们身边或许多人每天都茫然地生活着，没有方向，没有目标。

"纸上得来终觉浅，绝知此事要躬行。"也许，有些时候只有我们亲身经历，才会有不一样的感受。在短短十余天的实践活动中，汗水淋湿了我们的衣裤，泪水模糊了我们的眼睛。但我们选择了坚持走在社会实践的道路上，甘苦与共，风雨同舟。一个人的声音难免势单力薄，一群人的声音就具有了影响力，一个整体的声音则会像钟鸣一样经久不息。

"路漫漫其修远兮，吾将上下而求索"。不忘初心，砥砺前进，前方纵有艰难险阻，我们也要披荆斩棘，向上看齐、向下用力，为他们带去信心，帮他们树立战胜困难、走出贫困的信念。唯有坚定信心，才能攻坚克难。

岁月不负好时光

我们因为拥有相同的梦想，怀揣着同一个目标而相聚于郑家淌村，我们分工合作、心手相连，我们凝聚力量携手相行。我们深知：一个优秀的团队与其中每一个成员息息相关，大家必须团结协作，共克难关，才能取得最后的胜利。

"吾尝终日不食，终夜不寝，以思，无益，不如学也。"这是论语中的一句话，说的是一个人整夜不食不寝去思考钻研一个问题，没有什么好处，不如亲自去学习研究。实践的过程是每个人都要经历的必经之路，在这个路上，你不再是个孩子，而是在锻炼，在成长，跌跌撞撞，且歌且行。青春的光阴留给我们更多的是奋进的号角与激昂的乐谱，也许每天拖着疲惫不堪的身子回来，也许每天都要为了完成当天的任务而焦头烂额，也许每天都要为了明日的采访做着准备，但我们是快乐的。

每家都有一本难念的经，每个贫困户的情况都不一样，有缺少劳力导致家庭贫困的，有体弱多病导致家庭贫困的，也有子女上学负担重的，但是每去一户家里人几乎都会热情款待，为了更加了解这户人家，我们都会询问一些比较深入的问题，村民们也十分热情地回答。我每走一个贫困户，就对郑家淌村多了一些了解，才真正知道还有许许多多的同胞们需要脱贫，走出困境。习近平总书记说要在 2020 年全面建成小康社会，让中国所有人进入小康生活。这是他向中国人民做出的保证，也是向世界做出的保证。我有幸能够为扶贫事业做出贡献，同时感到自己身上肩负的担子也是十分重的。山路不好走，山中不同于平原，每一户与每一户之间都隔很远，所以每去一户人家都是十分不易的。去村委会得早起，趁太阳不大时走一个半小时山路才能到达，每次回来腿都会酸，这使我更能体会到村民们想走出大山实属不易。

在做扶贫帮困工作时，做好物质上的扶贫同时更重要的事是做好思想扶贫，生活困难的人在压力面前总是处在低谷阶段，他们相当一部分人认为，自己命中注定要受穷，再怎么努力也没用，有了这种思想，他们失去了自立自强的精神，缺少雄心壮志和苦干创业精神。想要帮助他们，首先应该让他们从思想上站立起来，鼓励他们克服困难、战胜困难，比如聘请专业技术人才到贫困户土地里进行现场技术指导培训，帮助他们增产增收。这样，他们用自己辛勤的劳动换来的丰硕果实会带给他们更大的幸福感，并且会对未来充满信心。

悄悄地我走了，正如我悄悄地来，短短十天，想去回忆得太多太多了。十天，如白驹过隙，“三下乡”的到来恍如就在昨天；十天，时间固然不长，但回忆总是让人依依不舍；十天，我们留下了汗水，收获了欢笑与喜悦。活动结束后的我们留下希冀、带上祝愿，踏上新的征途。世上最难忘的就是那朝夕相处，一同挥汗，一起欢笑的人儿，还有这如诗般的土地。

一分付出，一分收获。有付出，就一定会有收获。不知不觉长江大学农学院 2016 年“走进乡土乡村，助力精准扶贫”暑期社会实践活动已经过去许久。但是，服务农村、服务社会的旅程却没有终点。这十天有欢乐、有汗水、有感动、有收获，相信这个暑假对所有队员来说都是意义深刻的。

这次活动把我们从理想社会拉回了现实，让我们看到了自己的各种不足，包括知识储备、涉世经验等。我们学到在书本中学不到的知识，它让我们开阔视

走访贫困户　庄易 摄

野，了解社会，深入生活，无限回味。更何况参加社会实践活动的过程本身就是一笔宝贵的财富。作为一名农学学子，我们定当记住院训“学农爱农，服务三农”，现在努力学好专业知识，服务农民、农业、农村。与此同时，我们做得可能还是有所欠缺的，但是有经验、有教训才是一个真正意义上的完全实践。不论如何，这都是一次非常有益的活动，使我们在学校要更加学好理论知识将来利用于实践当中去，使我们将来能为社会做更大的贡献！固然此次“三下乡”社会实践活动画上了美满的句号，但精准扶贫未来的路还很长，精准扶贫的工作也将一如既往地开展下去。

那段静默时光，每一个画面都是我们珍藏在记忆深处的美好，每一种美好都被村民的笑容渲染，被赋予了一种特殊的力量。

忘不了学校及学校老师对我们的带领与悉心照顾。

忘不了那漫山遍野的玉米，忘不了那随风而动的悠悠清香草。

忘不了所居住的农户家每天如自家孩子般无微不至的照顾，以及每餐丰富可口的饭菜。

忘不了我们十个人在一起整理档案时的汗水与欢声笑语，即使有时路途艰辛。

忘不了我们在走访过程中所遇见的一幕幕让人眼角泛起泪花的苦难或感动。

（尹小华　文）

心存善念　力行善事

——2016 年河南科技学院生命科技学院社会实践纪实

感悟社会实践

时光的车轮不知疲倦地向前滚动，我们的回忆也在时光的滚动中与时间融为一体，2016 年暑期河南科技学院生命科技学院“三下乡”社会实践的剪影在时光的映衬下熠熠生辉，这是生命科技学院的骄傲，也是我们的青春。

在刚过去的 2016 年，全国农学院协同发展联盟发起了以“走进乡土乡村，助力精准扶贫”为主题的全国联合实践行动，针对此次行动，河南科技学院生命科技学院共派出 2 支队伍共 22 人，分别前往封丘县中孟村与驻马店市泌阳县王店镇进行贫困户扶贫活动与偏远地区贫困留守儿童爱心支教活动。新乡市的大雨之后，我们用了半个月的时间，给那些需要帮助的贫困户以及留守儿童带去了小小心意，用我们微薄的力量，给他们带去了一些我们发自内心的关爱。

“国以民为先，民以食为天。”农为天下之本，作为农科学子，必须亲身进行实践才能理解农业发展的一些问题。正处于青春的我们，在父母的庇护之下犹如温室里的花朵，不能理解那生长于野外饱受风霜雨雪磨难的野花，此次实践，让我们能够深入地接触到在社会中那些依旧在为吃饱饭而担忧的贫困群体，使我们成长许多，也让我们更加深入地认识到了社会现实。

从新乡市到封丘县中孟村，从新乡市到泌阳县王店镇，我们用青春丈量着我们的脚步，用热情表达我们的善意，在农民需要我们，农村需要我们的时候，作为一名农科学子，我们就应该贡献出自己的力量，用自己的力量，去给国家的“科技扶贫”事业增砖添瓦。

温情自在于乡村

即便是过去了这么久，每每回到农村，我还是会想起在封丘县进行社会实践的那个夏天。一群人在炎炎烈日下，背着背包，前往新乡市封丘县中孟村进行暑期社会实践科技支农活动。我们十二个人，前往封丘县贫困村中孟村对该村的18户贫困户进行调查，实地考察了该村18户贫困户的60多亩耕地，深入了解了贫困户的收入来源，用了接近半个月的时间考察，在新乡的暴雨之后，用我们的微薄力量，给贫困户送去温暖。

2016年7月9日凌晨，一场暴雨袭击新乡，半人深的积水不仅困住了同学们暑假回家的步伐，也让我们实践团队的日程一拖再拖，实践队员们原本激动的心情也被这场突如其来的暴雨搞得暴躁不安。在度日如年的等待之后，7月12日，新乡市全城的积水都已经恢复正常，瘫痪的交通系统也已经基本恢复，队员们才收拾自己的行囊，坐上了新乡市前往封丘县的城际公交。在车上，队员们都在小声交谈，语气平淡没有一丝波动，新乡市这场大雨让我们这些温室里的花朵感受到了自然的威力，也将我们刚开始的激情好奇磨得消失殆尽，对于实践活动的激情热忱似乎也被这场大雨浇灭了。

到达封丘县中孟村之后，看着蓝天白云下的大片金黄色的玉米地，望着村子中简单的平房，整齐洁净的道路，突然间，被大雨搞得暴躁的心情平静下来。城市带给人的是繁华热闹，而乡村，带给人的就是直击心灵的宁静。现在的我们，终日生活在城市之中，身边到处都是汽车高楼，神经被外界的压力所绷紧，突然前往一个环境优美的乡村，绷紧的神经似乎也轻松起来。来到一个没有污染的地方，让人感觉就连呼吸似乎都变得畅快起来。

“白发老农如鹤立，麦场高处望云开。”在调研过程中，我们见到了在田间耕作的老农，他们有的已白发苍苍，佝偻着身子，将自己的最后一丝热血奉献给这片他们生活了许久的土地，将自己的热汗洒落在这片为家庭提供收入的土地。土地是他们一生的心血和依靠，哪怕已经年老，他们依旧在属于他们的土地上努力耕作，在农民的眼中，这些不是他们的土地，而是他们的老朋友啊！

在这里，我们见到了在太阳暴晒之下面朝黄土背朝天的农民，我们见到了傍晚在村子路口悠闲聊天吃西瓜的村民，我们见到了晚上拿着手电筒前往小树林抓

实践队员走访低保老人　孔悦 摄

知了的孩子，我们见到了夜空中最明亮的星星，我们见到了星空下静谧美好的村庄。

幸福的家庭总是相似的，不幸的家庭却各有各的不幸，我们在封丘县委组织部的帮助下走访了中孟村的 18 户贫困户，在与户主进行交谈的过程中，我们了解到 18 户贫困户的贫困原因，有的是劳动力少甚至没有劳动力，有的是家庭出现有成员重病掏空了家里的积蓄。最让我们印象深刻的是，有一个家庭，仅仅只有两个人，户主是一位已经上了年纪的老人，而另一位，是刚考上大学的女儿，女儿，是这位老人在多年以前收养的。这位老人身形佝偻，却一直面带笑容，在与他交谈时，他一直面带笑容，言语中带着对女儿的骄傲，两人的收入仅仅是低保及一点薄田。在进入他们家房间时，我鼻尖很酸，也就是在那一刻，我也是终于明白这个社会上的贫富差距有多大。“一粥一饭当思来之不易，一丝一缕恒念物力维艰”，走访完贫困户，更能理解这句话的含义，人与人之间贫苦差距固然存在，但是所有人都在为自己的未来努力，没有人喜欢贫穷，也没有人希望自己一直贫穷下去，所有人都在尽力去改变自己的生活，都在尽自己最大的努力去让自己过得更好一点。这是村子里的贫困户教给我们的，他们仍然有着老实人的安分守己，却也希望在某一天可以突然改变自己的生活条件。

亲身走进乡村，走进土地，才能明白许多东西，利用专业知识，给需要帮助的人带来一些切身的利益，这是社会实践的意义；学好专业知识，巩固自身本领，将来可以更好地回报这个社会，这是学习的意义；努力让自己过上好日子，让家人过上好日子，这是奋斗的意义。有人说，扶贫贵在扶志，当亲身接触之后，首先想到的，还是物质方面的扶贫。道理谁都懂，可是如果有选择的话，谁会选择贫穷呢？

在接近半个月的调研过程中，我们见证过彼此在大雨中的狼狈时刻，见过优美的风景，也见到了令人心痛的贫困家庭，我们从感叹到理解，从无所谓的心态到心存尊敬，每一个人，每一户家庭，都有其难处，在我们没有亲身经历的时候，只能对其保持善念以及尊重。

心有猛虎，细嗅蔷薇；心存善念，力行善事。

热情成长于儿童

时光似箭，转眼间，距离前往驻马店市泌阳县进行暑期“三下乡”支教已经过去了将近一年。将回忆展开，前往泌阳市支教的暑期实践在灰白的回忆册中，一定是彩色的，这份回忆，充满着我们青春的味道，同时也记载着，我们在实践中，由青涩转变为成熟的过程。

在新乡市突如其来的暴雨之后，我们团队共十人收拾好自己因为大雨而变得糟糕的心情，带上行囊，踏上了前往驻马店泌阳市的大巴车。在到达之前，我们并没有想到，一次暑期实践居然会成为我们大学生活中最难忘的一次经历，一次暑期实践居然会让我们更快的认清了社会现实。

从新乡市到泌阳县，三百三十多公里的距离，从高速公路到乡间小道，我们带着自己的好奇、爱心前往泌阳县。在这里，我们见到了许多的留守儿童渴望知识的眼神，我们见到了许多空巢老人对子女深切的挂念。这些孩子，在本该享受父母关爱呵护的年纪，却不得不忍受长年与父母分隔异地的想念，手机，是他们唯一沟通的桥梁；这些老人，本应该在儿女的赡养下享受着子孙满堂的天伦之乐。然而，在我们去孩子家里家访时，我们发现，本该是满堂儿孙欢声笑语的院子，却只有老人与孙辈孤单的身影；他们的眼睛里，满是对父爱母爱的渴望和憧憬，是对子女深切的挂念。这些老人与孩子，在自己不应该承担起自己责任的时候，在满目荒凉的家中孤单相伴。这些孩子的父母，这些老人的儿女，在距家千里之外的城市为整个家的收入拼搏，而他们，除了在家翘首以盼，别无他法。

国家扶贫在热火朝天地进行，中国有句古话“再苦不能苦孩子，再穷不能穷教育”，可是，对于这些贫困户来说，面对越来越大的生存压力，维持温饱已是步履维艰，又何谈拿出学费去供孩子们接受良好的教育？扶贫意在扶智，扶智主要扶儿童，扶儿童即为扶教育。少年强则中国强，只有将儿童的教育搞好，才能改变一个家庭。在给孩子们上课的时候，看着孩子们一个个稚嫩的脸庞，看着他们充满求知欲的眼神，我们总能调动自己所有的激情去给他们讲课。在与他们互动时，孩子们都和我们说，他们最大的梦想就是有出息，然后和爸爸妈妈在一起生活，孩子们的梦都那样简单，他们很懂事，他们在学校很乖，不会给家里的爷爷奶奶带来麻烦。可是啊，生活有一点我们不是太喜欢，就是他总让懂事的人来承担糟糕的感受和结果。

与孩子们在一起时，总会觉得自己也回到儿童时代，我们会和他们一起打闹，一起玩耍，会与他们在乡村夜晚的星空下面谈谈心，在微弱的星光照耀下，孩子们在黑夜里的侧脸稚嫩而又坚毅，他们没有普通儿童和爸爸妈妈在一起时的欢乐幸福，可是他们有他们自己的担当，穷人的孩子早当家，这些孩子显得更成熟稳重，不经意间流露出来的表情也说明了他们内心仍然是一个渴望关怀的孩子。这些孩子的故作坚强，却让了解情况的我们无比心疼，每每想到这些孩子坚毅的脸庞，我们鼻子都会发酸，眼泪都要流出来。

这里的孩子很努力，他们在为自己的未来努力。而面对这些努力的孩子们，我们抱有希望却又心生担忧，他们的未来怎样我们谁也不知道，他们可能有一天会大放异彩光芒万丈，让自己的家人都过上好日子；可能会在未来的某一天像他们的父辈一样在距离家乡遥远的城市为生计奔波，与自己孩子的交流仅仅隔着一块屏幕却无法触摸，自己的父亲母亲在家中带着孙辈孤独相伴却不能尽孝心。他们的未来我们不得而知，可是这些留守儿童，相比于家庭富裕的孩子们，他们已经输在了起跑线上，这些残酷的事实犹如一块沉甸甸的石头压在我们心头。虽然如此，在每每想起孩子们刻在我们脑海深处的热情眼神时，我们总会想起有一群生活困苦的孩子在为自己的未来在为家庭的未来努力。

拼搏勿以善小而不为，扶贫虽难，经大家的努力过后，扶贫一定是有效果的，扶贫，正在路上。

善意自在于人心

冰冻三尺非一日之寒，贫困的原因多种多样，如天灾人祸等，我们不能一概而论以偏概全。扶贫之路任重而道远，亲眼见过社会中贫困家庭的生活以后，愈发觉得扶贫不是一朝一夕的事情，想要完成扶贫，需要日积月累。

在中孟村进行扶贫调研时，村中的人很感谢我们，其实，我们也都明白，仅仅靠我们的努力就想减少贫困户为国家做出贡献无疑是无稽之谈，但是，我们还是想尽我们的最大努力，去尽力地改变一下贫困户的生活环境，“不积跬步，无

实践队员调研贫困人员 孔悦 摄

以至千里”，在国家的政策下，在学校的支持下，在我们的努力下，我们相信，我们身边贫困户的生活环境，总有一天会取得一些改变。在泌阳县支教时，我们看到留守儿童他们坚毅的脸庞以后无不为之动容，我们能带给这些儿童的，除了外来的知识，还有什么呢？在我们离开以后，他们依然是留守儿童，他们的生活条件依旧贫困，有人说，这又有什么意义呢？我们的支教活动，能起到的扶贫作用较小。然而，也许在我们讲课的时候，这些可爱的孩子可能在内心默默地种上了自己梦想的种子，他们的梦想很简单，只是希望自己能够让自己的家庭都过上好日子。他们在自己的心中种下了梦想的种子，而我们所负责的，就是呵护他们的梦想，给他们梦想的种子浇水，让他们的梦想开花。

每个人心中都有天生的善意，将这些善意激发出来，将人心所想贯彻于自己的行动之中，在实践的过程中，心存善意，就是最美好的举动。

尊敬这些贫困户，尊重那些空巢老人，爱护那群可爱的留守儿童，就是我们在这个现实的社会中能够给予这些陌生人最大的善意。西游记中写到“人一生所念，天地悉皆知，善恶若无报，乾坤必有私。”扶贫很难，我们的路还有很远，在这样一条路上，我们农科学子应该尽自己最大的努力去投身于扶贫事业，同时用自己的行动唤醒身边人的善意，让越来越多的人加入我们的队伍，扶贫，我们在路上！

（陈利　贾永辉　文）

新县　生命底色留刻你

——2016 年全国农科学子联合实践之河南农业大学农学院实践纪实

“红色首府、将军故里、诗画江南”，“鄂豫皖红色首府，大别山绿色明珠”。走进新县，你终归是要为她所感动的，像莽苍中原大地上的弱骨纤纤，微立于黄土之上。森涛林浪里，“七山一水一分田，一分道路和庄园”，大别山系淮河地带，古生代便由海洋隆起，褶皱而成。北亚热带向暖温带过渡地带，大陆性湿润季风气候，四季分明，雨量充沛，光照充足。夏季如江南般美丽，冬季，于江南些微的寒润里折射出一份北国的粗犷与豪放。踏足这里的一刻，光线也有了分

农情家园赴新县专项先锋队集体合照　李欣飞 摄

量，满眼盈溢的绿色，是生命的宣扬。像是它一直被四季的轮回浸润一样，林果的清甜，茶叶的甘醇，中药材的涩与烈，平与和，板栗的香濡，倒是没了次序，都在这一刻里涌入鼻翼。庆幸，在“暑期‘三下乡’社会实践活动”的撮和下和它的邂逅。也读懂了，它嶙峋林野，弱骨纤资里的灵韵，秀质与光华完美的叠合重现。如此水土，养育的一方人，便也是如水般随和，却也如水，灵动不呆闷，如树木般，脊梁挺直，有傲骨却无傲气，风雨雷电的摧折里参天。柔与坚，在此间盘旋，未有突兀，天然，自然。

璞真风情，明我责艰

踏入新县的初途，印象最深刻的便是为我们指路的一位叼着旱烟袋的老者，撑着一条小船就这么浮在水面上，远处有着几只辨不出种类的水鸟，扬翅飞在落日的余晖里。天边晚霞的红，水鸟的洁白，小船、旧衣、旱烟袋的棕，成了这个繁忙迅疾时代难找的写意。吧嗒吧嗒，不知是流水拽了船动了拴船的绳索，还是水鸟落翅打了水花，又或是老人偶尔吐个烟圈的声响。只是我们都穿着统一的志愿者服装，背着简易的行李，突兀出现在这景里时，老人招呼了声：“娃子们，咋了?”“我们是来协助救灾的，问下到村里的路”。我们大声回答。隔着一汪明晃晃的水面，四处的水在阳光里有些晃眼。“救灾啊，救灾好啊”，老人说天灾无情，得知消息，我们组建队伍赶来匆促，在见到最真实的一幕时不免心有些酸涩。触动我们想要改变些什么，不虚此行。暮色暑气里，沿途暴雨过后的疮痍，给了我们振奋和力量，新县，成了我们心中共同默念的名字。有所建设有所成，风雨摧折着这片土地，扶贫救灾，我们已然在路上。这一刻，农院学子，明了肩上的重责，“民以食为天下”，国之青年，立地顶天，久砺弥坚。

望一望前程，仍记初途，站在新县的地界上，脑海里浮现的是过去近二十天的影像。像踏一程虹，溯一段记忆。紧张繁忙的考试周过去，在夏日的燥热里，同学们都舒了一口气，想着即将到来的暑假生活，家里的闲适，倒是满身清凉。突然的通知，猝不及防，新县连降暴雨，洪灾泛滥，今年，估计又是颗粒无收了，紧急组织，开会，定下了暑期社会实践的行程。天灾无情，人间有大爱，是我们一直践行的准则，服务三农，农院学子责无旁贷。资料的整理，一摞摞洁白的文件，搜录，改版，是深夜不眠的灯光。签字笔圈圈点点里，倒也勾勒出新县

队员们向灾民了解药材受灾情况 李欣飞 摄

一个大体的模样。是第一次，感觉与一个陌生的地方血脉相连，连呼吸都在共同震颤。农院牵头组织的 2016 全国农科学子联合实践河南新县暑期扶贫实践活动也得到了校方的积极肯定。洪灾泛滥，不挡人性，黄土的质朴归真，植物的青翠坚韧，在一时之间，糅合成农院本性。坚决服从学院的需要与调配，出色完成任务，是紧在每个人心上的弦。荣辱与共，在未来的日子里，奔波或辛劳，风雨或烈日，都无法阻挡我们的步伐。足音铿锵，必然奏出未来的华章。

藏在文字里的新县是美丽而不染纤尘的，也是它这份纯净，未及谋面，我们便动容，为它担忧，为它黯然。在临行前的一个又一个伏案的夜里，在紧张忙碌着彩排的白日里，渴望着与它的约期。扶贫救灾不仅仅存留于物质层面，更渗透于精神里。灾难过后的困顿与沮丧，既需要视觉和听觉的振奋，带出胸腔里的勇气。舞蹈、歌唱、小品，是我们带去的温暖和希望，慰藉他们的心灵，鼓励着他们的灵魂。是我们的祝愿，一声问候，风雨同舟。岁月掩于唇齿，所有的坎坷终将会过去。

风雨实践　携手同舟

“走啦”，是队友一声吆喝打断思绪纷繁，再看一眼水面，慢慢笑了，踩在略微泥泞的路上，紧紧背带，目光落在前进的方向上，这场相遇，或许是生命里的难以忘却。以后的经历都是风景，不叫停，不落魄，不骄傲。在新县的日子里，允许心灵起舞。像天际的微茫慢慢汇聚。这世界，抛却黑白，最多彩。踏进村落，荒草，坍塌的院墙，被冲倒的电线杆，瓦砾枯枝落叶，都在述说着一种落败。我以为，面对的会是一群垂头丧气的面孔，迎面而来却是满满淳朴的笑容，脸上的纹路昭示着饱经的沧桑，眼里却是亮着光芒。“来了，来了”，他们搓着手，“物资都收到了，谢谢，谢谢啊，到屋里坐吧。”木质的沙发，是十年前的老款式，突然之间倒是想起了数年未回的老家，用来倒水的粗瓷茶缸，长条的茶几，大块头的电视，这一瞬间像回到小时候，时光那么慢，一颗大白兔奶糖都能甜上一天。村主任向我们和带队的老师简单介绍了一些洪灾情况，我们认真做了记录，谈及灾情，他的语调略微低沉，望向我们却充满着坚定。“天灾难测，今年是雪上加霜了，本来粮食产量就低，副业受到的打击也很大。”“不过日子还是要过的，再难咬紧牙也能撑过去，真的谢谢你们的关心和帮助了。”作为受灾最严重的村子里的干部，他内心里的坚韧唤醒意识，也唯有如此，扶贫不仅仅是救济，而是帮助他们彻底摆脱贫穷，在大灾面前具有足够的底气。

沿着田埂，远处的天空酝酿着风暴，黑沉沉的乌云压得人心中发堵。连日暴雨的阴霾久久不能散去，我们了解到的信息使我们心情沉重。这次暴雨对当地人造成了一定经济和人身损失，通过调查我们已经能观其一二。联络了当地负责人，通过对当地农民的情况以问卷的形式进行调查，之后得到的信息却是让我们的内心在抽痛。原来我们只是看到新县如画的风景，“七山一水一分田，一分道路和庄园”是一种意境，忽略了山地的贫瘠，于一个县，真称得上是薄田寡地。而这样的条件，却又是成千上万农民赖以养家糊口的维系，他们以种地为主，付出多，回报少，大量的劳动力投入只有微薄的经济收入。山区的落后，又使他们别无选择，种地或务工，以血汗来度日。而这次连降的暴雨，对他们是一种毁灭性的打击，在艰苦之处更增为难。社会实践活动里，接触不同的群体，了解他们的生活现状。破塌的房子，围墙，经历暴雨后更是摇摇欲坠。这种实地考察比在书本、在报刊中感受到的更震撼，更让人难忘。情至深处，不是灾难带来的痛苦，而是逆境与人性态度截然的反差，与经济作物种植大户接触时，多方力量紧抱成团，来自农户与支援团队各自身上的光芒。这让我们感受到 2016 年是悲伤的也是温暖的。局部的山洪暴发，普通农民种地少，经济损失少，而有些经济作物种植大户由于种植区占地面积大受到了严重损失，王老板的家庭农场便是一个典型的例子。他所种植的杭白菊受涝害严重，他却没有因为这次的洪水受灾严重而一蹶不振，反而在我们为他这次损失惨重感到痛惜惋惜时安慰我们："这自然灾害谁也预料不到，避免不了，那就默默承受，抓紧行动把损失降低到最小，这是我得首先考虑的"。走访农场期间我们受到了王老板的热情接待，如此在困境里也幽默风趣、坚强果敢的人，对待生命自是自信而无畏，人生也焕发着无与伦比的光彩。是啊，那天灾造成的损失已然存在，你是再怎么难过也于事无补的，那因雨水浸泡久了的菊花不会因为你难过就停止腐烂，那被洪水冲走的菊花田也不会因为你痛心就变得生机盎然；与其在这里心疼郁闷，不如振作起来面对现实，尽快采取救急措施尽可能挽回些不必要的损失。洪水可以带来最直接的损失，但它只要没有冲走我们的雄心，一切都可以重来。在这救灾的日子里，王老板放下手中正在做的事，耐心地接待我们，给我们讲这次灾害的具体情况以及农场所采取的措施，他那从容应对灾害、细心讲解的身影永远印在我心中，他以实际行动给我上了一堂动人的课——面对灾害无所畏惧，只要有坚定的信念，就没有什么战胜不了的困难。

有人说，困顿里的支持才最动人，王老板的情况在我们报给上级领导时，中药学张教授主动请缨前去进行技术指导，利用专业知识对受灾的杭白菊进行救护，救灾如救火，争分夺秒，挽回灾情。其间，张老师带领我们到杭白菊严重受涝区进行救助时，看着受灾后奄奄一息的杭白菊他深怜不已，与种植农户从上午探讨至中午，提出多种挽救解决的方法，学生们叫张老师吃饭时他才意识到已过正午。下午便又匆匆从泥泞的地里跑出赶到另一个重灾药植基地进行指导。不顾辛劳地进行受灾挽救指导，看到更科学的管理治理方法应用在中药植物的种植上，张老师才放心地返回课题组进行课题调研。最令人难忘的是张老师交代给农户温暖人心的一句"请你们照顾好这些药材，有什么问题找我，我一定最快赶来。"一路上，农院学生陪着老师，奔波着，疲惫着，却也为老师的为师风度折服着。一方有难，八方支援，学有所用。那一刻，社会实践活动已经升华成为一种担当。

阳光回暖　重建家园

从田间短暂的返回途中，看到一位电工在修理被冲毁的电路，攀在电线杆上，他没有愁眉苦脸，倒是充满着重建家园的喜悦，他的情绪感染着我们，沉重的心情也倒随着他变得轻松了些，天空也多了分明彻。在旁边戏耍的一个虎头虎脑的小孩好像是他的儿子，拿着一根塑胶棒在乱舞，电工偶尔回头看他一眼，视线撞在一起两人便大笑。电工冲他挥挥手里的工具，叫声小子。小孩便舞着“金箍棒”嘻嘻哈哈闹着，摆出降妖除魔的姿势。看到我们在拍摄他们，电工一脸憨厚，小孩躲在一边害羞着不敢看镜头。闷热与疲惫里，他们的乐观，那种简单单纯的快乐，唤醒我们活跃的神经，更加振奋着我们让我们去做该做的事情。

救灾是我们扶贫工作的第一步，更加长远的是需要建立长期的机制，确保山区落后的农户们彻底脱贫。根据调研的情况，我们为农户建档，便于以后持续追踪农户家庭经济情况的变化，为党和国家以后的扶贫工作提供数据支撑。同时做好技术帮扶，这是做好扶贫实践活动的重点。根据调研的情况，我们发挥专业优势有针对性地进行技术帮扶。当地的种植农民专业合作社因为暴雨、洪涝灾害受损严重。我们给种植杭白菊的农户提出了“疏松土壤，以便加强植株根部区域排水，减少根部坏死现象；另外将植株压枝生根，避免因为根部坏死导致植株死亡的方法减少损失”。针对种植石斛的农户，我们提出要及时补充营养液，减少损失。同时，也建议受灾的种植户们以后购买相应的农业保险，减少因为天灾造成的经济损失。接触中，深感的是新县人民的质朴与善良，骨子里的不屈不从，困境里面生命的顽强；但我们也是深深地抱憾，新县这个地界太美，山水太秀，但森森林木也将所有的人困住，一亩三分的土地，沟壑于山间，靠天得以供给。祖祖辈辈躬耕于贫薄的黄土里，土是渐渐由褐转黄，人的脸色却由黄转褐。在等待里贫穷，虽是不屈，有山里人的骨气，也逃不过经济、生活这现实的话题。在与他们谈及种植的技术，我们提出了因地制宜的规划，一个从未到新县便于脑海里设想过无数次的方案：因地制宜。他们不比沃野，有足够的作物收获支撑日常的开支，但却比平原地带多了独具特色的地域优势，起伏的山岭梯田间种果木药材，投资旅游业，将它独有的风光糅合进经济产业的宏图。扩宽产业链，使新县不再单薄，美与刚强，是她更加明媚的未来。暑期社会实践，抛开课本，实实在在踏在黄土上，亲近着我们所学专业的立根之本，内心也变得平和沉稳。所学有所用，拓展见闻，增长才干，积累经验，慢慢融合，便是成长。用自己的力量还原着别人的家园时，责无旁贷地被需要，被依靠，在构造的蓝图里，成全了别人也完善了自己。更真实更贴切，青春也有了含义和分量。

烈火老区 熔岩根骨

在新县里，印象最深的便是它的暮色，雾霭拢于山间，与其说是晚霞，倒不如用当地的土话更有味道。“火烧云”，当真像燃在天边的火，和着革命老区丰厚的历史沿革，带我们的思绪回溯那一段峥嵘岁月，中华饱经战乱，百孔千疮。而随着改革开放，社会主义的成果渐然花团锦簇时，弥合旧日的创痛，站在历史的潮岸上，感慨人间正道是沧桑。社会实践的末期阶段，在老师的带领下，沿着新县还潮湿的古旧的道路，我们重新走了一遍当年中国共产党领导的、工农革命军、工农红军走过的红色征程。黄麻起义的发祥地，大别山脉工农武装割据的最早区域，中国工农红军的重要诞生地，新县是大别山坚持红旗不倒的中心区域。刘邓大军千里跃进，铁师雄骑更为新县注入了一种凝重与铁血。是经历磨砺的新县，洗礼了这里秀柔的山川风景，本如水的风土，将如山的历史凝固。坐在颠簸的大巴上，老师特意放起了红色革命歌曲《八月桂花遍地开》《三大纪律八项注意》，红歌的旋律激昂，在阴沉的天色里，带着冲破云霄的力量，情不自禁，跟着音乐，我们来了一场大合唱，相视会心地笑着，吼得更响。小小的车厢里，载的是青春的活力，不被压制不被束缚的沸腾的热血。国之富强，在乎我中华之青年，“慨当以慷，忧思难忘”是曹操横扫东吴时横戟的英豪之气，如今面对过往的历史风云，继往开来在这曾给交织着战争、炮火、呼喊、痛苦的特定环境里，具有更加深刻的意义。在回溯与追寻里也了然了新县人民骨子里的硬气，如此柔美山水敲打出他们坚硬不屈的脊梁。博物馆里烈烈的五星红旗，印着镰刀与锤子的党旗，淬染如血是革命先烈为争取和平付出的代价。走出陈列历史古迹的博物馆，讶异于新县众多的将军旧居，果然是“将军故里”啊，古朴的瓦房，青松苍翠，暴雪难以压折的枝干，记录着峥嵘岁月的光辉，看顾着他们的子孙，在新县的山间绿地，在党和国家的带领下阔步前行，茁壮成长。更鼓舞激励着我们在来之不易的和平环境里不断完善自我，在岁月的捶打里鼓足勇气，担负中华民族伟大复兴的历史使命。

由农院牵头组织的2016全国农科学子联合实践河南新县暑期扶贫实践活动得到了校方的积极肯定，校团委书记、副书记、学院党委副书记亲自前往新县看望我们。为了给新县受灾人民带来安慰和温暖，我们献上了实践前为期15天排练出的节目，不知是否是歌舞的欢快冲散了些许的阴霾，在新县连日的紧张与抑郁逐步舒缓，天空放晴了许多，明蓝的色泽轻松自在，阳光打在田埂的野花上，透露出七月的繁荣。我们终要离开，告别新县，她的柔美，她的果敢，她的内敛与张扬，像写意的泼墨，像篆刻落笔的谨慎，点点色泽落入我们的生命。不忘2016，准备，奋战，祝愿，一路行来，充实难忘。暑期社会实践，愿它以最美的姿态留驻于农学院的历史，在农院学子的奋斗里耀耀生辉，耕耘着，收获着，微笑着，洒脱着，朴实着，也实干着。960万平方公里的土地，有我们在建设！

（吴旭静　冯晖　文）

多管齐下　助力精准扶贫

——记湖南农业大学农学院 2016 年全国农科学子联合实践行动

为加深湖南农业大学农学学子对“三农”问题的认识，针对 2016 年全国农科学子联合实践行动——“走进乡土乡村，助力精准扶贫”，在农学院领导高度重视、精心准备下，分别组建了研究生和本科生两支实践队伍。湖南农业大学农学院本科生联合实践团队以“关爱留守儿童、空巢老人”为活动主题，经过层层筛选，在学院众多报名者中选出 10 人，组成“支教”小分队，队长为农学院创业实践部部长刘锋骄，农学院学工组刘晓荣老师担任本次实践团队带队老师。我

农学院研究生团队赴湖南省怀化市沅陵县借母溪乡开展实践行动合影　杨华 摄

们一行10人于7月8日前往学校精准扶贫对口单位、2015年国家级贫困县——湘西自治州花垣县麻栗场镇新科村开始为期一周的实践活动。研究生联合实践队在湖南农业大学农学院欧阳西荣教授，朱旭东教授和辅导员杨华老师的带领下，深入到国家级贫困县——怀化市沅陵县借母溪乡进行实践活动，了解该乡扶贫工作的进展成果，深入了解该贫困县的村民们真实的生活情况和经济状况。

此次实践活动，我们的主要目的有两方面：一是了解农民经济状况，为精准扶贫提供更加真实可靠的数据依据，推进贫困县“脱贫摘帽”；二是关爱留守儿童和空巢老人，送温暖、送爱心到贫困地区，提高贫困区县人民对党和政府的信任度。活动期间，我们共完成“农民收入经济情况调查问卷”28份，并在后期进行了整理，更加深入地了解了新科村农民经济状况；开展语文、体育、手工等多门课程，丰富了当地孩子的暑假生活和精神世界；与驻村工作队龙小军老师一同参观了当地产业，深化了大学生对农民脱贫致富的认识。

一周的时间很短，但队员们的所见所感都很丰富，心里也五味陈杂。我们喜于“精准扶贫”大背景下，新科村老百姓逐渐富裕的现状，同时忧于新科村目前仍存在的内部贫富差距过大、农民缺乏机遇意识等问题；我们喜于看到贫困地区小朋友们仍旧拥有极高的求知欲，却忧于如今新科村亟待解决的“空心化”及其连带的教育、老年人精神空虚等问题。

基础建设走在前　村庄旧貌换新颜

“‘基础建设必须要立即推进！’是我们到这里以后的第一想法，看着新科村坑坑洼洼的小路、四面透风的泥巴墙，我们急在心里。”我校驻村工作队干部张顺堂说。

新科村占地面积4800多亩，有11个自然寨，7个村民小组，农户家庭处于“散落”状态，村里只有一条水泥路。晴天一身土，雨天一身泥是村民们出行的常态。自龙小军、张顺堂等进驻新科村以后，立马着手开始解决这一问题。他们深入村寨考察路况，走遍了4800多亩地里的每一条小路，确定哪些路段急需修筑；加班加点写报告做方案，想尽办法跑项目拉赞助，一趟又一趟往返于城乡之间申请专项资金。

提起修路的事，张顺堂感触颇深。2016年3月，张顺堂与州烟草局提前约定好了10日商谈村里机耕道的事，没成想天公不作美，一场春雪来袭，矮寨大桥雪积冰凝，“我好不容易才和烟草局那边约好的，不能食言，更不能因为天气原因耽误了村里的大事。”张顺堂不顾阻拦，毅然驱车前往约定的地点。平时不到一个小时的车程那天足足开了两个多小时。“那天开车的时候稍不注意车轮就打滑，现在想来也是心有余悸，不过最终将项目报告谈妥，又为村里获批了一个修路项目，也挺值的。”张顺堂说，“等靠要是不能让村民们脱贫摘帽的。村里现在已经修好的6.5公里机耕道，那都是一趟一趟跑出来的。”

新科村基础建设的问题不仅表现在交通不便上，村民的住房问题也是不容乐观的。我们收回的28份调查问卷中，仍有10户农户的住房是不安全的。“我们刚进村的时候，情况比现在还要糟糕，墙壁是竹条糊泥巴。屋顶是瓦破梁残。厕所就是一个大缸和两块木板。那时候这些现象在村里可不足为奇。”龙小军向我们介绍到。

工作队入驻后，首先摸底排查，确定了全村73所危房状况，接着作安排、作计划，按照实际情况和标准确定每一户的危房重建补助金额，并帮助、督促村民们及时完成房屋改造。党员王秋（化名）也是村里的贫困户之一，得知我们的到来，他热情地和我们聊天：“看，这是我家的新房子，是国家政策、驻村工作队帮助我建好了新房子。”原来，在危房改造过程中，王秋拿到了2万元的危房重建基金，而这个数额，对在当地修缮房屋来说，已经是不小的数额了。

道路硬化、安居工程都已经给新科村原本的“满目疮痍”进行了大改造，目前，驻村工作队已经落实了农网改造、亮化工程、水利工程，即将迎来的人饮工程、灌溉用水工程、路灯安装等工作都将会是新科村建设“美丽乡村”的重要推手。

“驻村工作队来了以后，我们村的基础设施建设发生了很大改变，他们工作实效明显，效率也高，他们是好样的!”在走访的过程中，不少村民对湖南农业大学驻村工作队竖起了大拇指。

授人以鱼不如授人以渔

年家庭总收入均过万元，最高的为12万元，超过10万元的有6.67%，超过5万元的有20%，这是我们的调查问卷所显示的数据。从这个数据看来，新科村的经济收入水平是有所改善的。

在为期一周的实践活动中，我们在龙小军的陪同下参观了当地产业发展基地。工作队先后申请项目扶持基金 42 万元，建成 20 亩红香椿基地以及辣椒等其他蔬菜养殖基地、林下养殖基地。以前期制定的“公司 + 合作社 + 农户”的委托帮扶模式为基本路线，以引进的花垣县神笔生态文化有限责任公司为依托，流转了村里 1250 亩土地，种植锦绣黄桃 600 亩、酥脆枣 400 亩，养殖青蛙、石蛙 30 亩。紫霞湖是村里风景最好的地方之一，在龙小军的陪同下，我们看到了紫霞湖另一番景象：一群农民正在挖地、整地，干得热火朝天。“公司目前正在开发新科村的旅游项目，微型苗寨、花海、游客接待中心都将在紫霞湖旁边落成。”神笔公司董事长徐治永说。据了解，这种“公司 + 合作社 + 农户”的模式不仅能带动当地特色产业的发展，还在很大程度上拉动了当地就业。“我们会在村里招募工作人员，长期、短期都有，让农民们在农闲时也有事可做，增加农民收入。”神笔公司相关负责人介绍说。

“政府补贴是给我们‘输血’，如果光是等靠要，我们的血还是会很快耗光的，我们要有的是自身‘造血’的强大功能。”调查中有 32.14% 的村民认为村

农学院党委赴湘西花垣县麻栗场镇新科村精准扶贫合影　余政军 摄

里发展最大的障碍是没有合适的产业支撑，53.57%的调查对象表示最需要发展产业来脱贫致富，这足以看出发展产业的迫切性、紧急性。

针对农民们的迫切需求和愿望，驻村工作队“扶贫到户”，在整个帮扶的基础上瞄准村里的个体进行重点扶持，“一户一策”。村民龙成（化名）原先是村里较为典型的贫困户，缺衣少食，生活捉襟见肘，但工作队看到了龙成勤劳肯干的优点，主动帮他制定了脱贫计划——无息贷款给他 5 万元产业基金以发展家庭养殖业。现在，龙成养了 50 只羊、300 只鸭子，还种了 5 亩辣椒，预计年收入将达到 2 万元。“现在的日子，我原先连想都不敢想。”龙成看到家里的日子越过越好，开心地说。

村民吴磊（化名）在村里也是有名的产业达人，他在拿到 5 万元产业的启动基金后，果断承包了村里 20 亩山林，许多人感到不解：20 亩山地，吴磊要干什么？没有雇人，他一个人管理得了 20 亩山林吗？会不会把政府的 5 万元打水漂啊？大家也都为他担心。原来，吴磊经过湖南农业大学黄兴国教授的推荐，看中了雪峰乌骨鸡养殖这条路，现在，他的养殖规模已经达到 3000 只。工作队还主动为吴磊提供思路和计划，搭建销售平台。吴磊在 3000 只鸡的饲养中看到了未来生活的希望：“有了农大的支持，今年我的鸡长势很好，等今年这批鸡出售以后，我就把‘盛达土鸡饲养专业户’的牌子挂起来。现在，对我而言，脱贫不在话下，致富就在眼前。”村里的“羊老板”靠养羊为生，已成为“百万富翁”，村里人渐渐把“羊老板”的名号叫了起来。以养殖孔雀为主要收入来源的“孔雀姐姐”也生活得不错，像这样结合当地特色积极发展产业的家庭都已经在经济上有了较为明显的改善。

辣椒、黄桃、酥脆枣、鸡、鸭、蛙等将成为“新科品牌”、“新名片”，是村民们的“摇钱树”，“授人以鱼不如授人以渔，产业发展才是长久之计。”村支书龙长顺感慨地说。

扶贫先扶智

在我们走访的 30 余户农户中，只有两户家中尚有青壮年劳动力，留守儿童的比例在新科村高达 92.86%，在新科村几乎成为普遍现象。

青壮年劳动力的流失不仅使村庄出现空心化，而且带走了对后代高质量的教育，由此衍生出的留守儿童教育问题几乎成为最严重的问题之一。在随机调查中发现，大多数留守儿童被放在外公外婆家或者爷爷奶奶家生活，虽然有爷爷奶奶或其他亲人代替父母进行照顾，但教育是跟不上的。在家庭隔代监护问题中，大多数的监护人只确保孩子有足够的吃穿，但在其学业、心理、思想道德教育等重要问题上往往缺乏管束，导致孩子出现一些不良心理和行为。教育方式的滞后以及教育理念的脱节导致错过了孩子的启蒙教育阶段，难以养成好的学习、生活习惯，这将影响孩子的一生。

目前，新科村的小学只设有学前班和一年级两个年级，共有学生 50 余名，正式教师一名，小孩子从读二年级就要每天往返很远的路去镇里上学。“我 26 岁嫁到新科村以后一直在这所小学工作，以前穷得连学校唯一一张办公桌也用的是自己的嫁妆。”校长杨平（化名）在学校工作了近 30 年，她表示学校变化最大的时间就是精准扶贫以后，驻村工作队来了的日子。我们到学校的时候，已经完全看不到龙小军口中那个曾经屋顶摇摇欲坠，屋外下大雨，屋里下小雨，孩子们的书桌横七竖八地摆放着躲雨的教室了。“扶贫先扶智”，张顺堂、龙小军等深刻明白基础教育对当地长期发展的重要性。他们刚到村里就东奔西走，向有关部门共争取了 56 万元资金，修缮了学校的房屋，更换了过于破旧的书桌，还额外给孩子们配齐了电脑和一些新的体育用具。

我们看到的是焕然一新的学校：图书室里满满当当地摆放着各类图书，机房里，20 多台电脑整齐排列着，简单的干净整洁的食堂，滑梯、木马等玩具一应俱全。“现在，我能挺起胸膛告诉孩子们，你们和城里的孩子享受着一样的生活。一些家长们看到学校条件的改善，也能更放心地把孩子送到村里的小学读书了。”孩子多了，杨小平的干劲更足了。

支教过程中，我们开设了阅读课、体育课、手工课、音乐课等课程，让孩子们有更加丰富的课堂体验，我们希望通过自身的努力能激发他们的求知欲，保护他们的热情。我认识了一个 11 岁的女孩，第一眼看到她时，就被她吸引：天色渐晚，别的孩子都在校园里玩耍，她一个人坐在旁边捧着一本故事书，借着最后的暮色吃力地读着。她告诉我们：“我喜欢读书、喜欢唱歌，但成绩不好，我每次在家读书爷爷奶奶会认为我在看闲书，我快看完这本书了，看完了再回去，省得惹他们生气。”听到这里，我们既心疼又欣慰：这是一个多么渴求知识的、纯洁的、善良的心灵啊，只要有这样强的求知欲在，新科村的未来一定会越来越好。

基础教育只是“扶智”的一部分。湖南农业大学作为新科村对口支援单位，为花垣县考取湖南农业大学的学生开辟了一条“绿色通道”：新科村考取湖南农业大学的学生学费全免，花垣县其他地区考取湖南农业大学的学子学费减半。2015 年，花垣县已有 5 位学生享受了这一优惠政策。

美丽乡村夕阳正红

根据调查，新科村的老人们主要靠农田劳作补贴家用，土地流转的收入对于家庭支出来说也只是杯水车薪，农村老人的生活举步维艰。“我们自己种什么菜就吃什么，一般不会去集市上买菜。”走进一家木房子，两个老人和小孙子正在吃饭，桌上只有一盘丝瓜，盘子已经见底了。

当前农村养老模式是家庭养老。由于青年男女都外出打工，导致出现“空巢”家庭，使得家庭的养老功能弱化。老人想要获得亲情关爱和生活上的照料，但是现实条件难以实现子女陪伴在身边。精神文化生活较为单调，老人很难在家庭外找到精神寄托。据了解，新科村的老人们平时在家除了忙于农活、家务的时间，没有许多其他娱乐活动，“我每年能见儿子女儿一次，平时在家没事的时候经常看看他们的照片。”一个 70 多岁的老奶奶摩挲桌子上的照片，满眼含泪。

经济、精神上的双重压力让新科村的空巢老人们严重缺乏幸福感。但在村里的苗鼓队成立以后，给老人们的生活增添了一些乐趣。刚到新科村的第一天，我们就在“咚咚”的鼓声中感受到了新科村人民的热情，一场苗鼓表演也吸引了村里许多老人前来观看。村里十几个妇女统一着苗服，一挥一跳间，向我们传达了现在新科村人民业余生活的逐渐丰富。“以前村里的妇女一天到晚只干农活、打麻将，工作队来了以后帮我们定服装、组建苗鼓队，我们已经参加了两场演出了，现在我们每次排练的时候都会通知村里的老人来看看，这样不仅能增加他们的娱乐项目，也更方便我们接触老人们，了解他们的近况。”村妇女主任石磊满说。另外，工作队还会组织一些年轻人给愿意学习普通话的老年人进行培训，教他们说普通话，“我们现在也能顺应时代了”，一个老党员开心地说。

我们注意到，村小学门口有一片荒地尚在闲置，经了解，这里即将修建村里的第一个文化广场，“城里的大妈跳广场舞，我们的大妈也要有机会跳跳广场舞，锻炼锻炼身体，让老人们在儿子女儿没有在身边的时候多一些乐趣。”张顺堂说。

平时工作再忙，张顺堂都会抽空到村民麻文（化名）家里走走，每次去的时候就带一些小菜、水果去。原来麻文的父亲因肝癌去世，自己又不幸被查出患有鼻咽癌晚期，加上 3 个正在读书的孩子，家里的全部重担都生生落在了麻文母亲的身上：“真的不知道该怎么活下去。”张顺堂每次到家里来，都会帮麻文的母亲做一些粗活累活，和她聊聊天，给她宽宽心。“我改变不了太多，只是希望这个可怜的老人能稍微好过一点。”张顺堂对麻文母亲的关心只是一个关爱空巢老人的缩影。“现在，我们也能慢慢感受到政府对老年人的关注了，我们谢谢政府。”新科村一位老伯用刚刚学会的普通话生硬地表达着自己感受到的变化。

此次 2016 年全国农科学子联合实践行动中，我校秉承“开放联合，扩大平台；增强合作，协同发展；深入实践，潜心调研；问题导向，设问答问；责任担当，奉献成才”五大原则，紧紧抓住中国农业大学农学院“一带一路”“美丽中国”绿色行动计划的主题，以“投身‘一带一路’，共建‘美丽中国’”为口号，在保障参与人员绝对安全的前提条件下，圆满完成任务。活动期间我们团队分工明确，团结合作，互相关心，一步步加深了感情。我们在完成调查问卷、对留守儿童支教活动的开展、关爱空巢老人等多个方面均高效完成，与当地群众建立了深厚情谊，对我们个人也有很大提升。

“尽管条件很是艰苦，白天扛着烈日调研，晚上打着地铺睡觉，蚊子很多，用水、洗漱等方面也不方便，但是通过这次“三下乡”我们真正地了解到贫困地区的落后境况，我们也尽了一份绵薄之力帮助那些需要帮助的孩子们。“三下乡”就是要我们这些热血青年好好利用自己的才能来与实践相结合，让我们实实在在感受乡情，知道自己的责任和使命是什么。”团队中，一位成员在日记中这么写到。

“精准扶贫”的东风正为全国各个贫困的角落带去希望，作为一名农学人，我们学习了专业知识，拥有专业素养和专业热情，更应该在学校党委的正确领导下，脚踏实地地走进田间地头，走进农村，在“精准扶贫”的大背景下助力乡村脱贫，最大限度地发挥一个农学人的光和热。

（刘晓荣　伍晨晨　文）

因为有爱　一路相随

——全国农科学子联合实践行动华中农业大学实践纪实

如果说一个人走向远方，什么是不可或缺呢？是爱！因为有爱，所以我们每个人前行的时候会充满力量，会散发出无尽的能量。当爱的阳光洒向我们，而我们再次将她带给别人，便会温暖更多人。

2016 年暑期，当“全国农科学子联合实践行动”的号角吹响时，我们便以爱之名上路了！在路上，我们用青春的肩膀扛起属于青年人的责任，无论是“与岗位科学家同行”、“科技支农”、“十题百村”观察，还是“关爱行动”服务、“理论学‘习’”宣传，还是“红色记忆”寻访，都注入了一股华中农业大学青年学子的活力与激情。当 31 支团队，400 余人扛旗上路时，我们便有了无限的期许与厚望。

精神能够涵养人。秉承“勤读力耕，立己达人”的华农精神，我们不仅在课堂上勤耕不辍，用专业知识涵养自我，提升自我，更会在课堂外知行合一，用社会实践磨炼心性，锤炼品格。我们深深地明白，一所农业大学的情怀与责任不是一个人的事情，她是与这所学校相关的每一个人的事情，尤其是如朝阳一般的青年大学生。在如火如荼的社会实践中，一批又一批的青年学子带着爱，在“与祖国同行，为人民奉献”的社会实践中茁壮成长，为华中农业大学代言，成为学校的一张靓丽名片。

岁月带走了我们的年龄，却印刻下了那些感人肺腑的青春故事。“感动中国·2004 年度人物”徐本禹、“本禹志愿服务队”、“张瑜服务队”、“小宇宙”支教团等典型人物和典型团体的故事不断翻涌在我们的脑海，我们知道，前方需要我们，我们要上前方去奉献自己的爱。

因为爱　坚守一颗初心

徐本禹及“本禹们”在贵州乌蒙山腹地坚守十余年奉献青春的动人故事依旧萦绕在我们的耳旁。令人感动之余，我们也总在思考自己能为山里的孩子们做点什么，不能总是只有感动而没有行动。

当我们再次踏入贵州省沿河县麝香村小学时，一股莫名的感觉冲上心间，也许是舟车劳顿，也许是睹物思人。2013 年 7 月，我们的师姐田霞也是站在这里，仰望头顶的苍穹，思忖着如何帮助这里的苦孩子们，如何帮助这里的乡亲们脱贫致富。她开始了自己的行动，“小宇宙”支教团便诞生了。

如今，“小宇宙”支教团走过了四年的时间，累计已有 80 余名大学生志愿者接过爱心接力棒，不忘初心、坚持梦想，以爱育爱，让自己的青春汗水流淌在需要自己的地方。如今，我们“小宇宙”支教团不仅成为地方的“常客”受到乡亲们的热烈欢迎，更是被地方政府作为教育扶贫的重要参与力量，为当地脱贫攻坚助力。

小宇宙支教团“在路上”　佚名 摄

2016年4月，第四届“小宇宙”支教团正式组建。在校期间，我们积极为支教实践做着准备。我们不仅与麝香村小学的校长取得了联系，同他沟通了我们拟开展实践活动的相关事宜。我们还挑选合适的时间下到学生宿舍收集相关物资，并经过认真整理后准备带去贵州。在课程准备上，我们从组建后便紧张有序地开展了备课。除了传统的语数外课程，为拓展孩子们的眼界，我们还开设了自然、历史、传统文化、西方文化、趣味美术等课程。为确保上课质量，出发前，大家都进行了试讲。

在我们每个人心中，支教实践似乎“自带光芒”，一直是伟大而神圣的事业，当我们到达以后才发现一切都与想象的不同。在我们的想象中这里的孩子应该是乖巧又可爱的，见到孩子们之后，他们的调皮让我们无可奈何，同时，他们对我们充满了好奇，也存在着某种质疑与警惕。这对我们来说都是考验。但生活从来都不缺少惊喜。

7月17日，开学第一天！第一次上课，大家不免紧张又兴奋，很多孩子早上六点半就到学校了。由于班级的合并，老师的课也被缩减，这让大家对每一堂课都充满了期待。我们上课的时候都会拿出自己准备的明信片、小玩偶等小礼物通过课堂上的互动发给学生。我们也继承着上一届的优秀习惯，在每天教学工作结束后，支教成员会同孩子们回家，进行家访。我们还充分利用专业知识就当地农作物种植、病虫害防治等进行了科普宣传，并在支教课堂中安排了农业知识科普课堂，希望在孩子们心中种下知农、爱农的种子。

学校举办了第一届“趣味运动会”。一大早，孩子们来到学校，或者在用粉笔画的“跑道”上试跑，或者拿着乒乓球拍试运乒乓球，或者三三两两结伴练习跳绳，学校门前的那条路立马就热闹起来了。后来比赛正式开始，不少老师也参与到其中，“速运乒乓球”“袋鼠跳”“两人三足”“跳大绳”“短跑接力”等项目，让孩子们玩得不亦乐乎。在所有比赛结束后，支教团成员把从武汉带来的书包和文具用品以及小红花作为奖励发给他们。这是累并快乐的一天，看着孩子们脸上的笑容，就好像那次雨后天空出现的彩虹，所有的雾霾一扫而空。

在近一个月的支教实践活动中，我们和孩子们一起成长，一起进步，一起分享快乐，一起得到幸福。一份份“分量十足”的奖状能给孩子们一份激励，也是对他们坚持读书，走出大山的期许。在实践活动结束的当天，我们特意给学生们举办了一个“颁奖典礼”。发奖状的顺序依次从高年级到低年级，小小的教室里站着所有任课老师，每位支教志愿者负责发几个学生的奖状。每个人的脸上都洋溢着兴奋期待的表情，这是支教团队对孩子们的祝福，也是对孩子们的希冀。

现在，“小宇宙”支教团正如宇宙初始萌发的状态，一点点变大，一点点变强，一点点为山区的孩子们带去希望，种下希望，让田埂上的梦也能翱翔在穹顶之下，每个梦想都值得被灌溉。虽然我们的力量有限，但我们做了我们应该做且可以做的，用自己的爱与担当为当地脱贫攻坚贡献力量。我们始终相信，在一批又一批志愿者的接力下，脱贫攻坚的能量会聚少成多，最终形成强大能量场。

因为爱　守护一份专心

专心源于对专业知识的认同与匠心独运。作为一名青年大学生，在大学最主要的任务还是要读好“有字”之书，毕竟书本上的东西是基础。可当我们越来越成熟的时候，我们会有一种自觉行为，那就是希望我们从书本上学到的专业知识能够在实践中经历风雨的洗礼，也就是有了一种想去读“无字”之书的强烈冲动。

“与岗位科学家同行”的实践项目带着我们去到了湖北宜昌。国家油菜产业体系岗位科学家周广生教授一路上和我们有说有笑，聊的不是关于油菜的知识，而是他的成长阅历。“我上学那会儿很爱学习，基本上不参加什么其他的社团活动，一门心思做学问”，“我在傅廷栋老师门下得到了老先生的诸多教诲，受用一生”……我们也听得带劲儿极了，对于后面的实践倒是忘得一干二净。

到达目的地后，我们在周广生教授的带领下马不停蹄地走进了田间地头，了解当前油菜长势，并在青贮饲料贮存窖前品闻饲料酵香。周广生教授还特意让我们几个学生去到羊舍栏圈了解饲养效果。这对我们而言真是太难了。伴着有点刺鼻的味道和“咩咩咩”的羊叫声，近距离与羊接触，简直令人印象深刻。也许是看出了我们的纠结，周广生教授二话不说，直接与圈里的羊来了一次“亲密”接触。他拿起羊正在吃的饲料闻了闻说：“这批青贮饲料的成色还不错”。

此时的我们有点无地自容，毕竟我们没有勇气去迈出本该迈出的一步，而我们的师长为我们作了榜样和示范。对于专业知识与现实情况的融合需要勇气，而不单单是凭我们的一腔热血。经过一番思想斗争后，我们也尝试了几次。现在回过头去想，我们都觉得自己有点可笑，但却也是最有感触和收获的时候。

社会实践免不了走走停停。周广生教授带着我们在当地向导的带领下去到了长阳永兴生态牧业科技有限公司考察，并同公司负责人进行了交流。作为一家生产青贮饲料的公司，总经理尹春云的言语让人很有启发。他说，今年六月份的时候，公司试种了反季节油菜，长势良好，再过些日子即可收获。“效益还是非常可观的。公司将在今后不断扩大种植面积，争取一年种植、收获四茬油菜，让复种指数和效益得到提高，同时，积极带动周边农户进行种植或者扩大种植面积，一方面可解决优质饲料尤其是冬季优质饲料供应难题，另一方面可促进农民增收。”

其实，对于尹春云这位商人而言，公司的效益永远是第一位的，可是他还想着怎么让农户去大面积种植从而增收致富。我们看到了一位商人身上的情怀。这种情怀对于我们农学专业的学生而言是多么的重要，毕竟只有心中装着农民，才能服务农民，也才能实现自己专业的价值。

在当地畜牧局的安排下，我们几个还“脱离”了周广生老师跟随当地的一个农场主进山开展了调研。老实说，在没入山之前，我们一直住在沿江的旅店，每晚都能和周广生老师还有其他小组的成员进行交流。那会儿，看到其他队友发来的调研农户的图片，我们都十分期待“接地气”的机会。队友段红玲还望着对面不远的大山一个劲儿地叹气：“天哪，我也好想住山里，放我进去……”。

本以为，只有几十分钟的路程，可是汽车在弯弯曲曲的山路上竟开了近两个小时，而且在行进到一半的时候，我们被告知原先的山路因为泥石流中断了，需要停车等待。一车人全下来，我们按捺不住好奇的心，拿着相机就跑到抢修山路的附近四处看。其实，危险随时可能发生，但我们也看到了那些不惧危险的修山工。他们的一抹腼腆，微红恰恰与这满山的绿色相辅相成，只留下两个字，自然。

这段小插曲谈不上是专业修行，但却是一种额外的启迪。我们在专业学习和实践的过程中，如果遇到困难和挫折的时候，是掉头跑还是直接放弃呢？也许，我们应该做一点停留，转换一种思路，看看“风景”也好，换一种心情，就会有别样发现。对于专业研习而言，那份“匠心”与“专心”也许就由中而发。

因为爱　守护一份诚心

每每有人提及要再次回到我们拿着从农村带过来的样品去湖北省农业院果树茶叶研究所江夏金水基地时，我们的内心总是不能平静，那段时间团队每一个人都刻骨铭心。远离市区近50公里，我们在安静的环境中用心做样品检测，心无外物，宁静致远。虽然生活条件艰苦，但那份诚心始终没有被抛之脑后。

武汉的7月，热浪滚滚，只要在户外，整个人都会感觉不好。我们就在此时出发了，搭乘小面包车，前往湖北省农业院果树茶叶研究所江夏金水基地，围绕湖北省砂梨资源、砂梨生产管理、梨树病虫害及多种砂梨果实品质分析鉴定等方面展开为期近一个月的调研。尽管有负责大学生社会实践工作的辅导员亲自护送，也有负责基地日常管理老师的亲自迎接，我们还是忐忑不安。

本来应该与我们同行的专业老师因为临时有事要去南京出差，所以，我们有点像孤飞的大雁。但这并不能降低我们的学习热情。前期，我们做了十分充足的准备，把实践团队兵分两路，一路前往农科院果茶所，在研究所老师的带领下进行实验，一路前往基地进行实地考察和样品检测。

负责基地日常管理的老师在路上向我们介绍到，梨在我国是仅次于苹果和柑橘的第三大经济水果，也是湖北第二大经济水果。这些年来，湖北砂梨品种在质量和产量上取得明显的提升和增长，已经成为拉动地区经济增长的重要作物，在全国享有盛名。她告诉我们，基地的砂梨圃保存着从全国各地，乃至韩国、日本等海外地区收集的近千品系，同时，基地旁的一块杂交果园中也种植着两千多棵各不相同的杂交梨树，目的都是为了选育优质高产的砂梨果树品种。

满心的期待迎来的是满心的惆怅。在基地，我们面对的是近两年无人居住的出租屋，没有空调，没有热水，布满灰尘。虽然内心有几千个几万个不愿意，但我们还是达成一致意见，不能给“组织”丢脸，让这眼前的困难给吓到。我们用了半天时间，对整个屋子进行了清扫，并将原有的东西废物利用，给女生组装了一个晾衣架。

艰辛的环境恰恰给了我们扎实工作的无尽动力，因为只有让自己沉溺在事务中才会忘记生活的苦楚。我们每天凌晨五点起床，趁着太阳还没有升起的那一段时间到果园中进行采样。每次结束的时候，我们的衣服已经湿了又干，干了又湿，身上结出了好几圈白色的盐印。

男生的任务就是给这两千多棵果树一一挂牌编号，并统计果实成熟时期和果实形态。我们面对的是齐腰深的杂草，无数蚊虫和毒辣的阳光。在第一天下地时，一条蛇还给了我们不大不小的惊喜。我们看着它，它看着我们，互相凝望后，我们最后还是小心绕开了，索性相安无事。在接近四十度的高温中进行统计，虽然十分辛苦，但是为了一份完美的调研报告，我们所有人都在默默咬牙坚持。

女生则跟着果园的师傅们一起将成熟的果实从树上摘下来，按照不同品种进行编号，然后带回实验室对果实进行称重，对纵横长、果柄长、果实硬度等数据进行测量登记。当然，还得再将果实一一切开，取出果肉，按每份一百克分装好，再由老师带回院所交给我们另外的成员。他们会对梨肉石细胞含量这一对梨口感有主要影响的指标进行测量。

就是这样的重复的工作，一天又一天，没有什么特别，但却十分充实。这种感觉，我们在大学校园里完全感受不到。

在实践过程中期，我们还对梨树黑斑病发生情况进行了调查。通过对使用传统防治方法，生物农药防治，和不做防治的几种实验株的病情发生情况进行比较，我们发现，今年梨树的黑斑病发生情况十分严重，即便及时使用农药进行防治，效果也十分有限，基本上一棵树的叶子上都会有不同程度的病斑。后来才知道，这受到了今年全球厄尔尼诺现象造成的异常天气的影响。任何事物总会有它的正反面。得益于今年天气的影响，梨树的虫害相比起病害反而并不太严重。

时间一天天过去，我们的实践也逐步深入开展。我们对前期采摘的梨进行了品质分析，对梨肉的可溶性固形物、维生素 C、可滴定酸、可溶性糖等指标进行测量。每天七八个小时的实验，我们总共完成了 200 个品种的分析。这个数量还得到了实验指导员的表扬，这也让我们这些天的辛苦没有白费。

我们抱着一颗诚心而来，能吃苦耐劳，能克服困难，可以出色地完成各项任务。这是一种精神风貌。实践团队的指导老师还专门给我们发来短信，鼓励我们要团结一心，注意安全，顺利完成实践任务。

我们虽然没有走遍祖国的大好河山，也没能探寻祖国的人文风情，但我们深入生产一线，见证了在田间工作的科研工作者的坚定，感受到了乡下人民的善良淳朴。去到基地后，一位卖早点的大妈得知我们是学校的大学生，好几次都没

实践小组深入农户家中进行调研　聂菊 摄

有收我们的钱，这让我们十分感动。

所谓“耕读”，就要投身于生产一线，脚踏实地地进行实践，所谓“黑板上种不出好庄稼”；当然也要“勤读”，没有理论知识作为依据，仅凭经验也是不可取的，唯有理论联系实际，才能有扎扎实实的业绩。

有的时候，我们都会谈及“知行合一”，但真正做到“知行合一”需要勇气，需要执着，需要坚持，需要耐心，需要创新。更为重要的是，我们青年大学生的“知行合一”要带着我们青年人独有的爱心出发，用爱去关照人，用爱去看待人，用爱去做好人，把对“三农”的情感融入到自己的血液中去，时时刻刻地提醒自己，要用青春的历史使命和现实责任去“笃行”。在全国农科学子联合实践行动中，不止有我们，还有如我们一样的千千万万名大学生在基层一线，在贫困山区，奉献爱，给予爱，用千千万万个一份力汇聚起助力国家脱贫攻坚战略的青年能量。

（张贵礼　贾浩洋　文）

西北大地

天山青松根连根，各族人民心连心，全面小康从来都是56个民族的2020愿景，精准扶贫亦是一条众志成城的必经之路，一如朝圣，途中各族人民上演着一部部文化大戏、情感大戏。

中石油在塔里木油田有这样一句话："只有荒凉的沙漠，没有荒凉的人生"。当代贫困农村正面临凋敝，农村往何处去？农业往何处去？农科学子如何迎难而上无畏生长创造精彩而拒绝"荒凉"？

热火青春　筑梦基层

——甘肃农业大学农学院2016年暑期社会实践纪实

辛勤的汗水，欢乐的笑容凝聚成回忆；走过的路，踏过的土铭刻我们的脚步。伴着清风，翻越重山，回忆追溯到那个激情似火的七月。2016年7月，甘肃农业大学农学院响应大学生暑期“三下乡”社会实践活动的号召，积极组织青年团员参加，共组织校级小分队两组，在甘肃省内开展下乡社会实践。一支队伍前往白银市靖远县高湾乡沙河村，另一支奔赴定西市锹峪乡永丰村。此次实践主要开展了走访调研、科技支农、义务支教、关爱留守儿童和孤寡老人，环境保护

农学院2016年社会实践出征仪式　刘彪 摄

宣传等一系列活动。在为期十天的社会实践中，我们走进田间地头，深入乡镇基层，用青春的热火，点燃生命的激情。

背好行囊，我们从学校前往不同的地方。大巴车沿着既定的路线出发，一路颠簸，窗外阳光细如碎花，投射在路边大大小小的水潭中，斑斑点点，绽出光芒。风轻撩发丝，痒痒的，软软的，让人内心逐渐平静。渐渐地，远处的农田与农舍映入我们的视野。记忆的青鸟越过世间的荒芜，熟悉的感觉油然而生，依稀忆起小时候曾在田间狂奔欢笑的场景，亲切又怀恋。“天将降大任于斯人也，必先苦其心志，劳其筋骨”，任重而道远的使命更需要当代青年的努力拼搏与开拓实践。

踏一方淳朴的乡土

一条平坦的马路直通村子，道路两旁栽着葱葱郁郁的柳树，碧绿柔软的枝条随风飘动，真正是应了那句“万条垂下绿丝绦”，逐渐映入眼帘的是一片绿油油的景象，远处，农田里满是西瓜和蔬菜。一队到达沙河村时已是傍晚，但天色仍有霞光。我们经过一晚上的休息调整，第二天就深入农民群众展开走访调研工作。在走访期间，我们认识了一位村里的大学生，他毕业于兰州理工大学，与我们同是兰州高校的学生，因此倍感亲切。在知道我们的来意后，他主动担任起向导来，向我们介绍村里的情况，带我们熟悉村里的环境。沙河村的经济发展比较落后，农户收入的主要来源是西瓜种植，村里机械设施匮乏，村民种植技术依旧采用最原始的方法，因此生产水平较低。在村里的田头，我们碰见了一位抽着旱烟的老伯，他身着一件很古朴的汗衫，我们上前打招呼：“大伯，您坐在这儿干什么呢?”“我照顾我的西瓜哩，干得累了就歇会儿。”大伯很热情地回答着，大家也席地而坐，向大伯说明了来意，你一句我一句拉起家常，大伯那张布满皱纹的脸上流露出和蔼的笑容。夜幕很快降临，我们在村子中央架起投影仪，向村民宣讲一些先进的农业科技。大家热情地招呼，认真地宣讲，让他们在电影中看到科技在农业中的广泛使用，感受科技力量的强大。

除此之外，我们还给当地农民介绍了一些合理的种植方法。大家深入田间地头，与农民们一起劳动，在此过程中了解到有许多农民在种植西瓜过程中出现的方法不合理、种植不规范、使用化肥农药不科学等问题。针对这些问题，我们专门搜集了相关资料，诸如如何合理密植，如何针对不同瓜种选用不同的化肥，如何施用有机肥避免土壤板结等，我们将搜集到的资料打印成册，发放给当地农民。虽然我们的知识有限，并不能为农民提供更多、更详细的种植技术，但我们尽自己的所学所能，最大限度地结合当地实际，为农民们解决了一些简单的，生产种植方面的问题，受到了当地农民的一致好评。

山路婉转，一路颠簸。没有城市的喧闹声，没有城市的车水马龙，乡村显得宁静干净，地处山林深处的永丰村别有一番风味。刚踏进村里，路上的行人寥寥无几，不远处成群的麻雀叽叽喳喳地吵闹着，一会儿落在电线杆上，好像五线谱上的音符；一会儿在空中飞来飞去，划过一道道美丽的弧线。在经过详细了解后，我们发现永丰村的经济发展滞后，农户之间的贫富差距相对较大。在对永丰村的走访调研过程当中，最深的感受就是这里的村民非常热情，每到一户农家，主人都会热情地招呼我们，农村人的朴实在他们身上得到了充分的体现。走访期间，大家不仅深入当地农民家中，更是走向田间地头，山路崎岖阻挡不了大家走访的脚步，赤日炎炎消磨不了我们调研的激情。在团队里，有好几个队员是外地的学生，而在一片定西方言的小村落里，沟通无疑成为了最大的难题。大家只好分为两队，由两名定西的队员担任“翻译”开展活动，虽然过程冗繁，但大家乐此不疲，甚至用学到的一些不标准的定西方言相互交流，为下乡生活平添了许多乐趣。

“大婶，家里主要经济作物是什么呀？”

“啥叫个经济作物？”

“就是家里主要靠什么卖钱呀？”

“哦，家里主要靠种党参，黄芪这些药材来卖钱。”

下乡过程中，听到最多的就是这几种药材，基本都是靠种植中药材来卖钱，当提到药材带来的经济效益时，当地的居民都略带忧愁，他们说每年中药材的价格起伏不定，有时价格奇高，有时价格又特别低。去年药材价格下跌，大多数人连种植的本钱都没有收回来。当问到他们其他经济作物种植情况时，他们说唯一的就是小麦了，但当地居民小麦种植面积比较少，大多数人家仅仅种植了一家人一年的口粮。来到这里之前，我们就对当地的情况做过相关的了解，并为此制作了中草药科学种植及销售渠道宣传单，走访过程中，我们一边了解调查当地居民的经济状况，一边向他们发放宣传单，当地居民如获珍宝，对宣传单大加赞赏。

在支农方面我们依然是狭义上的支农，实质性效果不太明显，只是停留在表面上支农。如果我们团队离开，村庄的情况也将不会有太大的改变，村民的生活不会因为我们曾经的到来发生历史性的改变有显著的提高。但即使我们的力量微不足道，我们也无悔，因为至少我们曾为此努力过，在以后的活动中我们还将更加认真地探索更多切合实际的支农活动。

经历短短的十天，却让我们永生难忘，忘不了自己曾在这里感受到的农民们的艰苦与朴实；也让在家中什么都要求最好的我们习惯了馒头咸菜；让我们对自己平时的浪费产生了一种罪恶感。实践过后的我们已经成长，明白我们不仅是自己的希望，是家庭的希望，也是祖国的希望，明白我们的任务不仅是下乡科教支农，更是为祖国的发展做贡献。感恩这次旅程，感谢这一方质朴的乡土。

撑一片希望的天空

寄希望于未来，寄希望于教育。教育是任何一个国家发展壮大的坚实基础，在支教过程中我们感受颇深。在沙河村，当地村委会为队伍提供了支教的场所，我们在当地临时办了一个辅导班，教小学生学习《三字经》《弟子规》，给初中生讲解作业中出现的问题。孩子们学习的主动性很高，经常缠着我们帮他们解答疑问，古有“师者，所以传道授业解惑也，”即使作为临时教师，我们仍尽职尽责去解答孩子们的疑惑。课间与孩子一起跳皮筋，踢毽子，打沙包……这一系列的游戏让我们回想起了童年的记忆，那些天马行空的想法，天真烂漫的笑容，仅仅是曾经拥有，也无限怀恋。孩子们不经意间的举动往往会感动我们。记得那天上完课后，一个小女孩拉着我们，她将自己亲手叠的千纸鹤和用蜡笔画的简笔画送给我们。一件很普通的礼物却感动了我们在场的所有人，因为这份礼物中包含了小女孩的用心，那清澈的眸子里倒映的是一颗明净而又感恩的心。在支教过程中，我们还遇见了当地一位资深的乡村老教师，他对我们的支教工作表示大力支持，竖起大拇指为我们点赞。他说，“年轻人是祖国未来的希望，教育显得至关重要，作为一个教育者，不仅要教会学生知识，更重要的是教会他们如何做人。”我们深受老教师的启发，更加明白义务教育的意义所在，正如雅斯贝尔斯在《什么是教育》中写的那样：“教育的本质意味着：一棵树摇动一棵树，一朵云推动一朵云，一个灵魂唤醒一个灵魂”。教育是心灵之间的沟通，只有用心教育，才能为祖国的明天培育栋梁之材。

“纸上得来终觉浅，绝知此事要躬行”，实践是检验真理的唯一标准，只有实践后才更具有话语权。深入调查永丰村的教育状况后，我们有太多担忧。永丰村的教育问题非常突出，村民中受过初等教育的较少，受过高等教育的更是少之又少。当地村民很不重视教育问题，知识改变命运的思想在他们的脑海中只是一种浅淡的存在。刚开始由于条件的限制，支教工作只能在村民的家中展开。当我们深入农户家中为孩子辅导课业时，家长们都很热情，他们说自己没读过书，无法参与到孩子的学习中，从他们的言语间我们还是可以感受到他们对自己孩子能有一个良好学习环境的期待。我们向家长分享有了知识才能有出息的观点，他们欣然的接受。他们态度的转变，也让我们对教育事业的发展增添了一份信心。孩子们的表现让这份信心更加强烈，记得那天，我们和孩子们约定第二天早上八点进行辅导。然而第二天早上七点钟，我们发现孩子们已经在校门口集合，由于校门是关闭的，所以孩子们静静地坐在门口看书。清晨的阳光洒在他们的身上，格外耀眼。这件事感动了大家许久，也让我们看到了孩子们学习的热情和对知识的渴望。那一刻心中感想万千，忽然间明白了支教的真正含义，我们传递给孩子们的，不仅仅是知识，更是一种希望。

守候中期待的目光

小队抵达目的地后，调研和支教开始交叉进行。在这次下乡活动中，我们遇到了许多令人记忆深刻的人和事。有鳏寡孤独、老弱病残者，他们患病无助缺乏照顾，他们万般无奈却无力改变现状。“家家有本难念的经”，但他们无一不淳朴、真诚，这给我们莫大的触动。

沟壑纵横的黄土高原，弯弯曲曲的乡间水泥路，连片的红砖房屋，两点三笔勾勒出和谐壮美的农村画卷，这里是甘肃省定西市锹峪乡永丰村。犹记得，在一个普通农家小院的门口坐着的那个爱看天的小女孩，因为患有帕金森综合征，加之父母常年不在家，有轻微的抑郁，爷爷奶奶在家照顾她。父母也带她去过几次兰州求医但效果却不是特别好。后来，父母就停止外出打工，在家专门照顾她，现如今她的病情已略有好转。见到我们就露出了还未长大的虎牙，开心地笑了起来。我们帮小女孩辅导了她落下的部分功课。午后的阳光格外沁人心脾，我们告别了小女孩，前往了下一个任务点。在隔日下午，我们在坐车前往镇子上时，正好在车上看到了上次的小女孩。她还主动跟我们打招呼，一路上我们谈天说地，十分欢畅。

在永丰村的另一头，有一院冷清的土坯房屋。如今我们仍清楚地记得打开破旧门的老爷爷，七旬过半，满鬓斑白，行动不便且患有白内障的他眼神呆滞，轻微的老年痴呆使他丝毫不知鼻孔中流血。我们上前为老人拭去血迹，老人在1960年时考上陇西师范，但由于家庭贫困，他作为家里的老大，不得已放弃学习的机会回家照顾弟弟妹妹。经过数十年的艰苦拼搏，供养弟弟妹妹各自成家，只有他自己终生未娶，如今一个人独守空屋，无人照料。面对孤独的生活，他曾为那个家庭默默付出，最终却只能孤独终老。面对赤裸裸的现实，他只能屈服于命运继续在孤独与贫困的沼泽里挣扎。

“鸟有一个巢，人有一个家”。对每个人来说，家是感受亲情的港湾。扶贫农村也许只有真正地参与，才能体会其中荡漾在心海那抹苦涩而忧伤的回忆。

还世界一抹绿色

“一滴水足以拯救一个生命，一根草可以点缀美丽的人生。”花草树木皆有情，让有限的资源，进行有效的利用循环，让经济发展的浪潮进入绿色的河道，为世界增一抹绿色。我们在沙河村举办小型宣讲会，呼吁村民们保护环境，还放映了一些宣传片，加深他们对环境保护重要性的认识。除此之外，我们还积极走进田间瓜地，给村民普及一些防治虫害的途径，宣传一些保护性耕作的方法。看见散落在田头的秸秆，我们将它们捡起来置于田里，还将散落在田里的地膜进行简单的整理，并在村子周围捡拾垃圾，将它们分类处理。还做了关于农民环境意识、农村生态环境现状、农村环境污染情况以及当代农民环境保护需求的调查。

相比较而言，永丰村的环境破坏较轻，但村民的环保意识欠缺，随手扔垃圾的现象普遍存在，我们主要展开捡拾垃圾活动，从自身做起，让更多村民树立环保意识。经过数多天的行动，村民渐渐认识到自己随地吐痰、乱丢垃圾是不文明的行为，也意识到大人的一言一行将影响着孩子的发展，希望通过本次活动村里的环境能够有所改善。

团队成员鉴别籽瓜锈病　刘彪 摄

地球，你我共有！绿色，你我共享！这是我们共同的心愿，环境的好坏直接影响着我们的身心健康。为了我们共同的家园，为了给我们的子孙后代营造一片干净的生存空间，为了那抹绿色，让我们一起行动起来吧！

西北黄土高原的一贯特点就是沟壑纵横、崎岖不平。甘肃大部分地区是传统意义上的“穷乡僻壤”，恶劣的自然环境阻碍了当地的发展，道路不通，信息不畅，农民在传统的耕作方式下日复一日挥洒汗水。在此次的下乡活动中我们明白社会实践是引导大学生走出校门，走向社会，接触社会，了解社会，投身社会的良好形式；是培养锻炼才干的好渠道；是提升思想，修身养性，树立服务社会思想的有效途径。参加社会实践活动，有助于我们更新观念，吸收新的思想与知识。三人行，必有我师，在为期十天的社会实践中不仅是我们给农村带去了现代农业信息，同样重要的是我们也向村民们学习到了许多的东西，最主要的是村民们淳朴、纯洁的心灵和不追求名利、不贪图享乐的心态，这些品质将影响我们一生。“三下乡”社会实践加深了我们对农村的感情，拉近了我们与农民间的距离，也让自己在社会实践中开阔了视野。

汽车缓缓行驶，那两座隐藏在起伏山岭间的乡村逐渐离我们远去，明年我们还会再来！暂时再见了，永丰村！这片曾留下过我们的足迹与汗水的土地！

（刘彪　文）

忆往昔　峥嵘岁月

——宁夏大学农学院 2016 年暑期社会实践纪实

“太阳从地平线的那端爬过了大山，温暖着我们那片美丽、富饶的土壤。那土壤里酝酿着农民的希望，吐散着嫩芽的芬芳。一个个身影已经早早起航，深入农村一线，指导农业生产。”那是我们的身影，是我们朝气蓬勃，敢于实践的宁大农科人！回望过去，宁夏大学农学院总能有一群朝气蓬勃、踏实能干的有志青年，他们顶着火热的太阳，背起行囊，带着对大千世界的憧憬，用实践的双手撑起自己头顶那片湛蓝色的天空。就在 2016 年 7 月，学院按照“按需设项、按项组团、双向受益”的原则，组织学生广泛开展实践服务活动，学院有全日制在校

宁夏贫困地区“精准扶贫”政策的调查　高磊 摄

本科生 1105 名，而参加 2016 年暑期社会实践的同学达 820 人，占全院在校本科生的 74%，共有 27 名师生自主成立小分队参与到实践活动中。其中涵盖了我院食品科学与工程、农业资源与环境、动物科学、动物医学、园林、园艺、植物保护、草业科学、农学等 9 个专业。在活动中充分做到实践与所学理论知识结合起来为广大农户服务。一队队宁大农科人，就在这个平台，走上青春与理想抱负的康庄大道！

乘着开往各个城市的列车，同学们不断地邂逅窗外许许多多在城市里并不多见的风景。就像那两个月的实践里所遇到的各种坎坷与波折、甜蜜与辛酸。这股青春的气息随着社会实践的风儿吹到了寻常百姓家，为当地种植户带来了有效的技术方法；跨过宁夏的山川，只为倾尽毕生所学，为自己大学的学习生涯落个无怨无悔；途经每一个需要自己的地方，芳香遗一路，只因爱这片土地爱得深沉！此时此刻，团体中没有所谓的独生子女、没有所谓的娇生惯养，有的是甩开膀子、撸起袖子、俯下身子加油干的你、我、他！

自从我们选择了与泥土做伴，便早已习惯了朝出晚归的辛勤繁忙，虽然夏日的太阳晒黑过我们的脊梁，虽然实践与理论的出入曾划伤过我们的翅膀，但为了农业增效、农民增收和农村经济的快速发展，我们总是义无反顾地投入实践的海洋。为的是身后那些期盼信赖的目光、为的是自己最初的梦想。忆往昔，峥嵘岁月！我们敢说自己无悔于青春、无悔于学校老师的教导！最终不负荣光，我们都在成长中走向成熟，用自己的力量让需要我们的人们看到一步步实现“中国梦”的光芒！

旅程

还记得那个“黑色”的 6 月，我们“视死如归”般踏进了高考的战场；还记得我们作为小鲜肉时欢心雀跃地憧憬大学的画面，这些场景都如画卷般历历在目。在大学殿堂一年的时光里，我们有着成长，从最初的迷惘到对自己未来的规划。以前，从未发现时间的宝贵，但现在只需一眨眼的功夫，大一新生的过渡期便匆匆而过，迎来了假期的生活。相比起以往的每个假期，这个夏天可以说是我们最为忙碌也是最为充实的。

迎着朝阳，伴着微风，我踏上了去同心县豫旺镇大红沟村的路程。抵达目的地后，杨占云书记和大红沟村的村民们热情地接待了我们。因此我们了解到由于最近几年大多数年轻人都选择外出打工挣钱，仅仅留下年迈的老人和年幼的孩子，所以村子的收成并不是很景气，但幸好有政府的帮助，大家的生活还能继续下去。

渐渐的，日落西山，而我们在与村民的交流中真切地感受到了“精准扶贫”的魅力。当地居民的朴实无华，热情真挚，都让我们感受到了家的温暖。“人穷志不穷”，诚然，贫穷是一种苦难，但是这种苦难却没有打败我们的劳动人民，反而使他们在贫穷中锻炼出了坚韧不拔的意志。这种意志深深地影响着我们，我想，我的人生就此而改变。就这样，在心灵的震撼中我们结束了第一天的访谈。

日出而做、日落而息是这个村子千百年来传承的生活方式，在实践调查的这两个月里，我们仔细观察了村子里的状况，结合自己的调查结果，了解到了国家对偏远山区的特殊政策，并且也尽自己最大的努力去帮助他们。“赠人玫瑰，手有余香”，我们在帮助村民们的同时，他们也教会了我们面对生活的态度，任何的苦难都将会是未来成功路上的垫脚石，唯有脚踏实地，不忘初心，方能得到自己想要的结果。

离开村子的那一刻，我们每个人心中都充满了不舍，这里的每一寸土地都有着我们的痕迹，我们也早已把村民当作是自己的家人，这种感情渗进了我们的骨髓，永世难忘。

同样温暖的朝阳，同样和煦的微风，我们踏上了离别的路，所不同的是我们每个人的感受。这是一段旅程的结束，但同时也是另一段旅程的开始，我们将永远不停歇地走下去！

寻水记

曙光初绽，薄雾森森，点点精灵跃于叶下，观乎此景，不禁叹生命之伟大，万物之瑰丽。更觉此行之光耀。想昨日只是游于口齿之间，而今已是身体力行。纸上得来终觉浅，觉知此事要躬行，吾等身为农科人，自怀敬畏万物自然之心。格物致知，用吾等所学改善当前，造福未来。

漫漫寻水路，虽一路奔波尘满客袍，然夕阳余晖时，寻得一水，静默而过，刻间劳顿疲乏之意消遁。清风与思绪齐聚，夕阳与朝阳同在。

此行收获颇丰，关键有三。其一，理论与实践之相差甚远，理论之高远，实践之低矮。理论中水之形态，水之特性水之利用之法早已无人不知无人不晓，高效便捷之法更迭不穷，对应之物配套齐全，各方论证成熟自然，依理而论现代用水之法已然百利而无一害，然而现实如何，漫灌乱灌仍为目前我区主流，此法耗水之巨，人力财物之多，与理论相论差之千里。余细究其因，斗胆表述：一方面，人民思维之欠缺，水之于地球之宝贵，人人皆知，口号标语日新月异，高谈阔论者比比皆是，然现实中鲜有节水者，更少善用之人。人视水为廉价之物弃之未有不可，流之无人监管。口号早成秋日之燕雀，不知所去。另一方面，理论钻研之人为彼，实际用水之人为此，彼与此无交汇融合之处，理论只言理论之高远，实际只言实际之策，理论实际背道而驰。故水之去向无法无章，只得随意而为。终成廉价废弃之物。水之高洁之清丽默于阴暗地沟之中。禾苗待水而枯。牲畜缺水而亡。人言水之宝贵如金。其二，将帅者决胜千里之外重在识人，常言道："知人善用"，善用者在于察人。用人而不察，授权而不为，无果而费权。本可为寻水识源者，用其为后勤补给者，水源不得而后勤无力。察之而不用，不若不察焉！知其才能，视若无睹劳才而损资源耳。用人而不察者，察人而不用者皆为缺乏将帅之才者。实践之中皆为考验将帅之才之时，将帅无能则实践无果。其三，二人言物，物虽同，而言不复。究其本源在于人之不同致使物之有所不同。物之呈现不同必会采取不同之法而对，雷厉风行之，总有秋风扫落叶之势，使事倾于快速而成之势心思缜密者，自会瞻前顾后百思而后为。不同之法之于同一物后结果截然相反，试问孰对孰错，余观之皆无错，世间万物大到星空大海，小到蚊蝇仓鼠，若都为上苍之统一标准而为，哪有十里荷花三秋桂子，早无大漠孤烟长河落日。皆为千面一孔。举目四望不如不望。此行之后终得一解。

古人云"生活处处皆学问"。所谓生活乃学习实业之集合，理论之思考犹如水之于人之生存。实际之思考犹如空气之于人之活命。二者不可缺一，缺一而不往。余认为作为有识之士必将理论与实践归于同等重要，扎实其理论，丰富其实践，理论实践相得益彰才为最得意之法。

吾昔寓居陋室朝求理论，暮想实践。理论不可同实践，实践未能按理论。嗟乎！庭院里育不出千里马，陋室里思不得完全法。唯有纸上得来终觉浅，要知此事需躬行才解此行之深意。闭眼，点点水精灵早已汇聚成海，远望之只剩波涛汹涌之势与百舸争流之景。

心系调研之旅

白云浮动，传奇留在过往；落叶沉睡于大地，孕育着一个希望的诞生，炎热的夏季也将在八月的渐渐离去中逐渐褪尽它原有的火热体温，而我们也将背着各自的行囊，踏上调研旅途。

推开大门，一股热气迎面而来，热浪滚滚。吴忠市盐池县气候干燥，太阳似火球一般，炙烤着大地，空气闷热，地面滚烫滚烫的，我们的调研之旅就此拉开序幕，即便天气炙热，也阻挡不了我们前进的步伐。在调研的这段日子里，食物单一，生活简陋，每天盯着骄阳，闻着难闻的味道，在羊圈里一次又一次，一遍又一遍地查看、了解，一切变得那么的艰难，那么的寸步难行。孟子曾经说过“天将降大任于斯人也，必先苦其心志，劳其筋骨，饿其体肤，空乏其身，行拂乱其所为也，所以动心忍性，增益其所不能”，这带给我继续前进的动力。乡村的夜晚总是那么寂静，那么的安详，怀念每晚我们坐在一起讨论各种问题的场景，每一个人痛并快乐着，那时我真切地体会到“有难同当，有福同享”的真情。

“调研之旅，实践之旅”，旅途中挫折重重，这一路我们要独立联系相关政府部门开具证明来保证我们调研继续进行，但更多的时候，都被因种种原因未能成行，我们一样不卑不亢，毫不气馁，我们脚踏实地，一步一步往前走，最终得到政府支持，这一路我们学会了独立，学会了自强。时间转瞬即逝，即便调研结果却依旧迷茫，但我们没有放弃，经过征集采纳，并融进各个组员的意见，最终完成了我们的调研项目，在这里我明白了团队的力量。

美国作家罗曼·皮尔曾说过：“态度决定一切”。无论做什么事只要态度端正，才会有信念去完成一件事，这一点我们体会得淋漓尽致。人生就像一趟旅途，沿途中有数不尽的坎坷，但也有看不完的春花秋月，若我们的一颗心总是被灰暗的风尘所覆盖，干涸了心泉，黯淡了月光，失去了生机，丧失了斗志，人生岂能美好？不由得想起美国成功学学者拿破仑·希尔曾说过：“人与人之间只有很小的差异，但是这种很小的差异之间却造就了巨大差异。这很小的差异就是所具备的心态是积极的还是消极的，巨大的差异则是成功与失败”。成功与失败只在一念之间，但是我们坚持着……

调研之旅已经画上了句号，但留在心中的回忆与感受却久久难以忘怀。在这短短的几天中我们紧张过，努力过，开心过，醒悟过，自信过。这些从未有过的经历让我们进步了，成长了，学会了一些在学校以前从未学过的东西。

梦起时花开正盛

梦起时，花开正盛！一次社会实践，始于花田，从一个感觉碌碌无为的学生蜕变为一个追梦的青年。感谢这次社会实践给予我机遇！牡丹素有中国国花之称，而这次社会实践的主角便是这国花牡丹！讲起对牡丹的了解，宁夏油用牡丹方面专家李锦馨老师绝对是不二人选。我们社会实践小分队的每一位成员都怀着对牡丹花的喜爱与敬仰去参加本次社会实践活动，古人讲“唯有牡丹真国色，花开时节动京城”，这句话高度概括了牡丹的特点，可见牡丹在古人眼中的地位绝非一般。

从 7 月 20 日的准备，到 8 月 26 日的结束，短短一个月时间里，我改变了不少，彻底发挥了主观能动性，开启自己新的篇章。7 月 20 日我们前后三次赶往宁夏同心县调研，确定本次实践地点在宁夏同心县王团镇、下马关镇，因为两地有大面积油用牡丹种植区，对我们的社会实践有特别大的帮助。8 月 4 日我们又前往王团镇进行实地探究，了解农民对种植油用牡丹有哪些困难。8 月 13 日，我们到达同心县，布置培训会场，等待指导老师李锦馨做进一步的安排，8 月 14 日培训会议正常召开，开始时，来的农民较少，我们就开始担心，可是后来慢慢地，随着人越来越多，我才意识到，农民是真的可敬的，他们为了谋求更好的生活，可以将地里的玉米、小麦换成油用牡丹，这得需要多大勇气才能够完成的壮举，玉米、小麦在乡村已经种植了很多年，地位是至高无上的。他们能够跨出原有思维的束缚，接受了新鲜的油用牡丹，并坚持坚定地走下去，这是一种义无反顾的勇气，在那个干旱少雨，靠天吃饭的地方，农民竟可以这样接受它，我相信，农民也付出了难以想象的辛劳。

培训途中，看到一张纸，纸上写满了培训课程所讲内容，笔迹歪歪斜斜，可见他们对我们的培训非常信任。我们也在尽力帮助他们，早日获得丰收，这亦是我们此行的最大愿望。期间无论男女老少，都提出了很多问题，李老师一一给予耐心的解答，即便顶着三十五六度的高温、皮肤被太阳灼痛，村民学习的热情不减，积极了解新的种植手段，李老师也不辞辛劳地为大家仔细讲解，讲述过程中我才知道，油用牡丹的各方面价值，已经远大于其他农作物了，无论粮仓作物还是经济作物，农民眼里只有一个想法：哪个收入高就种哪个。会议室培训和田间培训共用了四个多小时才结束，李老师走到哪里，哪里便会涌出一些农民，向李老师请教问题。我们一边向各位农民询问他们所遇到的问题，一边也在耐心地向他们分享我们事前查阅资料所得到的信息。他们都在大太阳底下笑呵呵，我们也在大太阳底下笑呵呵。相信总有一日，他们都会为今日的选择高兴。

宁夏同心县油用牡丹高产高效栽培技术推广与培训指导 杨壹 摄

后期整理调查问卷时，看到上面歪歪斜斜的字体，又是一阵感慨，生活不易，转变很难。可一旦转变，就会有意想不到的收获。晚上，我们实践小分队的讨论有序展开，大家你一言、我一语地谈论收获，我的收获则是：这次实践活动不仅仅让我学习了许多新的知识，增添了诸多见识，更让我体会到了农民生活之艰辛。我暗自下决心，作为农学院的一员，我有责任也有义务学好专业知识，为人民做出我力所能及的贡献！

至此，社会实践活动圆满结束。我很庆幸，庆幸老师推荐，承蒙学姐厚爱，让我能有机会参加这次意义重大的社会实践活动！在此，向李老师表示感谢，向小分队所有成员表示感谢。感谢他们在路上的照料与指导。

（蔡正云　焦淑珍　文）

忆社会实践　一次心灵的洗礼

——青海大学农牧学院2016年暑期社会实践纪实

忘不了那漫山遍野的绿草；忘不了那随风而动的幽情格桑花；忘不了田间垄上氤氲的迷人绿意；也忘不了农民那热情洋溢的笑容……记忆的画卷停留在2016年的七月，一群农牧学子顶着炎炎酷暑，深入青海的贫困乡村，开始了一年一度的大学生暑期社会实践活动。青海大学农牧学院派出了由十人组成的稼穑培根调研小组，以“实施脱贫攻坚工程，实施精准扶贫、精准脱贫”为主题，奔赴青海基层，走访了两个贫困村，完成调查问卷210余份。深入了解基层生活情况，为贫困群众传送温暖。

旅途的劳累抵挡不住我们满怀激情的内心，窗外的风景令人目酣神醉。“天苍苍，野茫茫，风吹草低见牛羊”的草原美景让我们为之惊叹；沿途金灿灿的油菜花海下闪耀着农民质朴憨厚的笑容。在一片麦海中我们看到了一个个矮小的身影，这些麦田中的孩子用好奇淳朴的眼神望着我们。虽然如今国家富强，人民兴旺，但总有仍需帮助的个体，那就是这些孩子们。他们也渴望着读书，渴望着老师的来临。他们渴望走出大山，走出麦田，而不是在麦田里日复一日地帮着爸爸妈妈扛那世世代代的锄头。这些景象激励了我们要用一颗感恩之心走进贫困山区，与大家共同分享这片土地所蕴含的生命之美。更重要的是让我们这些生长在温室的花朵切身体会到这片土地的贫瘠带给在这里生活的人们的疾苦，同时利用自己所学的专业知识去解决这片土地上的百姓们所遇到的困难，共同创造它的未来！

唐朝开国宰相房玄龄曾写道：“务农重本，国之大纲。”习近平总书记在江苏考察时也曾引用过房玄龄的这句话，由此可见农业的重要性以及中共中央对农村建设的重视。我们也只有参与到深入基层的实践调查中，才能体会到生活的辛劳，了解真实的贫困村，这一点对于我们农牧学子尤为重要。学院领导在出发前举行了出征仪式为我们饯行，学院党委王永杰书记与院长李宗仁教授向积极参加“三下乡”活动的老师和同学们表示亲切的问候，并让我们用心领会习近平总书记精准扶贫系列讲话精神，实施精准扶贫、精准脱贫，踏踏实实为农村建设贡献力量。

放思绪随风漂流

清晨的河边升起一片轻柔的雾霭，山峦被涂抹上一层轻柔的乳白色，晨曦徐徐拉开了帷幕，又是一个绚丽多彩的早晨，带着清新降临人间。

因为没有通向中滩村的公车，小队一行人在离村最近的地方下了车。中滩村是大通县的重点扶贫村，自然条件恶劣。我们徒步穿过了晨光清明的田野，农民伯伯已经开始细心照顾着脚下的每一寸农田，柔和的阳光肆意地挥洒在他们的肩上。村民们拿着锄头铁锹，进行着最原始的农作，黝黑的皮肤和额头上的皱纹透露出生活的艰辛，汗水湿透了衣衫，像水桶一样粗的裤管挽到了膝盖。大约走了二十分钟，我们便到了目的地——青海省大通县新庄镇中滩村。走到村口，望着村中的破旧平房，清贫的气息迎面而来。炊烟袅袅，小河静静地流淌，村前坐着一排乘凉的老人，深邃的双眸好奇地望着我们。老人的膝下有几个嬉笑的孩子，安静而祥和，尽管有太多的苦涩融进了昨日的犁铧，但是他们依旧怀着一颗憧憬未来的心穿梭在岁月的时空隧道中。

我们稍作休息，便分成四个小组开始了第一天的实践工作。走访第一站：与我院驻村干部李增武老师交流村中基本情况。李老师的临时住处在一个由村委会小办公室改建成的简陋小屋中，一张铁锈斑驳的小单人床孤寂地躺在潮湿阴暗的角落里，一个电热水壶静静地立在墙角，床边还有一套破旧的桌椅，残破的桌面仿佛是经过岁月洗礼的老树皮，椅子的腿就像在风中摇曳的烛火吱呀摇晃。李老师正在吃一碗泡面，我们看到了他的吃食很惊讶，他仿佛读懂了我们的心思并且解释道：“看我，整天忙着，有时候连饭都会忘了吃。我这屋子里不能做饭，村里也没有小饭馆，村民们都很贫困，我就更不能去给他们添麻烦了，还是泡面好，又好吃又省事，哈哈。”听了他的话，我们顿时心里抽搐了一下，眼眶也有些灼热。扶贫不是一天两天就能够实现的，我们需要的正是像李老师一样心系群

走访留守老人　岳丹伟 摄

众的热心和吃苦耐劳坚持不懈的信心。我们向李老师了解了一些村中的基本情况后便迅速开始我们的第二部分工作——深入本村 150 户贫困户家中，了解具体情况。

村庄虽然给我们一种“开窗面场圃，把酒话桑麻”的悠然景象，但是更让人疑惑的是极少有青壮年人的存在，在走访调研的过程中，老人们用朴实的话语告诉了我们真相：因为村子靠近一条河，所以村中的土地大多都是河漫滩地，土层稀薄。土地资源贫瘠使得他们只有极少数的田地可以耕种。为了赡养家中老人以及教育子女，村中的青壮年人挑起重担为了生活辗转奔波，无论再苦再难，他们都没有被生活压弯腰。地域的偏僻性使得村民们看病就医有些困难，如果突发疾病，村民们赶到最近的医院都需要两个多小时的路程，不仅耽误了最佳治疗时间，甚至有些人来不及治疗就永远离开了。

我们走访的第一户只有 2 位老人在家，儿子和媳妇都去外地打工了，孙子在离村很远的县城寄宿小学读书，每周末回来一次。两位老人几乎没有收入来源，老房子墙不避风、瓦不挡雨，发黄的墙面上落进灰尘，墙角布满了蜘蛛网。由于刚下过雨，地上的几处水渍清晰可见，屋内和屋外一样的寒冷。老人看到我们的到来有些手足无措，听到我们要对他们进行调研，便热情地握着我们的手并邀请我们进屋，老爷爷给我们倒上了热水，老奶奶声泪俱下地讲起了他们家的情况……就这样，在接下来的 4 个多小时里，我们带上所有的问候与祝福，深入到每个贫困户中嘘寒问暖，了解生产生活情况，为中滩村的孩子们发放了文具。每位队员的心灵都受到了深深的触动，特别是像我们这样从农村走出来的孩子，更能感受到我们的祖国还有很多像这样的贫困的父老乡亲需要帮助，我不能有一刻的懈怠，必须时时提醒自己，加倍珍惜现有的良好的学习和生活环境，加倍努力，争取为村民们走出贫困贡献力量。

第二天上午，我们去村边的河滩进行考察。一行人穿过了泥泞的沙地，到达了河滩旁。这是一条平常而又美丽的小河，水声如鸣佩环，清冽的河水在阳光的照耀下闪着点点星光，她日夜流淌，渐渐消失在山的转弯处，好似一条明亮的缎带飘绕在山间。小河的对面是一片绿油油的草地，青草从容地随风舞动。谁会想到在一方偏僻的土地上会有如此山清水秀的美景，我们灵机一动，河中水质本就清澈，适宜养鱼，这里完全是一个适合旅游踏青的好地方。我们把想法与老师和村领导进行了详细的交流，他们也对我们的看法表示认同，得到了肯定的大家更加有了干劲，开始努力为贫困村寻找更多的出路，让在外打工的人们回家和家人团聚，让留守的老人、儿童感受到家人团聚的温暖。

我们走访地第四站是去村中清真寺为本村留守儿童发放文具。村中有七成的村民是回族人，所以当壮年外出打工时，家里就只剩下了年迈的老人和稚子。年龄稍大一点的孩子被送到县城的寄宿学校，而小一点的孩子们就在村中的清真寺中接受简单的教育。清真寺中有许多孩子，一张张稚嫩的小脸洋溢着对生活的渴望，泛黄的衣领，带着微微的褶皱，衣角还留有曾经无法擦洗的残渍，衣袖口边，隐隐有着旧日的痕迹。我们了解到，很多五六岁的小孩子在家就已经会烧火做饭、放牛羊，大一些就开始学种地，颇有一番“白日农忙做家务，夜借雪月省灯油。背靠寒枝只字读，可怜衣单履穿风”的感受。孩子们看到我们手中拿着的文具和小礼物，脸上露出的渴望神情让人心酸。

关爱留守儿童　岳丹伟 摄

“人生就像饺子，岁月是皮，经历是馅。酸甜苦辣皆为滋味，毅力和信心正是饺子皮上的褶皱，人生难免被狠狠挤一下，被开水煮一下，被人咬一下，倘若没有经历，硬装成熟总会有露馅的时候。”这一段话，是崔永元评论人生的一段话。没有经历，就没有我们对一些意料之外的人和事的思考与感悟，也许，生命的颜色就是泥土里新冒出的芽的嫩绿色吧。

愿留在你方圆几里

小分队冒着滂沱大雨前往“三下乡”的第二个目的地——青海省乐都县达拉土族乡杜家洼村。杜家洼村位于海拔 2 760 米的高山上，车子沿着陡峭狭窄且没有围栏的盘山路气喘吁吁地向上攀登，蜿蜒盘旋的山路淌着泥浆，路的一旁是陡峭的山峰，另一边则是深沟险壑，我们走得惊心动魄。面对这样艰苦的条件，我们不禁想象扎根在这片土地里的人们究竟是什么样子。

我们一行十人到达目的地的时候依旧下着雨，路上坑坑洼洼、雨水聚集、泥泞不堪。村民们见到我们时激动不已，有人走过来颤抖着握着我们的双手说：

“杜家洼村极度缺水，是你们的到来为村中带来了雨水啊！”听着村民们憨厚而质朴的语言，我们的眼泪一粒一粒地从眼眶中掉落出来，混着雨水在泥土中砸开了花。进村之后，一间间年久失修的土坯危房映入眼帘，屋里透着微弱的光线，有些昏暗潮湿，土墙已经斑斑驳驳，像是在诉说着年代的久远，不堪入目的旧颜写尽了这里的沧桑。山中没有信号，更没有网络。在对外通信极少的日子里，村民们过着与世无争的贫寒生活。

我们重点对村中的留守儿童及周边村子的家长进行了调查，当深入留守儿童家中与他们进行面对面交谈后，才对这里有了更深入的了解。留守儿童的父母远走他乡打工挣钱，就是希望通过自己的努力让家人生活得越来越好，让孩子有更好的条件上学，日后有出息，不要再重复父辈们的老路。但是他们却没有办法解决这对留守儿童的健康成长带来许多的问题。

在我们调查的过程中发现，留守儿童多数是由年迈的爷爷奶奶照顾，或者父亲外出打工由母亲在家看管。他们文化水平比较低，对于孩子的学习缺乏辅导和监督的能力，留守儿童成绩往往也不理想。加之留守儿童父母又长期在外打工，短则逢年过节回来，长则几年才回来一次，也不常打电话回家，孩子们不能常与父母在一起，缺乏交流和谈心，这使他们对父母产生陌生感，一定程度影响了他们的性格取向，甚至引发一系列心理疾病。

经过团队讨论，我们想出一个较为可行的“以贫治贫”的方案：利用贫困村的贫困，来开展假期夏令营，让从小在父母的庇佑下无忧无虑成长的城市的孩子和家长来杜家洼村体验生活，一方面让他们知道生活的不易，应该懂得感恩；另一方面夏令营期间村民可以将家里种植的蔬菜和家禽出售给孩子们的家长，以获得额外收入。当地政府负责活动宣传，夏令营所收取的费用将会是一笔不小的收入。通过夏令营活动让更多人关注杜家洼村，也让更多人知道有这样一个贫困小村庄，等规模成熟后也可以向休闲观光农业发展。只要村里发展起来，外出务工的村民也都能够回来了，劳动力得到了补充，留守儿童和老人的问题相应解决，全村会慢慢脱贫。

走在村中的泥路上，我们没有管裤管上挂着的泥土，也不去管走起路来沉甸甸的藏满泥沙的鞋子。脚已被冰冷的泥水泡得没有知觉，我们只想着快点走路，去了解更多关于贫困村的信息。只有真正地心系农村，主动站起来服务农民、改善农村的年貌，才能不辜负他们的期望，不辜负领导和老师对我们的信任。

走出象牙塔的我们，带着一腔热血行走在国家和人民最需要我们的地方。“民事之大在农”，深入农村、亲近农民，用双脚丈量贫困地区的现状，踏踏实实地服务于基层人民，只有了解清楚贫困村的艰难生活，才能真正把村民从贫苦的深渊中解放出来。

重任在肩 无所畏惧

光阴荏苒，岁月如梭。快乐的时光总是弥足珍贵，短暂的经历总是耐人寻味。“三下乡”之旅已经圆满结束，我反复回忆、思索这一路上的点点滴滴，在这过程中，我们用辛勤的汗水换来美好的回忆，以及难得的人生经验和最宝贵的友情。在下乡短短的一周里，我们做了很多工作，走访、学习、合作、交流体悟。在炎炎酷暑中经历瓢泼大雨的洗礼，饥饿、疲惫都不是我们放弃的理由。下乡的过程并不是想象中的那么一帆风顺，相反，我们的团队在经历一次次的磨砺后愈发坚强团结。

真正身体力行地接触百姓是通过入户的问卷调查完成的，我们打开了与村里百姓沟通的窗口。他们朴实认真地回答我们的问题，从他们的答话中我不仅认识到了他们热情好客的淳朴民风，还被他们努力改变自己境遇的精神感动。深入农民家庭，享受田园快乐的同时切身体验真实的农民生活。短短的一周，使我对田园生活留下深刻的印象，鸡鸣犬吠的清晨，空气格外清新。早晨是寂静的，极目远眺四周绿色的群山，美景尽收眼中。白天除了集体活动外，大家还聊天南地北，开阔了眼界。晚上，我们在院子里一起看星星。院子里终日充满了欢声笑语。

伟大的毛主席曾经说过：“团结一致，同心同德，任何强大的敌人，任何困难的环境，都会向我们投降。”个人离不开集体，只有团结互助的集体才会有无穷的力量。这次“三下乡”活动我们每位队员都能相互关心着对方，当我们遇到困难的时候总有人鼓励我们去战胜它。由于条件有限，我们一周不能洗澡，也都见证了彼此最狼狈的样子，但是对于实践调研却从没有一丝的懈怠。“一根筷子易折断，十根筷子抱一团”，风雨兼程、一路同行、同甘共苦，我们就是这样的一群人。

费斯泰洛奇曾说“时间和行动是人生的基本任务；学问和知识不过是手段、方法。所以人生必须具备的知识应该按实践和行动的需要来决定。”这说明智慧与实践是永远分不开的，在实践中可以检验真理，也可以弥补不足。这次“三下乡”使我们有一个检验自我的机会，在能力上、心灵上有了一次大的飞跃。

看过了莽莽苍苍的黄土高原、路过了辽远苍凉的无尽草原，在目睹了无数生活辛劳潦倒的人儿之后，我们才能深刻地明白国家为什么实施脱贫攻坚工程，实施精准扶贫、精准脱贫。然后运用我们农牧学子所学的知识来帮助农民解决他们的贫困困境。

精准扶贫，精准脱贫。相互扶持，走进大山。相视而笑，相拥而泣。共赴调研，排忧解难。

（杜长鸿　蔡洁琼　文）

怒放的生命在荒漠上傲然屹立

——石河子大学农学院 2016 年暑期社会实践纪实

小院荒凉亦自如　才盈五亩又无余

经过约 17 小时的车程，石河子大学赴第三师 51 团实践团终于到达了实践活动目的地——第三师 51 团 19 连。虽然团队成员大都来自农村，但一下车，还是被连队这眼前的景象惊呆了。满眼望去，尽是矮矮的土房子，破败不堪，田地里的棉花不知因缺水还是盐碱太重缺苗严重，真是“小院荒凉亦自如，才盈五亩又

“访惠聚”工作组老师热情接站　章智钧 摄

无余”。

在简单安顿好后，团队成员一块儿去吃饭，刚开始吃没多久，外面便起了风沙，黄沙漫天，能见度很低，一出去就感觉呼吸困难，止不住地打喷嚏。老师介绍说：“你们来的还是好时候，前几个月，每周都会刮两次以上的沙尘暴，最近次数少多了。”

在随后的入户调查中我们得知：这里风沙大，水资源贫乏，主要靠地下水灌溉、生活，而且地下水盐碱重；土地资源人均少，且分布不均匀，有的人家一个人只有两三亩地，对于自然条件极其恶劣的他们来说，收入少之又少。由于贫穷，大部分人只能艰难地维持生计，更不用说拿钱来修建新房了。不知什么缘故，道路两旁一些院子已成断壁残垣，荒凉不堪。

“你拿着这些买些好吃的，买衣服……”

让团队成员刻骨铭心的一件事是在19连进行调研的时候，一户调研对象引起了他们的注意。原本这个家庭生活得可以说是无忧无虑，但“天有不测风云，人有旦夕祸福”，一起重大交通事故打破了这个幸福家庭原有的生活。亲人的离世，20多万元的巨额医疗费，让这个家庭背负重债，陷入了悲痛与苦难之中。一家有难万家帮，连长也热心地呼吁全连为她们捐款，最后筹得善款约2.5万元，这对她们来说是雪中送炭，减轻了负担。身负重债的她们没有被困难打败，仍以乐观的心态对待生活，在知道我们是学生后，她还掏出钱，说：“学生不容易，你拿着这些买些好吃的，买衣服……”这是多么淳朴而又富有爱心的人啊，即便自己面临重重困难，也毫不吝惜地帮助他人。

访谈结束后，我们对她说：“大家一定会帮助你们，困难一定会过去的。一定要让孩子上学，有一个好的未来！”“再苦再累一定不会苦了孩子的，我们一定把他们供上大学，不会再跟我们受苦了”。她坚定地望着我们。也希望好人有好报，社会各界能对她们有所帮助，让燃起的生命之火永远不熄！

我们实践团队将对本次选取的25户代表跟踪调研5年，本着建立联系、找准问题、精准帮扶、长期相助的原则，建立长效机制，注重实效性。目前，返回学校的团队成员正在积极为一名没钱上大学的女孩子联系学校，同时撰写、翻译当地主要种植作物的栽培管理指导书等。

广袤新疆 天山南北 我已经是勇敢的牧羊人

虽然我一直在做社会实践，也和小伙伴们在会宁阳光雨露公益协会做了三年支教活动，“支教”离我的生活很近，但是喀什地区却一直很远。我真的很想来这里看一看，体会一下在维语学校支教的感觉，也看看老师们是如何上课的。我对喀什地区的一切充满了好奇，很想找个机会参与一下，学会自己面对困难。

2016年7月12日，终于盼到了这一天，我们这些赴51团社会实践的学生，在帕尼古丽老师的带领下出发了。直到现在，我仍然记得三年前第一次支教时坐在通往会宁河畔小学的汽车上，心里的那份憧憬和忐忑不安；记得第一次走进自己空空如也、狭小的宿舍时，心里的那种失落和迷茫；记得第一次走上讲台面对着台下的六十双眼睛时，心中的那份激动和惴惴不安；记得第一次和同学们围坐在一起，聊起他们的梦想，一切的一切，回忆划过我的脑海。我对这次南疆支教行充满期待。

在来这里之前，我们已经知道有我们大学的老师在这边，每次看梁修韦老师写的南疆日记，总觉得南疆这片热土有着千奇百怪的奥秘，但唯一不知道的就是当地教学点的实际情况。进入51团，我感到这是一座欣欣向荣的团部，相比石河子那边的团场，虽然少了熙熙攘攘的人群，但是这边人们的脸上写满喜悦。上街买生活用品，听着他们不标准的汉语，感受着维吾尔族人民的热情，我的心中萦绕起欣喜和激动。初来乍到的我们，一切都要从头学起。

分组时，我和两个维吾尔族小伙与师范学院的姬海燕同学分到了一起。我们四个人负责20连教学点教学，开设一些手工课，让孩子们学会简单的剪纸，教一些篮球、足球的基本动作，还有一些就是带孩子们学学汉语。当20连工作组的老师接我们去教学点的时候，我简单地询问了孩子们的基本情况，其中印象最深刻的是孩子们不会汉语。当我们到达学校第一次和孩子们见面时，内心深处五味杂陈，因为那里的小学生们全部都冲过来敬礼问老师好。虽然我知道维吾尔族第一次见面习惯用“握手”的方式打招呼，但是此刻我选择抱他们一下，以表达我内心激动的心情。

在孩子们的热情中，我们开始了教学任务。剪纸课上，首先让同学们选择了自己喜欢的颜色的纸，同时让他们把拿到的纸与同桌分享，剪出漂亮的图案；足球课上，教他们足球的基本动作，告诉他们团队合作；双语课程，通过游戏口诀的形式，带他们学习汉语。看着孩子们玩“一根手指头呀，一根手指头呀，变呀变呀，变成毛毛虫”的游戏，我十分开心。

令人痛彻心扉的是，我在不经意间发现一份零分的语文期末试卷，我在想，这是为什么呢？原来在南疆边远地区不但教育资源缺乏，其他方面也同样落后于发达地区。孩子们的卫生条件、饮食习惯、饮食条件、娱乐设施、课余生活都有很大的问题。让我记忆最深刻的就是他们每天的午餐都是一个馕，外加凉水或者是五毛钱的冰棍。这些7～12岁正处在少儿时期的孩子们，从午餐就可以映射出他们的生活状况。年纪稍微大一点的就随着父母一起下地干农活，小一点就在泥土里打滚，对于外面的世界他们知之甚少。即便我能看到存在的这些问题，但我能做的仅仅就是寻找一些社会资源资助困难的小学生。我深深地明白这些问题不是一人或者多人的力量短时间内就能解决的，将来我一定会从自我做起，努力去改变这种状况。

一眨眼我们此次的教学任务就要结束了。我们不仅努力了，成长了，还收获颇丰。在我的记忆中，这片淳朴的地方注定会留下深深的印记。

人生一世，两万多天，我一直坚持自己的梦想，当我的梦想成为现实，我发现梦想依旧美丽，现实更令人感动。在梦想的道路上，我依然会风雨兼程。广袤新疆，天山南北，我已经是勇敢的牧羊人！

扎根基层沃土　助力精准扶贫

石河子大学赴第三师51团实践队，由农学专家帕尼古丽老师带队，在大学“访惠聚”工作组的支持下，根据团场要求，赴第三师51团少数民族连队给予农业服务指导、社情民情调研及爱心支教。

热情接待暖人心　殷切期望励志气

走下火车，大学“访惠聚”工作组老师们已在站外等候，并为每人准备了一瓶水，路上还向实践队员们简单介绍了51团的一些情况。到了住宿的地方——团中学学生宿舍，实践队员打扫好房间后便开始研究具体的活动安排。下午的短会上，梁修韦老师向实践队员们的到达表示欢迎，再次强调了孙桂香老师对实践团队“接地气、增底气、去戾气”的嘱托，并提出了三点要求：第一，提高安全意识，一切行动听指挥，严禁单独活动；第二，尊重各民族风俗习惯，不该说的话不说，不该干的事不干；第三，相互包容，虚心学习，团队成员相互谦让协作，亲如一家。大学“访惠聚”工作组季新江老师对实践团队提出“感悟各民族文化、感受民风民俗、切实地在实践中受到教育”的要求。实践团队成员纷纷表示感谢学校工作组的热情接待，一定会克服各种困难，在带队老师的带领下把各项任务圆满完成，不负青春，不辱使命。

了解基层民情　强化科技支撑

摸清连队职工土地、种养等基本情况，对于该团的统筹规划具有参考作用。为进一步了解连队职工家庭的基本情况，切实关注职工困难，促进农业技术进入千家万户奠定基础。在此次调研中，在帕尼古丽老师和队员穆尼热做翻译的帮助下，实践队成功地与当地少数民族同胞交流，填写问卷内容。在统计好结果后，实践队员们向团、连干部反映实际情况并提出部分建议，同时也“因材施教”，向职工推广农业技术知识。

科技支农做贡献　技术扶贫勇担当

实践团队到达后，当地干部职工们对实践团队的到来表示了热烈欢迎，当地媒体也对他们的到来做了积极报道。连队干部表示，石河子大学是一个知识与实践并重的教学科研单位，希望通过此次“三下乡”活动能够提高团场职工的科技文化知识水平，切实解决职工在设施果树种植中遇到的阶段性疑难问题，并承诺将在活动中全力配合该项活动的开展。

51 团目前已发展棉花、枣和番茄、葫芦瓜等设施大棚。由于缺乏技术指导，对比效益还未显现，所以团队的技术指导对于团场设施农业的发展起到了推动作用。当天下午专家魏亦农、帕尼古力、赵思峰和赵宝龙等数名老师就带领实践服务团队在当地技术员的陪同下来到枣树地及设施地召开了现场会，给职工讲解了近期的管理要点并纠正了一些职工技术上的错误，解答了他们提出的各种技术问题。

青春逐梦　爱心护航

在此次“三下乡”实践活动中，爱心支教也作为本团队开展的重要活动，走进三师51团19连、22连等少数民族聚集连队。田万海和穆尼热为同学们教汉语带同学们做活动。每到一所学校，实践队员中的“小老师”们都受到孩子们的热烈欢迎，望着一双双渴望知识的眼睛，各位老师都尽心尽力，希望把自己所学都教给他们。其中，19连有一个特殊的孩子，叫阿迪力，年仅7岁，亲人已故，独自一人生活，但从他的眼睛里，实践队员丝毫没有看到一丝灰色，课堂里、操场上他总是最活跃的那一个。实践队员也希望有人能够帮助他成为国之栋梁！在与孩子们告别时，大家依依不舍，泪水也情不自禁地夺眶而出，孩子们再三诚恳地说：“老师明天再来好不好，要是不来，我们会哭的……”孩子们的真诚与信任，让实践队员深深感动，而我们能做的就是将更多的热情和精力投入到基层服务中去。

“艰辛知人生，实践长才干”。通过深入连队调查、服务，实践队进一步了解到连队的发展现状及职工面临的问题与困难，我可能不能帮他们解决多少问题，但我们一定会一如既往地用热情、务实的态度，尽心尽力做好每一件力所能及的事。

心系热土　身怀社稷

我们是五月的花海，用青春拥抱时代，我们是初升的太阳，用生命点燃未来！在这个金色的季节，在这个火热的夏天我有幸参加了石河子大学大学生暑期“三下乡”科技支农社会实践活动。为响应党和国家的号召，本着锻炼自己，服务社会的愿望，我参加了赴第三师51团“三下乡”科技支农活动。在帕尼古丽老师的带领下，我们满怀喜悦和激情的出发了。

永远不能忘记，在车辆即将驶入职工的种植区域时，在车里远远望见这些“面朝黄土背朝天”的团场职工在土路两旁翘首期盼，他们手拿铁锹，带着草帽，眼神中透出对我们的欢迎之情，顿时更加坚定了此行责任与意义的重大。回想原先经常有身边的同学抱怨，觉得现在我们学习的知识对自己毫无用处，但是，当我走进大棚，走进田野，我发觉学习的理论知识实在是太有用了，我的专业知识得到了最大程度的检验与应用。看到葫芦瓜、番茄得了毛毡病，但职工却并不知道此病的危害，更不知道其防治方法，我们观察到这一情况并告诉他此病应该将有病害的叶子摘掉集中焚烧处理，如若随便乱扔，依旧会传染蔓延。所以学好专业知识对于即将参加工作的我们是多么地势在必行！

作为一名大四即将毕业的学生，自己的能力是有限的，但是团队的带队老师通过自己扎实的专业知识功底，丰富的实践经验，带领我们团队解决职工们各种难题，得到了大家的一致好评。当然，有一些“疑难杂症”不能当场解决，老师就用本子将此问题详细记录下来，后续马上列出解决方案，或者回学校实验室试验得出方案。这种严谨认真负责的态度是我们这些后辈学习的榜样。当然了，作为团队组长，在这里也要感谢我的队员们，大家的团结合作，默契配合让我们团队省时省力地完成了各项任务。

一次好的活动当然少不了宣传报道，这次活动中我同时也主要负责宣传新闻稿的编辑、与校内媒体实时同步，这使我在写作、报道方面的能力得到了最快的锻炼。

我们通过与团场各族职工们交流发现大部分的职工对科学种植的专业知识掌握是很少的，他们运用的多数是传统的土办法，费时费力，影响收成，他们很期盼有这样的队伍来开展科技支农活动，为此我也明白了他们为何对我们的到来如此的高兴。每一个“三下乡”活动团队都有着自己的使命与责任，路漫漫其修远兮，希望后续仍然有科技支农的队伍常去职工的地里看看。

十余天的时间一转眼就过去了，我们经历了、走过了、收获了。这短短的几天将成为我心底最美好的回忆。我要感谢那些朴实的团场职工，是他们给了我们成长的经历；我要感谢给予我们下乡支持的领导和老师，谢谢你们对我们的指导和帮助；我更要感谢一起和我下乡的伙伴们，是你们让我看到了真正的互相照顾互相帮助的真情。真诚地希望团场职工生活越来越好，年年大丰收。

实践有感

7月19日，石河子大学农学院2016年暑期“三下乡”社会实践团队深入农三师红旗农场，成功开展“走进乡土乡村，助力精准扶贫”主题系列活动之“深入基层，情系民生”的问卷调查社会实践活动。

上午 9：30，在刘场长、苏科长的带领下，实践团队前往红旗农场一连、五连对当地村民进行问卷调查，问卷主要涉及了：“您认为您是否感受到了新疆大力建设农场所带来的机遇与实惠?”“您觉得最希望农场最应优先做的是什么?”等关于农场基础设施、土壤施肥情况、水质现状、收入来源的相关问题。

在做问卷调查的同时，团队受到了当地淳朴村民的热情款待，我们深切感受到了少数民族的热情好客。印象最深的是，当我们走到其中一户人家时，只见门口的馕坑旁跪坐着一位穷阿娜正在忙着打馕，身边围绕着一群巴郎子正在玩闹。阿卡见到我们几个学生在大队领导和乡邻引领下走来便热情地迎上前来，友好地和我们几个学生握了手，头一次和维吾尔族大哥握手的我们，很是激动和兴奋，当我们用蹩脚的维语说“你好”时，倒惹得大家笑了起来，虽然我们自己听着也很是别扭，但还是为平日在学校学的语言竟然真的派上了用场而高兴。在得知我们是大学里来的时候，他们一家人对我们一行显得尤为热情。男主人热情地拉着我们进了他家院子，院子里砌了个很大的土台，上面铺着整洁的毛毯，说是用来

帕尼古丽老师向农户讲解红枣病虫害防治知识　章智钧 摄

夏季乘凉的，平时也可以在上面睡觉。房子的门窗上挂着独具特色的绸类落地式垂帘，而且室内布置整洁素雅，靠墙置有床，镂花方枕置于毛毯之上。我们脱去了鞋子，在主人邀请下，一个个坐在床上，之后女主人便为我们端上了茶，喝茶时，身着一袭长裙的女主人又为我们端来了刚切好的甜甜的哈密瓜和西瓜，还有穷阿娜刚刚从馕坑里取出的热馕。席间，我们一边做着问卷调查，一边聊着农场里面和外面的日常生活状况，很是开心和热闹。两个小姑娘也显得格外高兴，对我们一点也不感到陌生，一会儿羞涩地依偎在大人身边，一会儿又跑过来亲昵地和我们坐在一起说起了悄悄话，她们不时地充当起了大人们之间谈话的翻译角色，弄得我们大家都忍不住为她们的活泼可爱而哄笑起来。通过她们的母亲我们了解到姊妹俩中大一点叫古丽孜热，上五年级，小的叫慢孜热，上四年级，母亲还特意指着墙上贴着的许多奖状，欣慰地和我们讲着她俩在学校的优异表现。在得知她们都在场部的学校上学后，我们几个便迫不及待地想要去看看这里的学校。学校虽已放假，但仍对外开放，在两姊妹的带领下，我们看到人造草坪上两拨孩子正激烈地踢着足球。她俩边走边高兴地向我们介绍起学校的一草一木，熟悉的操场，食堂，教室，还有路旁一只断了脚的老猫，还有……我们不经意走着，不约而同地停在教学楼前一块宣传栏前，上面贴着几篇学生们的习作，在一篇名为《我的电脑》的几百字的作文下面，赫然地写着古丽孜热的名字，我们好奇地读着那用孩子的笔体写下的稚嫩的文字，“电脑对我来说，是那么新奇……”

我们不知道她是否真的拥有那么一台电脑——既可以帮她完成作业又可以帮她画画，甚至满足她内心其他的小小愿望。夕阳洒落着余晖，我们默不作声地静静看着，也许不必再去问一个孩子是否真的拥有一台电脑，一切问题可能都在这一刻变得无足轻重……我们突然想到大雄，想到那个每个孩子都曾幻想拥有的哆啦A梦……

通过这次暑期“三下乡”社会实践活动，我们走进农村、深入基层，了解到在这片土地上生活着许多可敬又可爱的人们，他们不畏生活的艰辛与窘迫，勇敢地面对现实，在生活的田地里，播种着属于他们的幸福和欢乐。

（薛林月　文）

民族情　乡土情　且行且珍惜

——塔里木大学植物科学学院 2016 年暑期社会实践纪实

佩斯泰洛齐曾说：“时间和行动是人生的基本任务；学问和知识不过是手段、方法，通过这些才能做好主要工作。所以，人生必须具备的知识应该按时间和行动的需要来决定。”这说明智慧与实践永远是分不开的，在实践中可以检验真理，也能培养能力，弥补不足。这次暑期“三下乡”活动使我有了一个验证自我的机会，使我无论在能力上或是在心灵上都有了一次大的飞跃，也发现了自身存在的不足。

对当地农民进行农业技术培训　冯春晖 摄

我们忘不了那漫山遍野的玉米，忘不了那随风而动的悠悠清草香，忘不了田间垄上无处不氤氲着的迷人绿意；也忘不了贫困村庄孩子们那天真稚气的笑容，忘不了村里老人们那刻满风霜的脸和仁慈爱怜的眼神；更忘不了风雨中我们团队的相互扶持、相互依赖、相视而笑、相拥而泣。而这一切的一切，将被永远地珍藏在我们的似水年华中……

为深入贯彻落实党的“十八大”、十八届历次全会精神，引导学院广大青年学生按照习近平总书记“勤学、修德、明辨、笃实”的“八字真经”和“志存高远、才德并重、情理兼修、勇于开拓”的“十六字诀”的要求，积极践行社会主义核心价值观，在实践中受教育、长才干、做贡献，根据团中央、自治区团委、兵团团委的统一部署，按照学校团委的相关要求，学院团委结合自身实际情况，积极谋划、加强统筹、注重宣传，持续深入地开展了学院2016年大学生志愿者暑期“三下乡”社会实践工作。植物科学学院青年大学生在内容丰富、形式多样、富有特色的社会实践活动中经风雨，长才干，提高了社会责任感、创新精神和实践能力。同时，进一步提高自身的实践能力与适应社会的能力，为构建社会主义和谐社会，维护新疆的社会稳定，促进其他地方的发展贡献自己的青春、智慧和力量。

学院团委高度重视，积极通过召开相关专题会议，各类媒体平台做好组织动员工作。学院青年大学生根据经济社会发展和人民群众生产生活中的实际需求，聚焦经济社会发展热点议题，充分发挥学科专业特长、特色，积极联系实践地点、拟定实践计划、组建实践团队。今年，学院1056名大学生志愿者以不同的形式参与了暑期社会实践活动。经前期申报、评选等环节，学院共组建了16支“三下乡”社会实践队伍，其中兵团重点团队1支，校级重点团队3支，院级重点团队12支。16支团队共计200余名成员分别在学院教师的带领、指导下，奔赴甘肃、宁夏、四川及新疆和田地区、巴音郭楞地区、喀什地区（巴楚县、麦盖提县）、阿克苏地区（阿拉尔市）、伊犁地区等地开展社会实践活动。在扎实有效地开展好社会实践的同时，学院团委积极借助各方媒体资源进行宣传，不仅对社会实践内容进行深化，更对社会实践成果予以固化。学院团委重视发挥新旧媒体的作用，打好宣传“组合拳”，使学院大学生社会实践影响得以扩大。无论是网站新闻、电视播报等传统报道，还是微信、微博等新媒体平台的使用，都成为学院开展大学生社会实践工作的重要内容，也为学院今年的大学生社会实践增添了分量。

走进乡土乡村　助力精准扶贫

实践出真知，“三下乡”这三个字听起来是那么的高大上，但如若没有真正地去了解过，那么永远都不会知道那是什么，心中就会永远有个问号存在。已经参加过两次“三下乡”的我，因为有了这样的经历而觉得世界都变得不再单调；因为有了“三下乡”，世界从此不再只是黑与白；因为有了“三下乡”，我的梦想从此不再动摇。

我们的团队叫做“走进乡土乡村，助力精准扶贫”调研实践团队，即使我来自农村，但如此热衷于农村问题，并且如此深入地思索还是第一次。通过走访乡村和一些基层老百姓，我们感触良多。这次大学生暑期“三下乡”社会实践活动，不仅巩固了所学的专业知识，锻炼了实践能力，还充实了自己的人生。为期十几天的实践时间，一转眼就过了。在实践活动期间，有苦有甜，有累有笑。就如我们团队的队员所说的：累过、笑过才会有收获，因为痛才会清晰，累并快乐着。我想，此次社会实践活动，真的教会了我很多东西。这一路走来，活跃在其中的一个词就是感动。

调研实践活动由5月开始计划，经过了两个月的前期准备，活动于7月7日正式启动，为期11天，7月17日活动圆满结束。前期我们团队全体成员在九号楼三楼会议室展开部署会议。会议上，院党委副书记谷建杰老师对本次“三下乡”活动作出重点要求，要求活动中听从命令、服从指挥；不单独活动，注意安全；尊重实践地区少数民族风俗习惯，坚决维护民族团结。院团委书记阿布来提老师对活动主要方式方法、活动细节、以及活动中各成员的负责工作进行了安排部署，并要求各位同学也及时与老师沟通以便更好地开展工作。调研实践团队成员一行12人从阿拉尔出发，驱车600余公里赴往和田地区和田县展开相关工作。经过六个小时的车程，我们于当天下午18时到达和田县政府并在最短的时间内与当地团委取得联系，并做好后期几天的活动安排。

活动第二天在杨乡长的带领下，团队成员来到了色格孜库勒乡尤木拉克库勒村。据杨副乡长介绍，色格孜库勒乡是和田县的贫困乡，而该村更是乡上比较困难的贫困村之一，该村 200 多户，共 1500 余人，其中近一半农户属于贫困户，低保人数也在全村中占很大一部分。因此，扶贫助贫工作成为县乡村各级组织工作的重点和难点，此次调研工作也能更好地反映出该村的相关情况。之后三天我们又去了另外两个贫困村，我们还向当地农户介绍了“农天下”APP 手机应用软件，农户们对植科院同学的技术推广表示十分欢迎，希望有机会还能继续参加这样的培训。在和田的调研活动结束后我们一行人又马不停蹄地赶往喀什地区的麦盖提县，团队成员与县团委的工作人员开展了简单的见面会，汇报了本次“三下乡”实践活动的主要目的及具体任务。当得知团队主要任务是运用自己的专业知识到田间地头帮助农户们解决种植过程中的疑难杂症时，团委表示十分欢迎，并表示这才是当地农户最需要的。后期我们回到学校便加班加点整理问卷进行统计，即使路途很艰辛，但我们还是坚持完成最后的总结工作，同时在整理问卷时也感慨颇多。

此次的大学生暑期“三下乡”社会实践活动，让我的暑假变得十分有意义，对我来说是难以忘怀的。虽然只有短短的十一天时间，但就在这期间我了解到农村地区百姓的艰辛，在我的印象中，土路的记忆似乎是在我很小的时候存在的事物，如今的祖国不应该再有这种贫穷的地区，这对我也是一种启迪和一次宝贵的实践经验。当我们走进农户家庭时，他们是那么的好客，把最好的食物都拿给我们吃；他们是那么的淳朴，对我们的到来表示热烈的欢迎。我们一行有四位汉族同学与四位少数民族同学，在与少数民族同学交流的过程中我们不仅学会了一些常用的维吾尔族语言，还跟他们玩在了一起、睡在了一起，他们个个都很是可爱，活动过程中也很优秀，在少数民族地区，如果没有他们帮忙我们真的是寸步难行。我们彼此都收获了友谊，虽然时间短暂，但是我们更加珍惜这些来之不易的时光。

“三下乡”真的是很神奇的体验，只有你真正的经历过你才会明白其中的美妙，明白其中的酸甜苦辣与回味无穷。于我而言是今生难忘，于你而言又会是什么呢？

同呼吸共命运　石榴籽般的民族情

蔚蓝的天空，因为有了白云的点缀，才不会寂寞；宽广的大地，因为有了万物的装点，才显得生机盎然。五十六个民族，五十六枝花，只有五十六个民族共同发展才能真正实现中华民族的繁荣富强。在多民族的新疆，民族团结合作表现得尤为重要，在各族人民心连心的民族大家庭中涌现出了许许多多的先进人物和事迹，体现着“汉族离不开少数民族，少数民族离不开汉族，各少数民族之间也相互离不开，”这三个离不开的思想也表现了我一直很喜欢的一句话：“天山青松根连根，各族人民心连心”。

烈日炎炎，酷暑难耐。在这盛夏热浪中，我们“同呼吸共命运”民族团结宣讲团队暑期社会实践顺利结束。此次社会实践从 8 月 7 日开始，历时 15 天，于 22 日晚圆满结束。

我们暑期社会实践围绕“采访民族团结先进模范，发扬带头模范作用”、“采访农村致富带头人，宣扬带头致富精神，促进地区经济发展”、“走进基层人民家庭，感受和谐幸福生活”、“我心中梦想的大学”和“民族团结你我同创，美好家园你我同享”的宣讲展开。在这 15 天的活动中，我们分别走进了喀什市市委办公地，团委办公地，人民广场，人民公园，环江，帕克太里乡，红色教育基地，疏附县团委，疏附县第一中学，以及喀什市和疏附县部分基层家庭。我们深入百姓家里了解民族团结现状，讲述民族团结故事，宣讲民族团结政策。

采访民族团结先进模范　农村致富带头人成召军

从我们的采访得知成召军现在在村里挂职副书记，主要负责科技兴农工作，他不仅自己致富，他还鼓励村里的维吾尔族老乡发展林果业，并将自己这么多年来积累的经验毫无保留的传授给大家，在农忙时节到果园给村民讲解果树生长各个阶段的管理技术。另外，他还经常关注现代农业最新动态，他总是购买最新的果树品种，并且在自己的园子里事先栽培，摸索正确的种植技术和管理经验，当他掌握了新品种的种植管理经验后，就会毫无保留的给村民讲解，进行推广。在村里提起成召军书记，维吾尔族同志就会竖起大拇指，说成书记亚克西。现在全村村民生活安康，成书记和全村 400 多名维吾尔族村民在国家优惠政策的指引下，在当地政府的亲切关怀下，在他们自己努力下，正在开启团结富裕幸福的大门。最后成书记说：我要带领全村村民共同致富，与他们和谐相处，创建和谐的民族关系，共创我们的民族团结梦，我相信，我的梦，村民的梦，全国各族儿女的梦都会实现，我们的梦想汇聚成伟大的中国梦，我们的中国梦就会实现。

走进基层人民家庭　感受和谐幸福生活

我们了解到他们近年来生活有了很大的变化，尤其当国家出台了一系列支援西部发展的政策，新疆维吾尔自治区又大力支持南疆经济发展，国家的优惠政策真正地惠及了南疆人民。现在家里的孩子很多也走出去在内地一些名牌大学上学，毕业后又回到了南疆工作。通过这样的“走出去，带回来”，给南疆发展增添了新的活力。努热尼沙的妈妈告诉我们，她希望自己的女儿在学校里上学时可以和我们和睦相处，可以交往很多的汉族同学做朋友，也非常欢迎我们能来他们家做客。

这就是热情好客的维吾尔族同胞，这就是一个母亲最美好的希冀。祝愿她梦想成真，也希望我们所有的民族同胞，所有的中国人手挽手，心连心，我们是一家人。感动瞬间，瞬间感动。在此特别感谢喀什市团委的大力支持，感谢疏附县团委的鼎力相助，感谢维吾尔族同胞对塔里木大学实践团的热情招待。

民族团结你我同创　美好家园你我同享

疏附县一中的同学们对实践团的宣讲充满了好奇心，所以整个宣讲大家听得都很认真。尤其是实践团的成员们讲大学生活时，大家听得更是认真，不时有同学举手问这问那。不少同学在宣讲结束后悄悄说着，我们也要好好学习，像这些大哥哥大姐姐们一样，考上自己心目中理想的大学，在暑假里参加各种社会实践活动。

随后，实践团的成员们向师生们宣传普及了民族团结知识，号召大家要从自身做起，加强民族团结教育，争做民族团结的模范，并与师生们一起在“民族团结你我同创，美好家园你我同享”横幅上签上了自己的名字，写下了自己的承诺。

民族团结是社会主义民族关系的基本特征和核心内容之一，也是中国共产党和国家所追求的目标。社会各民族之间的团结，是以中国共产党的领导和党的团结为核心的，是以社会主义制度和祖国统一为基础的。民族团结是社会安定、国家昌盛和民族进步繁荣的必要条件。中国的民族团结与国家统一有着内在的联系。民族团结的原则要求各族人民热爱祖国、维护统一，反对一切破坏团结、分裂祖国的活动。

人总是在不断摸索中前进，在不断总结中成长。通过此次实践，我们收获了太多，只要及时吸取过程中的经验和教训，我相信，未来我们会做得更好。

做一盏指明灯　服务农村教育

2016 年 7 月我参加了我校举办的暑期“三下乡”活动，怀着激动的心情奔赴支教的乡村。如果要给这段日子定义一个颜色，我想用金色来形容它，因为金色是最热烈的，十个热血青年组成一家，彼此互帮互助、相互扶持、和谐相处。虽苦却乐在其中，几天来欢声笑语，至今音犹在耳。

激情似火的七月，为响应校团委关于组织大学生暑期“三下乡”活动的号召，全面贯彻执行党的十八大精神，我积极报名参加了我校植物科学学院组织的“三下乡”活动，并荣幸成为了支教服务队的一员。一接到“支教”的任务，我们支教小分队便紧锣密鼓地开始了筹备工作。在校团委和院团委领导的支持下，我们召开专门会议进行部署，深刻领会团文件精神和活动宗旨，加深大家对实践活动意义的认识；接着进行“支教”方案设计、“支教”队员培训，前期准备有条不紊地开展。

7 月 15 日下午由李亚鹏老师带队，植科院支教“三下乡”重点服务队一行 10 人，背起行囊，踏上了志愿者暑期实践的征途。经过一路的颠簸，我们终于抵达了驻地甘肃省陇西县，对口支教学校的校长热情地接待了我们，并给我们安排了住宿。我们住在教师办公室，将课桌拼接起来直接做床铺，艰苦的条件没有减退我们的激情。我们顾不得歇息，直接打扫住所。在接下来的日子里，我们开展了紧张又有序的“‘三下乡’服务”工作。

此次活动历时一周，活动围绕爱心支教，实践活动的主要内容包括：上课和家访。活动期间，我谨记李亚鹏老师强调的内容：“要发挥塔大植科院自身优势与特点，结合自己所学有组织、有计划、有目的地开展‘三下乡’服务实践活动。”

人们喜欢把教师比作辛勤的园丁，有幸自己也能亲身体会一下做教师的滋味。当我踏上讲台，沉着地看着台下几十双求知的眼睛，一股暖流涌上心头，仿佛又出现了当年自己读中学的那一幕……虽然这只是一次实践活动，我只做了半个月的教师，但我知道肩上的担子并不轻，必须认真面对每一堂课。这次支教，我们除了安排数学、英语外，还开设一些素质拓展的课程。另外，针对临近小考的学生还对其进行了心理辅导。

我们给学生进行简单的英语教学：讲解英语音标，纠正他们不准确的英语发音，使其规范化；语法方面，从单词、词组到句型，层层深入；口语辅导，从语音语调开始着手，鼓励他们即兴英语对话；并通过讲述英文故事、领唱英文歌曲等有趣的方式向他们传授知识。同时我和其他队员们还进行了课程创新等活动，将枯燥的学习以大家喜闻乐见的形式进行展开，丰富多样的教学活动受到了孩子们的热烈欢迎。授课过程中，我试图打开学生的视野，让他们通过学习英语了解外面精彩的世界，调动他们的学习积极性；使他们学会以一种更加开放、包容的心态来看待生活、看待人生、看待自己生活的环境。学生在课堂上由畏惧到自信，从厌恶英语到喜爱英语。课外，我跟学生一起玩耍，我们无话不谈。当问及他们的理想时，村里的孩子和外边的孩子都一样：当医生救死扶伤、当警察见义

支教团队为山区儿童捐献图书　任忠伟 摄

勇为、当科学家、教师、运动员奉献社会、建设家乡……他们不仅让我重新体会到了孩子的纯洁真诚，也让我在放松之时鼓舞了自己敬业的士气。

当我一个人静静地想着最近几天的支教生活时，总感到由衷的欣慰：虽然有时候感觉很累，但一想到自己是以园丁的身份在用自己的智慧浇灌祖国的花朵，是在给孩子们展现一个新奇而精彩的世界的时候，就会打心里感到快乐。看着自己的劳动成果，开心之情充溢了自己的心！我永远记得在朴实的乡村，有这样一群纯朴的乡亲和孩子们，还有这样一群热情洋溢的大学生。

半个月的时光虽很短暂，但我收获很多。我们经历了，走过了，收获了。这短短的几天将成为我心底最美好的回忆。我要感谢那些可爱的村民，是他们给了我成长的经历；还要感谢陪我们一起下乡的李老师，谢谢您对我们的指导和帮助。

回顾暑期社会实践这段日子的点点滴滴，期间有挫折，有磨难，有争执，同时也有收获。汗水浸湿了我们的衣服，信心充满了我们的胸膛。未央七月，我们共同见证了这份努力，相信在未来的日子里，我们一定能够做得更好。我笃信，这一切都将成我们记忆中无法抹去的一笔。

一片叶子属于一个季节，年轻的莘莘学子拥有绚丽的青春年华。谁说意气风发，我们年少轻狂，经受不住暴雨的洗礼？谁说象牙塔里的我们两耳不闻窗外事，一心只读圣贤书？走出校园，踏上社会，我们书写了一份满意的答卷……

（王曼琳　李亚鹏　文）

乾落村的扶贫关键词

——西北农林科技大学农学院赴合阳服务队实践纪实

在没有上大学之前，“贫困”一词在我们大多数人的脑海中都是一个抽象的概念。穷，会有多穷？吃不上饭？住不起房？还是供孩子上大学要卖掉家里的牛？困，会有多困？穿不起衣？看不起病？还是日常生活已经揭不开锅？这一切的一切，在2016年的暑假，随着“全国农科学子联合实践行动”的开展，让来自五湖四海组成了西北农林科技大学农学院赴乾落村实践团的我们，第一次对“贫困”有了真正的了解，与“贫困”有了零距离接触。

冯研洁小朋友的“画”

2016年夏，这是我上大学以来的第一个暑假，毫不犹豫，我选择了参加社会实践。考虑到适逢暑假，村内孩子必然特别多，我们便将爱心支教作为了此次社会实践的重点。从支教课程到支教道具，还有“小老师”的队内选拔，我们无不仔细推敲。

等到了村子，我们却遇到了意料之外的状况。在我们到达之前，一只支教队伍已经来过一次了，其中一位叫“燕子”的姐姐更是俘获了大量小朋友的心，他们看到我们穿着和前一个队伍一样的“三下乡”队服，就兴奋地问我们，“哥哥你认不认识燕子姐姐?”“姐姐你是燕子姐姐的同学吧!”还不清楚情况的我们就像丈二和尚摸不着头脑，在几位女队员的细心询问下我们才明白了事情的缘由。

按照课表安排，我们陆续开展了安全逃生演练课（借助提问抢答的形式激起他们的参与兴趣），手工课（意料之中的受欢迎），科技体验课（队长的VR设备极其抢手，连我们这些大朋友都爱不释手），观影课（功夫熊猫还是很受欢迎

队员们给乾落村的小朋友上手工课　张伟博 摄

的）……当我们展示一些类如 VR 设备等新兴科技的时候，孩子们就会异常兴奋，围着我们东问西问，“这个东西能不能……”“为什么它可以……”一个一个接连而至的问题让我们感到头大又有趣。

最后一天，在美术课上，我们和小朋友三五扎堆坐在一起画画。这时候，我看到冯研洁小朋友在她的纸上画了几个长头发的小人儿，每个小人儿从发型来看都是女孩子，然后旁边歪歪扭扭地写着“菲菲姐姐”“wan 辰姐姐”“格格姐姐”（我们的三名女队员），我与她聊起来，“你画的这是什么？”“这是三个姐姐啊！”“那她们下面这一大堆花花绿绿的又是啥？”“姐姐们来的这几天都穿着短袖和裤子，我希望姐姐们可以穿着我画的这样的漂亮花裙子。”我将这幅画拿给我的队友看，并告诉他们孩子的想法，我们看着这帮孩子穿着不算好，甚至连整洁也算不上的衣裳，心里很不是滋味。我们心中想要做些什么，帮助这些孩子的家庭走出困境。

令我们感到欣慰的是，这些孩子们在上一门课的时候都可以安安静静地坐好久，那就是作业辅导课，他们每个人都愿意大胆地问出自己的问题，也可以举一反三，他们的求知欲让我感到惊喜不已。这些孩子并不比大城市的孩子差，他们只是因为家庭条件不好，才显得没有城里孩子知道的多。生活的窘迫使他们的父母每天为生计奔波，无法给他们开发自己、探索未知、放眼世界的机会。

这些孩子连彩笔都要期盼好久好久才能拥有一盒。我想，也许将来的某一天，会有模特穿着冯研洁小朋友设计的漂亮裙子登上时尚杂志的封面。我们在翻阅照片时发现，在冯研洁小朋友的画上和我们三个女队员站在一起的还有他们口中的“燕子姐姐”。这位我到现在还未曾谋面的“燕子姐姐”，以这样一种形式和我们一起留在了这群可爱的孩子们的心里。

刘大爷的园艺剪刀

合阳与我的家乡咸阳只差一个字，却因为它的地理环境而拥有了和咸阳完全不同的命运，一个是千古帝都，毗邻省会，更是新丝路起点，享受着西咸一体化带来的飞速发展；另一个却多年顶着贫困县的帽子，邻近黄河却无法用河水灌溉，极少的降雨导致庄稼只能一年一熟。

在我们到达合阳县乾落村之前，这里刚刚经历了一场冰雹灾害，大量的苹果树受到灾害影响。听村里的人说，一位大爷的苹果林被冰雹打得只剩下光秃秃的树枝，年近六旬的他只能趴在果林前失声痛哭。

乾落村的灌溉条件在我们第一次去的时候十分艰苦。村里刚刚在国家扶贫计划的扶持下打了几口喝水的井，但灌溉还只能靠水窖和自然降雨。

除了灌溉问题，乾落村或者说是合阳地区更大的农业问题是劳动力的流失，村里留守老人和留守儿童的比重极大，正如之前提到的年已六旬仍然在种果树的大爷就是其中之一。大部分年轻人觉得种地不挣钱（根据我们的调查，如果种植玉米，每亩地的年收入仅有 800 元左右），村内大量高龄劳动力的观念落后，对于产业转型认识不足，难以进行新产业起步，甚至根本没有发展新产业的能力。

在此之前，经过我校专家研究和当地种植产业实践证明，最适合合阳地区种植的作物应该是红提。红提对于水的需求不高，而合阳地区的水土条件和日照条件对红提的生长都是较为适合的。要想提升红提的品质，就需要搭建冷棚，但村里的许多人因为贫困或其他原因无力搭建冷棚，所以仍然种植花椒、桃、核桃、苹果等作物。这些作物的收益虽然高于粮食作物，但却很难让村民的生活富裕起来，要想真正地让乾落村的经济条件得到极大改观，必须让村里有个龙头产业，也就是红提产业，就如洛川苹果一样，成为合阳的代名词。

作为农科学子的我们，虽然还只是“学子”，却也在关心着农业的市场状况和发展前景，经过多次协商我们决定帮助村内进行红提产业宣传，帮助村子进行产业品牌打造，也许在将来的某一天，“乾落红提”会和“洛川苹果”、“和田大枣”一样成为著名的农产品品牌。

除此之外，我们能做的就是用自己的双手来帮助村里的农户解决实际问题——缺乏劳动力。寒假期间，正逢果树修剪季，刘大爷家里的大儿子和儿媳还在外地打工未能回家，而他的二儿子因为之前打工时工伤瘫痪在床，刘大爷的孙女孙子们非常活泼，在我们问到谁家有农活需要我们帮忙时，淳朴的他们大声地喊道：“我们家有农活，我爷爷最近每天剪果树到傍晚才回家。”在我们了解情况之后便奔赴刘大爷家，刘大爷一开始还不好意思，在我们再三劝说下才肯带我们去果园，“你们这帮娃娃又没有摸过剪子，要是伤了自己多不好……”在一路的絮叨中，刘大爷开着自己的小三轮，载着梯子和我们到了果园。刘大爷只有一米六出头，修剪果树时要借助梯子爬高，我们在听了刘大爷的简单讲解并结合书本知识理解了技巧后就开始了忙碌，果树剪并不大，还有点儿钝，不过果树的枝条也不粗，我们想着修剪工作应该不是很困难。两小时后，我们这些自诩身强力壮的年轻人一个个腰酸背痛，虎口酸痛，眼看着是剪不下去了，刘大爷笑着说：“你们这帮娃娃到底是抓笔写字的手，这些粗活还是别做了。我那俩孙子孙女真是懂事啊，大的那个才八岁就知道帮我做饭了，小的那个六岁就知道给我倒洗脚水啦。乖是乖，就是不好好学习啊。”“你们这些大学生娃娃一定要好好学习啊，你们爸妈把你们供这么大也辛苦，你们学这个习这么多年考了好大学不就是为了出人头地嘛，能学就学下去，将来考个博士什么的爹妈肯定更开心。”刘大爷要在果园干到下午两点才回家吃午饭，我们看着刘大爷并不怎么佝偻的身影在果树上不停地忙活，又一次感受到了劳动人民的坚韧，还有长辈对于我们的殷切希望。

这里面关于刘大爷的孙子孙女的故事还有一个小插曲，我们在寒假回访进村时捡到了刘秀和他妹妹的通知书，他们两人在小学低年级，才考了几十分的成绩。家庭条件使孩子无法把精力集中在学习上，我在和刘秀一般大的时候，除了学习就只想着玩，而刘秀却要想办法照顾自己和妹妹，还要为家里人做饭，这对于一个小学生来说太辛苦了，刘秀小朋友也很聪明也很好学，但是因为家庭条件导致教育的缺乏，让这块璞玉失去了被精心雕琢的机会。

“我希望，我将来可以让自己孩子不必担心生计，可以安心地学习任何他想学的东西，不论是舞蹈音乐还是其他兴趣。”这也是我们扶贫的愿望，我希望像刘秀这样“懂事”的孩子越来越少，像刘大爷这样“身体健硕”的老人也越来越少。

韩老师的“朋友圈”

第一次见到韩老师，感觉韩老师像兄长一样和蔼亲切，而且既有青年人的干劲，又有中年人的沉稳。

韩老师来到乾落村担任第一书记已经有很多年了，他本是西北农林科技大学的行政老师，后来被选派为乾落村的精准扶贫攻坚特派员，虽然曾经有调走升官的机会，他却放弃了，“这里的扶贫工作还没干完，我怎么能轻易撤走，这里的情况新来的书记又不熟悉，我还是再干几年吧！”

韩老师在村上之前住什么样我不知道，在我们去的那个暑假村委会刚刚翻新完，韩老师就住在村委会，外面二十多平方米是他的办公室和农家书屋，里面十多平方米是他的卧室，夏天待在外面的办公室里十分炎热，冬天虽然搭起了炉子但是距离炉子稍稍远点儿的电脑桌下却是一片严寒，村委会虽然翻新过但是修缮条件并不是十分完善，“钱就那么多，又要打井又要修健身广场，村委会就这样修一修算了。”我们根据韩老师的话推断出了韩老师的想法。

在我们走访过程中，挨家挨户调研，村里人提起韩书记都有说不完的话，“村里没谁不对韩老师比这个（大拇指）。”韩老师把村子当成了家，他一个人住在村委会，每家每户什么情况，有几口人，有没有牲畜，有没有农机，有几个孩子，孩子叫什么，长什么样，最近谁家出了什么事儿，韩老师比村里人更清楚。

韩老师在村里除了一片赞誉之外，也有着不小的“恶名”。村里有一位中级农艺师大爷，大爷思想开放，是党员，好学并乐于进步，看待问题有独到的看法，他告诉我们“有些人啊，给韩书记说：‘韩书记，你不是要扶贫嘛，我条件困难，你给我们把冷棚搭好，把红提苗栽上吧！’韩书记气得说：‘就是天上的鸟拉到你嘴里，你也要把嘴张开嘛’。”

话粗理不粗，韩老师不止一次告诉我们，我们扶贫绝不能直接给他们钱，而是要给他们机会，给他们提供技术，让他们自主致富。我们除了道听途说外，对韩老师这位“榜样”更多的了解是从他的朋友圈开始的。

在我的朋友圈，大致充斥着这么几类人，一类是抱怨的，抱怨社会不公，抱怨命运不公，抱怨别人，抱怨一切，一类是代购，还有一类是“不转不是中国人”，谣言，鸡汤和各高校公众号文章。而自从加了韩老师，我的朋友圈出现了第四种画风。

2017 年 1 月 14 日

“假期的乾落村

放假了，孩子们开始了愉快的假期，冬日的乾落更热闹了。支教队的大学生们又来了，走访慰问贫困户，送福，统计补课学生信息，在冬日里送来农林科大学子的关怀。”

2017 年 2 月 20 日

“开学了

孩子们要到县城去上学了。少了他们的欢声笑语、活泼的身影，村子冷寂了许多，但这种冷寂正如沉寂的寒冬，为春的勃发积蓄勃勃生机！加油！宝宝们，将合阳县重视教育的优良传统发挥到极致，为你们与乾落村的明天喝彩！”

2017 年 4 月 1 日

“热闹的乾落村

这个春天，乾落村很热闹：光伏电站开工建设，打孔栽柱子；排污工程、湿地建设开始切割开挖路面；红提种苗已发放到户，红提栽苗建园紧张进行中……一切的喧嚣和努力，都蕴含着地方政府、学校和村民的美好愿景，都在朝着基础改善、产业发展、脱贫致富的美好目标不断靠近，美丽乾落，人人共建，幸福乾落，人人共享。

父老乡亲们，拿出你们主人翁的姿态，撸起袖子加油干!!!”

韩老师的正能量朋友圈不但让我感受到力量，更让我们的心牢牢地和乾落村捆在了一起。这是一位共产党员在扶贫一线的努力，这是值得我们每个青年学习的榜样。

223.7公里，7个小时，24名队员，4次寻访，312户人家，1287名村民。随着近一年的调研走访，我们与乾落村的联系越来越紧密，对乾落村脱贫也越来越有信心、有想法，也越来越明确如何帮助乾落村进行产业转型，实现真正的脱贫致富。

习主席说："青年人应该立志做大事，而不是立志做大官。"

我们还在路上，我们已经上路，这一路会有孩子们的陪伴，会有老人们的鼓励，也会有韩老师这样的楷模的指引，我相信，作为当代大学生的我们一定能有所作为。

（杨华　杨琦　文）

队员帮助村民打农药　杨琦 摄

直面新形势　肩扛新责任　践行大作为

——新疆农业大学农学院助力“访惠聚”社会实践团联合实践行动纪实录

2014 年 2 月新疆维吾尔自治区党委深谋远虑，结合新疆实际，以做好群众工作为统领，以促进民族团结和宗教和谐为重点，开展“访民情、惠民生、聚民心”工作。活动开展两年多以来，“访惠聚”工作组深入贯彻党的群众路线，各级干部作风明显转变；真心融入群众，民族团结互信不断增强；坚持现代文化引领，“去极端化”初见成效；大力保障改善民生，民心民力民智得到凝聚；认真

返乡大学生社会实践　李亚杰 摄

落实各项措施，反恐维稳基础更加巩固；着力抓基层打基础，基层面貌发生可喜变化。“访惠聚”工作组通过入户走访广泛了解社情民意，为民办实事、解决基层矛盾和困难，与基层组织互相配合成为党的声音走进千家万户的宣传队，帮助基层群众的服务队，带动基层干部工作队，提高基层综治维稳能力的战斗队，实现自上而下的帮助和带动，形成自下而上的自觉为民服务和维护民族团结的良好风气。“访惠聚”工作受到社会各界广泛关注、积极支持，各族群众真情点赞、衷心拥护，各族干部群众以“访惠聚”工作为抓手共同谱写了现代新疆科学发展、稳疆建疆、富民固边的新篇章。

只为那淳朴的笑容

当我提起行囊奔你而去，就注定了我与你有着难解的情缘。在此之前，我虽与你未曾谋面，但是我在心中已经把你当成我的亲人。奔赴他乡，帮助需要我的人，是我生命中最大的荣幸，这或是冥冥中的注定，我倍加珍惜这份来之不易的缘。为了我心中那份深藏的感动，更是为了你，为了他那淳朴的笑容。

夏季，艳阳朗照，热烈粗犷。我静坐在一班开往你处的列车上，透过车窗，我细细地欣赏着沿途的美景，绵延的山峦，碧蓝的天空，每一景物都让我倍感亲切。这亦或是你在无声地欢迎我的到来，化作一声声萦绕耳畔的：“欢迎到访！”列车徐徐前进，我心也在跟着前行，我在心里悄悄地说：“你好，很荣幸与你相处。”我怀着期待，怀着满腔的热情，跟着列车徐徐进站。

一个个平凡的你，就像一首又一首古老的木卡姆，哼唱着古老的故事。你不愿道出的辛酸故事，你平凡的人生，深深地打动着外来的我。你我走在不同的人生旅道之上，我教书育人，你种地养家，但是你我殊途同归，我们有着相通的精魂，我们或许有着相同的故事，我们同属于平凡的人生。在平凡的世界里，你雕刻着一颗淳朴的心，你相信善良之人必有善报，你相信努力奋斗会实现梦想。是的，我的想法与你一样，我这次是来帮你的，我期望通过自己的知识，使你庄稼丰收，让你的六畜兴旺，想尽办法早日让你奔向现代化小康生活。

起初，你我的交流存在语言不通的现象，这让我犯了愁。但是你很有耐心，很认真地听着我的口语加肢体语言，你也很认真地教我学维语基本口语，慢慢的，我学会了一些基本的维语口语：“阿达西”（兄弟）等。是的，我们以兄弟相称，亲如手足。

我走门串户，宣讲国法国纪，宣讲“去极端化”思想，你都认真地学习，虚心地请教。你我都知道，有敌对分子企图从中国领土中将新疆分裂出去，这是我们绝对不允许的，维护祖国统一是每一个中国公民的责任与义务。天下兴亡，匹夫有责，没有统一稳定的祖国就没有我们和谐美好的生活，新疆的稳定关系你我，没有和谐稳定的社会环境，我们就不能从事生产发展，就不能继续建设属于我们的美好家园。摒弃宗教极端思想，相信科学，才能更好地跟上中国社会主义现代化发展的步伐。在一个个灯火通明的露天夜场，一次次精彩的知识宣讲，我注意到坐在角落的你听得很认真，像一个孩子在努力汲取精神的营养。仰望星空，繁星似昼，我想中国农民的光景一定会像此夜空中最亮的一颗星，熠熠生辉。

我奔波于田间地头，行走在棉花辣子小麦地间，你伴着我寸步不离，紧问我关于种植庄稼的知识。我很欣慰你对学习知识如此认真，如此恳切，我将我的所知毫无保留地传授与你。希望你日后也将病虫防治，作物增收等知识传授下去。烈日当头，酷热透过草帽传到人的体内，使人大汗淋漓。微风驱着热轻抚着滚滚麦浪，和着鸟的轻啼，就像诗一样的境，我忘却了酷热，深浸于眼前的景：多美的田园风光。

富贵非我愿，但愿万民平。

平凡的日子，平凡的人生，也是因为平凡，我深知生命的不易与艰辛。我希望用尽自己所能去将人间正能量传遍天山南北，给予饱受生活贫苦煎熬的勤劳人民希望，给予他们改变艰难处境的信心。倘若如愿，我此生会为自己倍感自豪。辗转跋涉，我的足迹遍及吐鲁番、沙雅县、伽师县、乌苏县、沙湾县、英吉沙县、阿克陶县、伊宁县、巴楚县、库车县、墨玉县。

每到访一地，都会给我留下美好的记忆，我把它当做最美的惊喜，送给辛勤工作，无悔付出的自己。难忘朝夕相伴的村民，难忘那一声声亲切的问候，难忘伴着我许久的这片热地，更难忘那一个个淳朴的笑容。我亲爱的农民兄弟，请你勿将我遗忘，请你相信你终会到达美好生活的彼岸。

我是新疆农业大学农学院驻村工作组，愿时刻与你在一起。

我们的青春　伴梦前行

正处青春年华的我，总是有着许许多多美好的憧憬，我在探寻着与生俱来的归属感。我决定了要去到我祖辈世代生活的地方，去探寻父辈的昨天，去探寻早已深埋在内心深处的乡魂。在动员大会上我积极响应参加，没有任何栅栏可以阻拦我勇敢前进的青春激情。此般美妙的青春年华，我应该去做些服务于人民的好事，我应该去体验一个别样的农村生活，就权当美好的青春印记。

奔向南疆，感受这片热土古老而神秘的文化面纱，也当做一场与青春相遇的欢歌之地。蓝天白云，雄山蜿蜒，广袤千里，是我印象当中的魅力南疆，我在等待中迫不及待要前行，我在夜深人静的睡梦中依旧向往着要去的南疆，伴着滴答的钟声，悄悄地睡去。是啊，征程的前夜总会让人激动万分，总会使我这颗年轻的心汹涌澎湃，热血沸腾。

我被安排到阿瓦提县丰收二场进行“访惠聚”实践工作，虽然工作条件简陋，但我的热情不减。很惬意，这里有广阔的田野，有潺潺的小溪，伴着我这颗爽朗的心，我有一种莫名的满足。或许，这里有着与我骨子里的乡魂相似的根，我的父辈们就是在这边土地上辛勤劳作了一辈子，在默默耕作中他们付出了自己宝贵的青春，一辈子无怨无悔地付出，头朝黄土背朝天，双鬓被风霜染白。我想起了唐代李绅写下的千古绝唱“谁知盘中餐，粒粒皆辛苦。”是啊，我们每一餐温饱都来自于农民的辛苦劳动所得，一粒粮食一滴汗。我珍惜今日来之不易的温饱，更希望投身三农，为他们付出一己之力，报温饱之恩。“访民情，惠民生，聚民心，”我急切地想要投身工作当中。

村民们听闻我们到来，都热烈地前来看望，他们把我们拢聚屋子里，细细地打量着参加“访惠聚”工作的每一个大学生，眼里透着难以言状的喜悦，因为他们知道，我们此行是专门来帮助他们。窗外的云很白，天空依旧那么湛蓝，鸟啼清脆悦耳，四周欢快的景色似乎是在迎接我们的到来。坐在我一旁的老奶奶用手亲切地搭在我的膝盖上，她有些浑浊的眼睛如此和蔼，如此有神。我看得出来，她相信工作组会改变她的艰辛生活，她相信党和政府会为她建设美好的家园。我悄悄打量着她和蔼的面容，我再次想起我已故的奶奶，悄然间有一股暖流涌进我的胸膛，好暖好暖。

我们的工作，看似简单，但分量很重。每天，天刚蒙蒙亮，我们吃过早饭之后就朝地里奔去，跟着工作组的领导在田地里做考察。早上的景色很美，东边的彩霞通红，向四方渲染开来，烘托着新的气息。采取土壤样本，收集庄稼病害样本，记录庄稼长势等细小的工作我都很认真地去完成，因为它关系到是否能有效地防治病虫害，监测阻碍庄稼生长的原因，这对于提高作物产量，为农民增收保收很重要。辛苦劳作的农民就指望着自家的庄稼收入度日，要是收成不好今年肯定会过得艰难。我们加倍努力地工作，为了庄稼，更是为了可爱淳朴的农民，他们的生活可离不开庄稼与土地。

除了下地采样，我们还陪同小组领导走访农户家庭，调查他们的家庭情况。炎热的午后，村民们都聚在村头的大树下乘凉，太阳火辣辣地照着大地，晴空万里没有一丝遮阴的云朵，花草树木都默默地承受着这难熬的酷热，几条家狗耷拉着脑袋，吐着长长的舌头。托里县库甫乡也木其村、阿合塔因恰村返乡大学生们跟随驻村工作队一同在村里入户走访。我们来到张大爷家中，这一间只有六十平米的低矮土房，门前的墙面不规则地掉落，铁门锈迹斑斑似乎承受不了用力的推搡，俨然一番颓败的光景，看得出来主人的生活很是窘迫。张大爷很热情地招呼我们进屋就坐，屋内的光线有些暗淡，家具陈设简单：一台彩电，一把电扇，几把陈旧的椅子是这个屋子里主要的家具。通过交流，我们得知张大爷的儿子儿媳在外打工，终年奔波只有春节才回家。张大爷和老伴留守在家务农，就靠着微薄的耕作收入艰辛度日，他边说边叹气，自己和老伴的身体日益衰弱，老毛病越来越多，只怕以后的日子越来越难过了。是啊，像张大爷这样的农民很多，他们艰辛耕作一辈子却难有好的收入，生活依旧清贫，吃药治病成为家庭的经济大负担。“爷爷、奶奶，身体还好吗?”“穿得暖不暖?”“吃得怎么样?”，几句问候语，几件关心事，希望能传递我们的温暖。知道张大爷的忧虑之后，我们告诉他政府会为他解决问题，他的生活一定会好起来的。

仲夏的夜晚，夜景很是迷人，飘逸的萤火虫，闪闪发亮的星宿，凉爽宜人的晚风。我们很喜欢与村民们聚在一起，大家相互讲故事，有说有笑，邀伴跳舞，欢歌笑语，每一个夜晚我们都过得很充实。与民同乐，是天底下最大的乐趣，村民们爽朗的笑容，憨厚实诚的性格深深地将我打动，他们没有轻视我这个乳臭未干的大学生，而是将我们看做是前来帮助他们的人，这让我很是惊讶。我深知自己责任的重大，不敢有丝毫的懈怠，我希望用自己认真的工作态度及优秀的工作质量来回报他们的重视与期待。是啊，“为人民服务”这句简单的话语雷锋实行得很透彻，我们当代的大学生有责任与义务去为广大的人民服务。人人为我，我为人人，互帮互助才能共同进步，才能使人间的温暖传遍社会的每一个角落。

在充实的忙碌中，我渐渐忘却了自我，虽然居住的条件辛苦，但是我每一天都收获到意想不到的惊喜与快乐。我像一个在沙滩玩耍的孩子，不时发现隐藏在沙子底下的贝壳，因此而高兴万分。这一路走来，确实存在着挫折艰辛，有一部分的村民起初不支持我们的工作，在他们看来，我们只是来装装样子给上面的领导看的。因为他们的误解，工作刚开展起来很不顺畅，许多按计划开展的宣传活动到会者少得可怜。但我们并没有气馁，工作组的领导带着我们挨家挨户地走访，详细地说明我们此行的目的，通过我们的走访以及认真投身于办实事的态度影响，那些误解我们的村民对我们的看法渐渐转变，他们终于明白我们是真心前来帮助他们的。

在傍晚的闲暇片刻，我总喜欢欣赏周边的景，沉醉其中无法自拔。夏阳渐渐退去燥热，宛如绵羊一样温顺，斜射的余晖柔和地抚摸着大地上的一切，大树，牛群，田野都抹上了金黄的色彩，像丰收的时节。远处的房子上空，炊烟袅袅，轻轻流淌的小溪映着太阳的余晖闪闪发光，好似江南的小桥流水人家。在田地里劳作一天的人都停下了手头的活，往家里走去，一路上他们有说有笑，辛勤的付出让他们感到今日没有虚度。

在欣赏美景的同时，我感叹劳动人民坚韧的性格，在艰辛的环境当中踏踏实实地耕作，在苦难面前不怨天尤人，也不放纵无为。他们相信梦想，相信通过自己的辛勤付出会收获一个美好的明天，收获心头上萦念的梦。富裕强大是中国梦，是中国十四亿人民共同的梦，在寻梦的旅途上，每一个人都在辛勤地付出劳动。尽管有风雨袭扰，尽管有苦难磨砺，没有人轻言放弃。中国梦，中国农民的梦，总有一天会被实现。“访民情，惠民生，聚民心”，大学生同样也可以有所作为。我应该更专心于自己的工作，去为更多的农民朋友服务。天行道，君子以自强不息，肩扛着责任，我们应勇往直前。

这是我们的青春，映衬着基层群众甜美的梦。

与你同在　与梦同行

在筑梦之路上，没有人选择袖手旁观，建筑“三农梦想”每个人都是一份子。高楼大厦都是由一砖一瓦砌成，就像蚂蚁筑巢一样，成千上万只蚂蚁用嘴叼着小泥块，在汇聚了众多的小泥块之后，才能建成安全温暖的巢穴。大学生“访惠聚”工作关切到民生，任重道远。

领导重视，专家牵头。农学院重视大学生暑期“三下乡”活动。同时，院领导以动员会的形式对此次社会实践做出明确的要求，要求各队在“访惠聚”工作中不但要规范化，还要基地化、科学化，思想问题作为行动的先导是最根本的问题，并就工作内容、态度、安全保障等方面都提出了相关要求。

及时走访，慰问调研。农学院领导先后多次走访慰问大学生实践基地和驻村工作组。我校蒋平安副校长带领农学院领导和老师代表来到阿瓦提县丰收二场实习基地，慰问我院的研究生以及本科实习生，在与做实验的学生亲切交谈中询问试验进展和遇到的问题，同时提出宝贵的意见和建议，让远在南疆的我院实习学生感受到温暖与关怀。

关怀学生，不忘干部。7 月 23 日，农学院院长石书兵带领农学院副院长陈全家，原农学院党总支书记王登元，农学院植物保护系教师艾尼瓦尔，农学院辅导员郭忠军等一行数人，赴我校驻村工作组进行慰问。慰问期间农学院依托专业特点，为四个工作组赠送了作物高产、植物检疫、植物病害防治等方面的专业书籍。驻村工作期间，工作组务实的工作作风和对基层农民的深厚情谊，令我院教师深受感动鼓舞。石书兵院长表示，驻村工作是我校乃至自治区的一项重要工作，我院将全力支持和配合本项工作的顺利有效开展，并加大大学生进入工作组、帮助工作组的力度。我院驻村教师艾比布积极表态：“驻村以来我对基层工作有了新的理解和体会，我将继续发挥自己在专业上的优势，服从工作组的安排，为基层农业贡献自己的绵薄之力”。

认真动员，精心组队。由于本科生对社会实践活动认识有限，加之专业能力的局限性，本次活动除了两名专业指导老师外，还邀请了本院研究生参与。通过相关文件通知和对材料的学习，使全体参加的学生对社会实践、科技扶贫工作及“访惠聚”工作有了全新的、更为深刻的认识。开学初，本科生报名工作就已如火如荼地展开，报名人数远远超出预期人数。经过对所有报名者各方面能力与素质的综合评定，最终确定了成员名单。因此，本次农学院社会实践团队的人员素质和工作的积极性较往年有了明显提高。

树立典型、扩大宣传。通过2015年暑期的成功尝试后，农学院筹划本项工作最大化铺开。其中我院种子科学与工程121班古海尔·喀迪尔在自治区交通运输厅驻村工作组（地点：新疆喀什地区岳普湖县库勒都买里斯村）工作，主要承担语言翻译、文字整理、共青团建设等活动。今年暑假，古海尔·喀迪尔又主动找到工作组，协助工作组走访入户、整理资料，当翻译、当向导，亲历工作组走访入户、修路建桥、扶贫帮困，处处为老百姓着想，成为乡亲们的知心人，并将驻村组的点滴工作铭记在心，从而用实际行动践行着一名大学生的责任。

我院邀请校党委组织部、团委、学生干部、党员开展主题为“大学生暑期协助驻村工作主题座谈会”，普及“访惠聚”工作知识，探讨如何更好地在广大学生中开展；其次以参加“访惠聚”工作优秀学生为着眼点，通过新闻网、微信平台、QQ等网络渠道大力弘扬先进事迹，形成宣传氛围，使大学生不但关注、关心自治区的“访惠聚”工作，更利用一切可能的机会参与这项工作，用实际行动展示农大学生的独特风采；最后，驻村组的大学生全体提出倡议，倡议全体大学生用行动诠释青春的内涵，用责任和担当，激发青春的活力。

走访　李亚杰 摄

就是因为有这么一行青年人，虽没有过高的专业水平，没有缜密的思维头脑，没有完善的管理能力，但他们上得了讲堂，下得了农场，进得了农家，做得了宣讲，他们就是新疆农业大学农学院学生。扶贫先扶智，脱贫先换脑，本次农学院大学生的假期实践，不但获得了各地方领导、各工作组和老百姓的交口称赞，更践行了我院大学生在艰苦的环境中磨炼意志，在平凡的岗位上彰显价值，在科技扶贫道路上奉献自己，在新疆大建设、大开放、大发展的历史进程中敢于有梦、勇于追梦、勤于圆梦的青年精神。新疆农业大学的青年学子正以“访惠聚”工作为抓手，用知识武装自己，坚持先进文化引领，走进基层、扎根基层，用行动诠释青春的内涵，用责任和担当展示青春的活力。

（阿肯努尔·达那别克　李亚杰　文）

西南大地

川、渝、贵、藏、云，党领导革命事业发祥的地方。历史里，她们历经苦难，民族获得辉煌。

弹指间百年过去，战争年代的山势险要易守难攻，蜕变成工业时代的发展之艰。但曾经的老区人民仍然以坚韧和信念热爱着这方家园。

生态与生活、流动与留守、打工与务农剧烈地冲突。这是时代的大命题，个人的大命运。

毛泽东在中华人民共和国成立后重上井冈山，道："世上无难事，只要肯登攀。"

我们仍需前行。

大山脚下的守望

——贵州大学农学院2016年暑期社会实践纪实

这是七月，却没有安生。我们一行，20个“小人”。说实话，我们是请假过来这边搞社会实践的，为的是看看这世界上另一个角落，来一个不一样的“旅程”。

从未有一天，如此期待，如云霓之望；从未有一天，如醍醐灌顶，所谓百感交集；从未有一天，惶恐不安且无力前行。如果你同我一样有这么一天，你是否

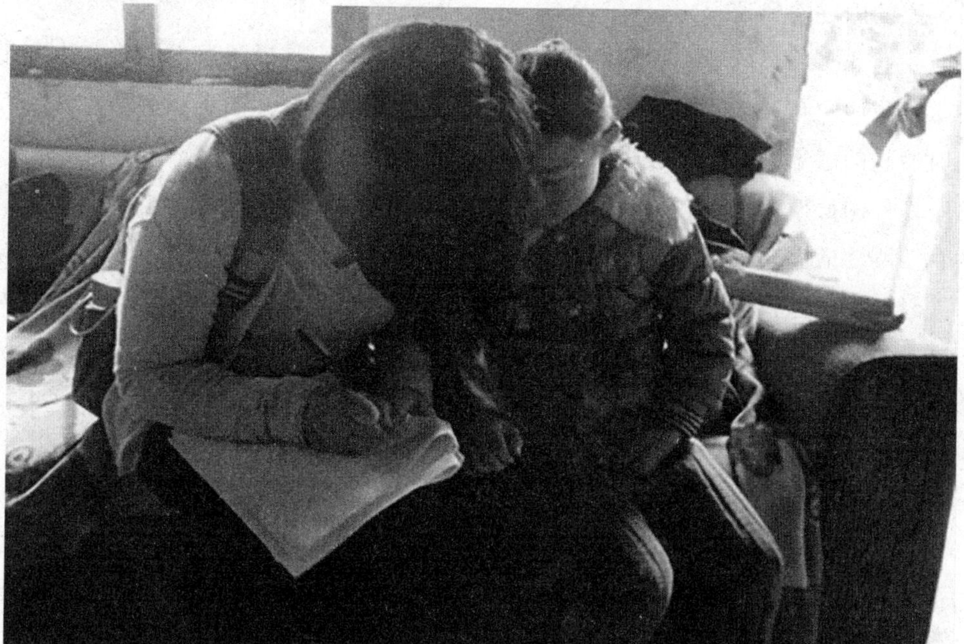

支教队入户调查　李定银 摄

愿意，同我一起，给她们一个明媚的清晨，一个温暖的午后。

一个小时的公交、四个半小时的火车、一个小时的农村客运，我们到达了此行的目的地——陕桥街道赵山村。这是一个我来了就爱上的地方，这里拥有清新的空气，清澈的溪流，成片的绿野，热情好客的乡亲，虽没有喧闹拥挤的集市，但有美味又便宜的小吃。在这里我们找到了一双会说话的眼睛，在这双眼睛里，我们看到了来自大山脚下的守望。

我们走在一条不到一米宽的小路，小路的尽头是一块院坝，但是这院坝并不显得很宽敞，堆满了杂物，两个小女孩带着一个小男孩在院子里玩耍，他们的玩具很简单，一把铅笔刀和一些地里采回来的小瓜。院坝上除了杂物就是两间老瓦房和政府“危房改造”工程出资给修的两间砖木房。看到我们的实践队员，一位30岁左右的妇女出来了，话不多，一直盯着我们笑，随后把我们引进了家门。她家里只有两间政府危房改造后的40平方米左右的平房，家里的陈设可以说是相当的老旧，一木柜，一火炉，一部坏的电视，一个破旧的沙发，一张大木床，一台80年代的收音机，外加一台陈旧的洗衣机和几个塑料凳子，这些基本上就是她家的固定资产了。

我们的实践队员有一些是来自浙江大学的，但多半是贵州大学的研究生和本科生，我们中有一些队员是来自城市，一些是来自农村的。但是说实话，队员们当时给我的感觉不太好，有些甚至是皱着眉头进的门，可能就是眼前的这一幕，这一件件的摆设，让他们看不上这里。不过在甘妈妈热情的招待之下，队员们都为自己刚才的举动羞愧不已。

经过了解，我们知道了刚才外边玩耍最大的一个女孩，她叫小春，是这家夫妇唯一的女儿，另外两个是她的堂弟和堂妹。这是一个生活在贵州省威宁彝族回族苗族自治县陕桥街道办事处赵山村的小姑娘，现在已经有10岁了，就读于赵山村小学二年级，由于身子比较单薄，身高也不高，所以她比同龄的孩子较晚一些进入学堂。一开始我们的队员都不相信小春她已经10岁了。按照我们的想法，10岁的女孩应该是一个身材苗条，穿着公主裙会弹钢琴、会跳舞的小可爱。她言语不多，但是她聪明懂事，不辞辛苦，手上的茧足以说明她的勤劳，二年级的她已经学会了给全家人烧火做饭、洗衣等。她没有多余的时间去和伙伴们玩耍，周末山上放牛的她也只是一个人，所以当我们问到她经常和谁一起上学时，她说多数时候是一个人，每天放学她都走得比别人快，她总想多做点家务活，爸爸妈妈就少一点负担。在她的眼睛里，我们看到了她的渴望，小小的她知道，唯有知识才能改变命运，唯有读书才能摆脱贫困。

小春每天除了上学、写作业以外，家里大小的家务活只要是在自己能力范围内的她都不会抱怨推辞。但是，上天就是这样的不公平，可能是因为她平时帮助父母做家务，也可能是因为父母都是文盲，或者是因为当地的教育水平比较落后，小春在学校的成绩并不是很好，甚至都可以排到班级倒数了。于是我们大家不约而同地做了一个决定，我们要帮帮这个小女孩，即便我们的能力有限，但是群策群力，相信经过我们长期的帮扶，一定可以改变她的情况，也一定可以改变她家长期贫困的现状。队员们开始积极地了解她家的情况，以便更好地帮助她。但是情况不是很理想，她的学习情况比我们想的还要糟糕，我们让她在纸上随便写几个字，她就在纸上歪歪扭扭地写下了自己和堂妹的名字，还有爸爸的电话号码。

她的父母告诉我们：因为家中劳动力有限，仅靠常年带病的爸爸种地为生，收入微薄，难以维持家中正常开支，街道办事处在了解到她家情况后，为她家一家三口申请了低保，每个季度享受低保费 450 元。在 2015 年，自家的土豆地遭遇了洪水，导致眼看就要收成的土豆成片被毁，幸好在年底，政府给她家发放了 1 万元的特困救助金，解了燃眉之急。到 2016 年上半年，街道办事处向她家发放临时救助金 2000 元。此外，每个季节，她家都会收到街道办事处发放的救济粮，每个季度 2 包，年初至今，她家已经收到了 30 斤的大米 7 包。妈妈一边说一边哽咽，爸爸安慰了自己的妻子，继续向我们述说自己得到的帮扶，他说："之前我们住的房子并不像现在这样，摇摇欲坠，是典型的危房，街道办事处特地为我们家申请了危房改造，政府给我们钱，办事处组织人帮我们家修房子，才让我们住上了崭新的平房。县政府的领导们也关心我们，共青团威宁自治县委在了解我家情况后，为我家小孩送来了书包、鞋子、衣服、图书和棉被，给我家 3000 元钱，告诉我们夫妻要重视孩子的教育，要从小教育孩子感恩党和政府，感恩父母。我们也非常感谢党和政府的关心"。

小春乖巧地依偎在父母旁边害羞地对着我们微笑，那个笑容至今留在我的心中，也留在了同行的每一个志愿者心中，那个笑容是感激，是渴望，是大山里的

艰苦条件不忘学习　李定银 摄

呼唤。在我们离开时，他们一家送我们到路口，目送我们的车离去后才转身回家，想着这个可爱的孩子微笑，想着这个需要帮助的家庭，我们的内心充满着无限的感慨，我们希望小春的梦想能实现，我们希望这个家庭能在政府的帮助下和自己的努力下变得越来越好！我们也衷心地希望能有更多的人关注这个最美的儿童，帮助她走出大山，摆脱贫穷，完成梦想，用我们山外的大手托起山里的那双小手。

（吴学三　杨玉婷　文）

不畏风雨　且歌且行

——四川农业大学农学院 2016 年暑期联合实践行动纪实

川渝地区的雨季总是在七月悄悄来临，雨水打在车窗上，将窗外的景色晕染成了一幅山水画。实践之路亦正如这旅途，周围风景虽美，脚下的道路却泥泞难行。在精准扶贫调研的暑期社会实践中，担当“兴农事”之重任的川农学子们不畏艰险，风雨兼程，一路且歌且行。

扶贫调查　王季峰 摄

2016年7月，四川农业大学农学院的16支团队、182人，积极响应中国农大农学院发起的“走进乡土乡村，助力精准扶贫”全国农科学子联合实践行动，以四川为主要实践地开展了精准扶贫基础调研工作。团队成员分别去往阿坝藏族羌族自治州、甘孜藏族自治州、南充市、宜宾市、广元市、广安市、巴中市等15个市、州的贫困县，进行至少为期一周的实践调研活动，最终收回村级有效问卷25份，农户有效问卷944份。

大山，阻挡了外界信息的沟通，阻隔了现代文明的普及，原始的自然环境造成当地农民种几亩薄地、栽几棵果树、养几张小蚕的生活现状。队员们沿着蛇形斗折的乡间小道，行进在一片片房屋简陋交通不便的土地上，了解精准扶贫政策所带来的变化；穿梭在一户户贫困家庭之间，传递政府对留守儿童或贫困学生的关怀以及补助就学的福音。他们用实际行动在农村基层发光发热，在这个暑假书写了不一样的青春篇章。

他们是勇敢的，不屑于追随大众潮流，而是选择响应党和人民的号召，到群众中去，切身体会基层建设之艰辛，农民生活之艰难；他们是幸福的，有机会在实践中淬炼心智，坚定信念，笃力前行。及之而后知，履之而后艰。作为农科学子，我们更有义务在踏上工作岗位后，发挥所长，为中国农村、农业、农民的发展贡献自己的力量。

梦萦雪域　坚定兴农信念

窗外蝉声不断，暑意正浓，轻柔拂面的丝丝凉风又让我们想起了与小金县的相遇。那天我们翻过海拔4500米高的巴郎山，云朵将我们紧紧拥抱，远处的雪山在明媚的阳光下闪烁着晶莹的光芒，从山里蒸发出的水汽如云一般漫过身体，留下冰凉的触感。

见过很多这样的城：四面环山，城从中间的平地上崛起，方圆十多里会有很多以它为中心的乡村，靠一条条蜿蜒的公路连接彼此。村上的人大都没有什么产业，靠着种田为生，或者外出务工。孩子们要走很久的山路或是寄读来完成学业。老人们一把年纪还是会下地干活。大多数的家庭，都极易被教育、医疗、建房这些基本的生活需求所压倒。在调研中，最普遍的说法就是入不敷出，对政府的强依赖性导致了他们“穷心态”的增长，反映出人们艰苦生活背后的尴尬。

走访愈多的贫困户，愈能发现小金县的贫困超出了我们的想象。

因为小金县的海拔较高，那里的山只能由一些草皮覆盖，所以土质疏松，雨季十分容易发生泥石流。频繁的泥石流冲毁了许多本来富裕的家庭，让搬家、重建成了这里的常态。自然灾害，使农户损失严重；村人焦虑，便咒天骂地一通。村里的人祖祖辈辈都生活在这片贫瘠的土地上，只懂耕作。但日复一日辛苦的劳作，换来的却是越来越穷的现状。

村主任的家中亦是一贫如洗。他本身就有慢性疾病，膝下有一儿一女，儿子还没有成家，女婿被疾病缠身，无法工作。昂贵的医疗费已经让这个家庭捉襟见肘，再加上两个外孙女的教育费用，两个六十几岁的老人显得有些无奈。但面对生活的重担，他们选择挺直腰背，继续前行……因小金县能够耕作的土地很少，所以他向村里贷款，搞起了养鸡。虽然目前家里还有很多借款没还，但他骨子里仍倔强地相信，有努力就一定有回报。

我们走进下一户人家，推门而入，看见一个年纪与我们相仿的小姑娘坐在木凳上，她有些呆滞地转过头望向这边，空洞的眼神使我们意识到她是位盲人。用"家徒四壁"四个字来形容这里一点儿也不为过。整个家的吃穿用度全靠她母亲的手工活支撑。当我们向阿姨提议可以让女孩也学些手工来贴补家用时，阿姨摇摇头，苦笑地说道："她智力也有问题，你们能不能帮帮忙，之前她一直在铁道学校读书，可是现在她满 18 岁了，学校不收了。她在家一个人很恼火，我得在旁边陪着，也无法在外打些零工，家里本来就困难。"我们哑口无言，面面相觑，却又觉得心有余而力不足。

在接下来的谈话中，我们了解到女孩并不是阿姨的亲生女儿，在一个冬天有人把孩子放在她家门口，于是她就收养了这个孩子。我们心里一怔，此刻仿佛有一颗子弹击中了灵魂深处，面对视力和智力都有问题的孩子、亲生父母都遗弃的孩子，她却视如己出，含辛茹苦抚养至 18 岁。这样的爱多么无私，多么伟大，现代人内心所流失的东西，在这位母亲身上被折射出了熠熠光芒。

虽然家家贫困，但是一路上的民风却是那样的淳朴，那样的热情。

每当我们前往一户人家，他们总会让我们觉得自己多了一个家人。记得在前往第一户家庭时，刚进门就看到两个特别可爱的小朋友，姐弟俩一看到我们立马离开电视机去端茶了。他们一步一步地走到我们跟前，用比杯子还要小的手高高地举起，我们不接他们就不放下。

当地的村干部也极力帮助我们，几乎每日中午都邀请我们到自己家里吃饭；每次调查都将我们送到家门口，确定我们能交流顺利了才离开；我们多早出行，他们就同我们一起早起；我们问卷调查到多晚，他们就陪我们到多晚。每位村主任、每个妇联主任都清楚地知道每家人的位置、每户人有什么困难、有多少孤寡老人，并且定时去探望有困难的人家。官民一家亲，这简短的五个字在这个被大山环绕的小金县被刻画得淋漓尽致。

一直开车载我们在狭窄蜿蜒的山路上颠簸的年轻司机，陪我们在烈日下走访一户户农家的各村主任或书记，拿出自家食物招待我们的村民们……在小金县的每一天我们的心里都盛着满满的感动，但随之而来的却是渐渐积累的不安。

我们不安于自己微薄的力量不能为这里窘困的现状带来改善。这里需要帮助的人还有太多太多，但以我们现在的能力还做不了太多。我们希望别人可以知道这里，了解这里。一个人的力量的确很微弱，但 10 个人、1000 人、1 亿人呢？虽然我们队伍目前只有 13 人，但也许我们的队伍未来会有 13 亿人！

一个少年这样质疑我们：你们的调研有什么大用？我们此刻确实也无法拿出十足的信心对他保证这有用。还有很多希望我们帮他们反映情况的村民，我们却也不能给予他们任何承诺，不敢拍着胸脯说，你们放心；也无法坚定地对别人说，我要去基层我要去从村官做起。但我们只希望记住这样一份期许，一份在直击贫困深处之后，不仅仅只当个诗人抒发感触，而是愿意当个战士，以己之力助力扶贫的决心，去鞭策自己前行！

情满大山　点亮希望火把

一个村庄的苏醒是从第一声犬吠开始的，农舍上空升腾起缕缕炊烟，将农家人的一天渐次展开。夏天的早晨依然像一只久渴的飞鸟，逡巡在村庄的上空。蜷缩在门口的黑狗，拉长了舌头怅望着太阳。我们就是在这样一个雨后初晴的清晨来到了这个群山环绕的小村——屏山县正直村。正直村是个典型的重度贫困村，由于地形地貌特殊、基础设施薄弱，海拔从 320 米至 780 米，行路难、饮水难问题极为突出。

九曲十折的盘山路，没有护栏的“悬崖”拐角，半个多小时的车程终于把我们从镇上带到了村里，在村支书的带领下，我们小心翼翼地走过崎岖泥泞的山路，走访了6个组、27户贫困户，挨家挨户地进行精准扶贫调查。没有当初设想的青石板，黄鹂鸣，我们在陡峭的泥泞山路上艰难穿行，耳畔尽是蚊子飞舞的翅膀发出的声响。没有柔和的晨光，我们要么是在雨中穿梭，要么是行走在黑夜中。晴朗的日子农户要下田劳作，耕耘那一两分贫瘠的土地，以求一年有粮裹腹。只有山雨和黑夜，才能阻挡他们出门劳作的路，守候在家中忙碌着手中的家务。

“足寒伤心，民寒伤国。”现如今，贫困及其衍生出来的饥饿、疾病、社会冲突等一系列难题依然困扰着许多发展中国家。农民依靠土地而生，正直村村民没有遭受温饱问题的困扰，但由于贫困带来的另一个社会问题却让人心痛。

“我女儿还小，还有两个老人在家，他们也没有什么劳动力，我有一个技师证，可大多数时候我没办法出去挣钱，孩子妈妈离开了，这一家子他们三个我放不下啊。”这位父亲说得云淡风轻，或许其中的无可奈何也只有他自己能体会。小姑娘躲在门后好奇地打量着我们，但她并不知道她的母亲因为这里穷困的生活失去了坚持的勇气。而这样的情况在这里并不是个例，很多孩子都是这样在没有妈妈的童年里成长。这个不到10岁的小女孩有着与她年龄不符的沉稳与懂事，童年的儿歌“没妈的孩子像棵草”久久萦绕在耳畔，让人心中五味纷杂……

其实贫困最可怕的不是“贫”而是“困”，贫让家庭陷入各种教育、医疗、产业困境，而这种困境又让“贫”变得愈发难以摆脱。经过多轮扶贫攻坚，目前的贫困人口大多分布在“角落里”——深山区、石山区、高寒山区、偏远山区。角落里最大的问题就是基础设施的薄弱，而这又成为阻挡教育、医疗等资源内流和产品外输的巨大障碍。正直小学——村里唯一的小学，150平方米左右的地包含着三间教室和一个操场。它孤单地坐落在半山腰，被松树林和茶树地包围，显得单薄无助。三个老师，六个年级，每两年收一次学生，孩子们学习的机会是少得紧迫。而这是村里大多数孩子上的小学。因为到镇上路途实在遥远，他们只能无奈地在此接受落后的教育。

在正直村的最后一个夜晚，皎洁的月光毫无保留地洒在房间里，我们想到了调研几日以来看到的那些孩子们，他们明亮的双眸，好奇又带些许胆怯地看着我们。“你们都是大学生吗？好厉害呀！”一个十四岁的女孩这样对我们说。而她却因为家中负担重而辍学，准备外出打零工。接下来她的一番话让我们更加沉默："我在镇上读初中，来回车费要 20 元，我周末全是走路来回的，我也想读书，但是家里还有弟弟，我学习也不太好，就不读了。"镇上到村里坐车至少需要一个半小时，而走路几乎就是一个上午的时间，再加上走小路到家的路程，一个来回周末就只剩下一天了，剩下的这一天，她还要在家中帮忙下地干活或是煮饭，学习对她来说是那么的力不从心，只得无奈辍学。

12 人的团队，在那落后的山村停留了 7 天。走访、调研、干农活，每一份问卷总是让我们每个人感慨万千。走访的 20 多户人家，"留守儿童"、"空巢老人"、"劳动力流失"的现象屡见不鲜。64%以上的留守儿童一年才与父母相聚一次，其中 12%的留守儿童属于单亲家庭。50%以上的空巢老人年过六旬，身体状态每况愈下，生活质量随之下降。一串串数字让我们深思，亦让我们学会了珍惜自己的当下。

短暂的七天，每一天都过得充实忙碌。看着那残破的土坯房，想着村民们的笑颜，感叹生活的不公，感慨心中的无奈。虽然我们微薄的力量无法从根本上改变那些差距，但是我们的到来，可以给他们留下美好的回忆，可以为他们指引方向，让他们对未来抱有憧憬。

走的那天，有两位老人为我们演示了传统的手工做茶工艺。采摘，炒青，揉捻，杀青，新采摘的茶叶经过层层工序，在开水里面浸泡，迸发出沁人心脾的馨香，就像精准扶贫这条路，总要经过重重磨难才能真正的有美好的结果。

当我们真正地走完了这次大屏山之旅，我们才懂得此次我们踏上这块陌生而又充满希望的土地的真正意义。这，不只是实践，更不是旅行，而是为大山深处一双双渴求光亮的眼睛送去明天的希望。

筑梦井冈　播撒绿色希望

我想只有在这里能看到这样壮阔的夕阳——红得那样的鲜艳，就像是被革命烈士的鲜血染红的一样。在霞光的照耀下，天空如被火烧，静穆辉煌的落日，用千万只光箭，呼啸着射穿一片彤云；燃烧翻涌的云，用奇妙色彩，变化着迭出瑰丽的图画。

在这霞光四射的黄昏之时，我们满怀着敬畏与激动之情踏上了这片红色沃土

——井冈山。位于湘东赣西边界的井冈山，与沂蒙和延安并称为中国革命战争时期的“三大老革命根据地”。

移步红军谷，慕名八角楼，轻轻拂去历史的尘埃，我们惊见子珍灵秀，大叹润之才情。这旷世奇才与名山奇珍的浪漫结合，穿越五次反围剿，跋涉万里长征，渡过最艰难的创业强军时期，中国共产党从此转危为安……井冈山平实而博深，坚韧而峻绝。

爬上黄洋界，重走3100米挑粮小道，缭绕升腾的云雾似昔日鏖战的硝烟，阵阵松涛，似当年两军激战时的隆隆炮声。在黄洋界保卫战胜利纪念碑下，我们高唱《国际歌》，体会当年红军艰苦卓绝的战斗岁月；我们仰头拜读刻在石碑上的《西江月·井冈山》：那是1928年被敌军围困围剿的艰难岁月，毛泽东挥毫写下“山下旌旗在望，山头鼓角相闻。敌军围困万千重，我自岿然不动”的壮丽凯歌。

井冈山的历史，是艰苦奋斗、继往开来的历史，它给后人留下了宝贵的精神财富。学习、拜访、重忆，让我们深切感受到了现在幸福生活的来之不易。革命先辈们的英雄事迹和革命乐观主义精神给我们留下了深刻印象，如果失去了这股坚持到底的毅力和永不屈服的底气，干事创业就很难成功，井冈山精神需要我们这些后来人重视并且传承下去。

虽然这里历史厚重悠久、风景秀丽，红色旅游的持续升温让当地的一部分村民富了起来，但地处偏远、教育落后、耕种资源贫瘠等因素让井冈山仍然是一个国家级贫困县。

“我们要种黄桃也没有技术，很难发展”“虽然是景区，可工作岗位也很少，我们不得不外出打工”“学校离家远，小娃娃上学难啊”“我孩子大龄未婚”……农户们不断地向我们讲述贫困的原因。

找到“贫根”，对症下药，靶向治疗，扶到点上、根上，才能让贫困群众真正得到实惠，才能药到病除。在走访调研过程中，我们发现当地田地荒废的现象很严重。收集的数据显示，60%的荒地是因青壮年外出、劳动力流失而导致。但坝上村村长金齐兴还向我们分析了另外一个原因：“虽然当地的特产是毛竹，但是政府规定不能随意砍伐毛竹变卖，所以种植毛竹并不能带来多少收入，村民们也就逐渐对种地失去了兴趣。”我们不愿眼睁睁看着一片片田地就这样荒耕，便

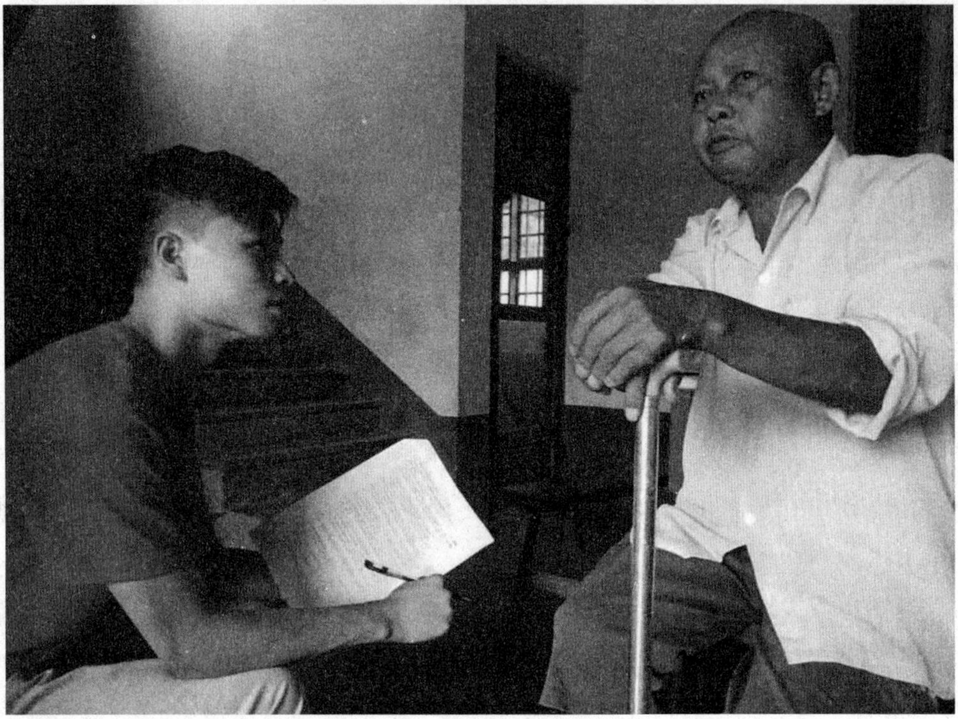

井冈情　李垣 摄

到农户家耕地实地考察，发现当地的土壤条件、环境条件均适合种植当地的特色农产品毛竹。而在当地发展特有的毛竹产业链，像是加工制成竹席、竹罩、竹根雕等，再将其融入旅游链中，打破如今单一的“景点摆摊”、“红军餐”等旅游产业形式，或许将成为解决当地贫困的有效办法。

行程万里，不忘初心。井冈山的山间小路，通往民族复兴的康庄大道；八角楼的灯光，映照共产党人的奋斗征程。脱贫攻坚到了啃硬骨头，攻坚拔寨的关键时刻，万丈高楼平地起，基层任重道远，还有很多路要走。让我们用井冈山“不怕艰险，敢于胜利”的精神奥义，补思想之钙，聚笃行之力，尽为民之责。

（杜娟　林玲　罗慧　文）

下乡扶贫之旅　青年实践之途

——西南大学农学与生物科技学院2016年暑期社会实践纪实

在2016年的7月和8月，西南大学农学与生物科技学院积极响应中国农业大学农学院发起的以“走进乡土乡村，助力精准扶贫”为主题的全国农科学子联合实践行动，共筹建12支小分队共计120余人，分赴重庆巫溪、武隆、彭水、石柱、黔江、酉阳、云阳、奉节、秀山和新疆石河子、河南平顶山、贵州盘县共12个国家级扶贫开发工作重点县开展社会调研和帮学支农实践活动。出征前针对扶贫调研活动展开了2次调研专题培训会，邀请学院在农村社会调研领域经验丰富的孔立老师来为全体实践队员作培训。学院党委书记赵子华、院长何光华为各小分队授旗并表达学院对活动的支持和鼓励，也对实践队员提出工作要求。学院党委副书记方凤玲、团委书记许莹竹、办公室黄翊老师带领巫溪支队队员和薯类作物专家王季春教授、高级实验师黄远新老师一同跨越500公里路奔赴重庆市巫溪县塘坊镇梓树村开展扶贫调研等实践活动。全体队员两个月六十天的实践活动，从城市到农村，由种植大棚至乡间田野，锻炼能力，增强团结，提升素质，拓展视野，更明确责任和使命。作为青年大学生的我们，自当是国家哪里需要我们，我们就去哪里，要走在前列，深入农村，走进农户，与农民面对面了解详细情况，以获得贫困县、镇、村的第一手数据，为国家实现2020年全面脱贫助力攻坚。

土豆——带给巫溪的不只是“盘中餐”

当车子缓缓驶进巫溪县塘坊镇梓树村，重峦叠嶂的山间坐落着一座座瓦房，零碎的阳光散落下来，没有强烈的灼热感，留下的只是太阳的温暖；一束束光从林间空隙投影下来，细小的颗粒在光束里轻舞飞扬，那些明亮的气息至今记忆犹新。

西南大学农学与生物科技学院实践团重庆巫溪县支队深入马铃薯种植基地测产　许莹竹 摄

梓树村地处大山深处，村里人主要依靠种植马铃薯、玉米等作物为生，村里每家每户都有属于自己的不同规模的马铃薯种植地。马铃薯虽为他们解决了基本的温饱问题，可终归因为地处偏远、交通不便，不足以使他们脱贫，一旦遭遇病虫害或极端天气的侵袭，这些缺乏科学知识支撑的朴素农民，维持生计就太难了。还好这里成立了巫溪县署光农业科技开发有限公司，为这片贫苦的土地带来了新的希望。公司是专门从事马铃薯种薯脱毒，商品薯生产、加工、销售等的综合企业，更有西南大学的专家定期莅临提供技术指导。公司所辖的马铃薯脱毒种薯繁育中心定期为当地村民提供种薯，也会在收获季收购村民们种出的土豆。如果碰到病疫，公司会派技术人员来指导防治。

我们有幸和西南大学农学与生物科技学院薯类作物专家王季春教授、重庆市农委和巫溪县农委技术人员一同前往梓树村脱毒马铃薯种薯基地扶贫示范区参与测产工作。一开始我们队中的两个男生拿着锄头学着村民刨土豆，由于不太熟练，不仅引得大家哄堂大笑，还把土豆刨坏了不少，后来摸熟了锄头，刨起土豆来倒也有几分样子。而女生们便按照随队专家教授的要求将不同大小的土豆区分开来，分别装进不同的袋子，土豆收获场面好不热闹，却也井然有序。在王季春教授的带领和队员与村民们的默契合作下，45 平方米的土豆一会儿就全部挖出来了，看着这可观的数量，村民们喜笑颜开，虽然还未得到称重的结果，但大家已经毫不担心产量达标问题。马铃薯脱毒技术的推广帮助农民增产增收，这让全体实践队员表示惊叹，也使队员们更加坚定作为国家培养的未来农业科技人才肩负的责任和使命。

苗寨　愿你是当世的“桃花源”

若论八月的清风，没有比得过鞍子山腰蜿蜒公路的清晨了吧。一辆仿佛还停留在九十年代的公交车载着我们，在盘山公路上像老龟一样缓慢爬行。推开车窗，八九点的山风，把刚醒的阳光吹入了我们的车窗。在此次社会实践中，我们将探寻苗族文化与信仰。

鞍子苗寨，苗族之乡——重庆彭水苗族土家族自治县境内一个还保存着苗寨村落的地方。这里依然是青瓦木的四合院，有依山而建的吊脚楼，有牧童吹笛骑的耕牛，也有农民披蓑戴笠扛的犁头。村落处在保守和发展的中间地带，有传统自然的宁静，也有外界机械车辆和游人的喧嚣。

苗寨与镇上之间有个地方叫石磨岩，这里的岩石是标准的苗家风光标志。旁边的盘歌堂则时有苗歌大会、篝火晚会一系列苗族专属活动，还可借苗服试穿，体验各式苗族服饰。但若是不逢节假日，这里便十分冷清，只有一位老爷爷和一位老奶奶在这里看着这个偌大的盘歌堂。我们一行人都各自租了一套苗服穿在身上，苗服作为苗族文化的结晶，确有其独特之处。男式苗服较为粗犷豪放，配色大气；而女士苗服则更加精致细腻，配色以及银饰搭配都非常考究，年轻女子穿上一套精致的苗服，配上玲珑的银饰，确是增色不少。

走之前，我们也为老爷爷和老奶奶拍了几张苗服特写照片。其间有趣又很温暖的是我们准备让爷爷奶奶把手牵起来，但是老爷爷和老奶奶却颇为害羞，竟是谁也不肯牵谁，最后在我们的不断“鼓动”下爷爷还是主动牵起了奶奶的手，相机咔嚓的瞬间，留下了他们此生爱情的永恒。看着他们的照片，我们在猜测爷爷奶奶年轻的时候，是否有过《边城》里那种青涩而又极为纯洁的爱情呢？想必那应该是极美好的。临走时，我们将洗好的照片送到爷爷奶奶那里。爷爷拿出老花眼镜认真指着照片上的奶奶，笑着说奶奶好害羞。我们想“执子之手，与子偕老”也不过如此吧！

我们原本以为“三下乡”只是一次普通的社会实践，但是却带给了我们更多的东西，我们像是上了一堂课，经历了一场情感和文化体验。脱贫攻坚工程中，少数民族地区大力发展旅游产业，为农民创造财富增加收入是一种较为普遍的现象，但如何处理好旅游开发与少数民族文化保护与传承的关系，值得我们思考。我们一行大多为苗裔，在这个民族文化受到冲击处于消亡边缘的时代，也算是近距离触摸了我们自己民族的文化与信仰，为我们民族文化的传承尽了一份力。鞍子苗寨在竭力地保存着苗文化，传统苗风依在，只是在景区开发和外界文化的冲击之下不知苗寨将会何去何从，只是希望在开放弘扬苗文化的同时，鞍子苗寨不要失去传统，依然是喧嚣之外仍坚守宁静的“桃花源”。

躬行方知扶贫坚

一路穿越万里山，桥梁隧道数不胜数，我们来到了贵州。这里高山峻岭望不到边际，山上绿意葱茏，雾气缭绕，岩石掩映，好似一片绿色海洋。这里海拔较高，紫外线强度大，而我们将要采访的人家就住在这里。汽车渐渐驶近，一间矮矮的土坯房映入眼帘，屋侧圈着几只羊仔，门前站着两位佝偻的老人。他们冲着公路的方向远眺、笑意盈盈，就像过年时等待子女回家一样。随着调研的开展我们了解到这个家里本来有一个儿子，但孩子年轻时就已经断绝了和家里的来往，这些年来，老两口相依为命。然而天意弄人，老爷子患了病，医治后落下了病根，这让本不富裕的家更是难以周转。可谁曾想老妇人为了照顾家里竟也拖垮了身子，患了癌症，动了两次大手术，巨大的医疗费用彻底击垮了这个家庭。在我们的调研过程，我们发现因病致贫的现象在贫苦地区十分普遍。好在有国家扶贫政策，那几只羊就是政策中的支持，可是也不过是杯水车薪。一座矮矮的土坯房，一群瘦弱的白羊，两个双鬓斑白的老人，我不知道是什么撑起了这个家，然而在面对我们时，他们的脸上完全没有被生活的艰辛压迫的无奈，我们感慨窘迫困苦的生活没有压弯他们的脊梁，反而使他们内心深处里的骨气和毅力得到延续和升华。我在心中默默地为老两口祈祷，希望他们的明天会越来越好。

行路辗转，我们来到巫溪县塘坊镇梓树村。犹记得叩开第一扇门见到的老奶奶，她带有岁月印记的脸上挂着慈祥而温暖的笑容，让我们忘记了那屋顶凌乱破碎的瓦片，那土墙上皲裂的巨大缝隙。老奶奶一瘸一拐地走在前面，热情洋溢地招呼着我们，似乎连她的背影都是愉悦的。走进堂屋，一位中年男子正在为我们端来板凳，带着农村汉子的朴实和沧桑。老奶奶腿部有残疾，常年不能劳作，严重时，连行走都是艰难的，老人的儿子也就只能在家务农以便照顾老人。谈到她的儿子，奶奶眼里满是心疼和内疚，而中年男子脸上却洋溢着满足的笑容，他说："能在身边陪着妈妈，就是我最大的幸福"。临走时老奶奶一个劲儿地拉着我们的手对我们说县上有一个领导私底下给了她500元看病，特别希望我们能够将那位领导的名字写进调查报告里面。在对话中，老人多次感谢党和国家的扶贫政策为他们带来了希望，也特别感谢我们来这里调研了解贫困山区的真实现状。其实应该是我们感谢她的，是她和她的儿子让我们真正懂得了什么是亲情、知足与感恩。

在短短数天的调研过程中，虽见过30多岁却懒惰酗酒，浪费国家扶贫资源的无赖，但见的大多都是留守家中的老人和孩子，此外就是身有残疾无力在外奔波的中年人。他们坚强、真诚、朴素、热情，虽面对着辛苦的生活，却依旧简单、积极，带给人满满的正能量。脱贫致富的道路虽长且艰，但是只要全国农科学子联手行动起来，深入基层农村潜心调研、刻苦实践，并结合自身专业知识，为精准扶贫提供更多的第一手资料和建设性意见，助力国家实现全面建成小康社会的宏伟目标，指日可待。

扶贫必经扶智路

"莲，出淤泥而不染，濯清涟而不妖。"七月，荷花盛开的季节，风吹来荷花的清香，弥漫在黔江五里乡五里村的每个角落。顶着烈日灼烧出发，夕阳映红了天边的晚霞。这里虽美得心旷神怡，但却是名副其实的穷乡僻壤，能搬走的都搬走了，被迫留下的都是穷苦的人家，且村中劳动力大多都外出打工，留下的是年迈体弱的老人和小孩。但你无法想象这样一个贫苦的山区，居然保存着众多的年代久远的古院，村长告诉我们：这些古院倍受当地居民看重，不管经历怎样的风雨飘摇，当地的村民都竭尽全力保护着这些古院。在众多古院中，程家古院是保存最完整、历史最悠久的。因我们想翻阅程家族谱，村长便带我们去拜访程家老伯，老伯招呼着我们进屋，他的13岁正在读初一的孙女从左边的小屋子里端了几杯水放到了柜子上，她全程低着头，没看我们一眼。我跟着小女孩到了她简陋的房间里，角落里摆放着一个暗褐色的书桌，书桌旁边是一摞初中三年的课本和一叠写满毛笔字的纸。这些书是她爷爷从同村高年级学生那里借来的，在暑假后还要还回去。暑假里，她每天自学初二初三的课程、练习毛笔字（毛笔字是她爷爷教的）。从我跟着她进屋，到最后出来，她都只是在回答我提出的问题，其余的时间都在独自学习，旁若无人。离开时一个疑问在我心中升腾，是否这里的每一个少年都如那个小女孩般心中藏着期望通过读书改变命运现状的倔强。

于是我们临时决定踏上前往黔江区民族中学的路去看看那里的高三学子。教学楼是四层的，外面是满墙的爬山虎，走进教学楼，里面的墙面有些剥落的痕迹，楼梯是大圆柱的铁栏杆，还依稀看得出原来的绿色油漆，教室是木制的门窗。在教室外的走廊里，有的教室鸦雀无声，有的教室读书声震耳欲聋，有的教室老师与学生一问一答何等默契……我从未想过，原来从楼梯到教师办公室走过走廊也有这种享受。十分巧合的是，我们遇到了西南大学毕业的校友在这里任教，敲门时，他还在低头批改着试卷。在交谈中，我低头看了一眼试卷，数学试卷上鲜红的分数是132，错的地方有着简单的批注。为了不影响高三学生们，我们决定就只与他所任教的班级进行简单交流。走进教室，整齐的铁锈斑斑的课桌整齐地摆放着一摞摞复习资料，埋着头复习的同学们都抬头好奇地看着我们，他们对知识的热爱，对学习的认真令人动容。我们简单地分享了各自高三时复习的习惯、填报志愿的技巧和大学的生活，同学们脸上浮现出对美好大学生活的无限憧憬和向往。大学对于他们来说不仅仅是简单的升学或是换一个学校，是他们通往美好未来的桥梁，更是他们目前摆脱贫困的唯一道路，是他们背后整个家庭的希望。虽然承载着家族的希望和较重的责任，但他们却挺直脊梁，埋头苦学。也许将希望全部寄予读书是不明智的，但对于他们来说却是最好的方法，也是唯一的出路。

帮学支教是我们在巫溪县塘坊镇梓树村最后一天开展的活动，精心准备了很久，真心希望能为这些孩子带来些帮助。在村领导的帮助下，活动信息提前传达到了每家每户，虽然是暑假，但孩子们还是早早地来到了教室，期盼着大哥哥大姐姐们带来“外面的世界”。刚开始，孩子们还是有些羞涩，但是当我们教他们叠爱心折纸的时候气氛却活跃了起来，我想他们是想把爱心送给他们深爱的人吧。之后，我们在班上开展了“畅谈理想”的活动，一个声音彻底震撼到了我们：“我要努力学习离开这个大山，我要让家乡富裕起来”。这个回答也让我想起了王家新先生《在山的那边》，还记得初读时，我并没有什么概念，我见过山，也见过海，在我眼里它们是赏心悦目的风景，是中国山水画的感觉。孩子为什么一定要去山的那边，他为什么不能去，当初我无法体会到他们心中的渴望，而现在我才真正地体会到这篇文章的深意。孩子们知道他们生活在大山里，他们也知道山的那边还是山，但他们更加清楚，只有一直走下去山的那边才会出现海。

临走之前我认识了一个小女孩，她梳着长长的辫子，水灵的眼睛充满希望，她的姓很少见，她告诉我们她的名字叫做未来。

披荆斩棘　携手共进

正如漫天乌云遮挡不住太阳的光辉一样，贫困村的贫困帽子终会被国家的扶贫政策摘走。在“三下乡”的社会实践中，我们顶着火热艳阳，跨越崇山峻岭，来到 12 个国家级扶贫开发工作重点县开展科技支农、走访调研、贫困帮扶、帮学支教等活动，这些经历将铭记于心。

科技支农是我们的第一要务。所学为所用，我们要做知识的实践者，将书本上的知识运用到农民的生产实践中，让农业科学技术转化为生产力。因此，在此次社会实践中，我们为贫困村带去了脱毒的马铃薯种薯，并推广了“农天下”APP（“农天下”APP 是专为农业种植打造的手机应用软件，能随时在手机上查看各种农业知识，了解农资产品的行情，询问专家农业技术及农作物病虫害防治等问题）。

在走访调研中，部分调研地点因没有取得事前联系导致调研过程进行得比较困难，大多数村民不信任我们，被拒绝、被搪塞是常有的事情。虽然调研任务重且难，但我们所有队员都充满热情，认真总结问题，不断提高调研能力，团结一致地开展调研工作。仍记得每次调研回来的伙伴们都在分享着自己调研过程中所收获的感动与感悟，而每天晚上的实践进度、调研困难、解决方案的讨论，实践数据的录入，实践新闻的更新是我们最难以忘却的。在脱离父母和老师的指点下，我们面对各种情况，学会应对，迅速成长，使我们逐步独立和坚强。

由于居住条件艰苦，有些队员晚上被虫子咬到全身起红疙瘩；每天顶着烈日行走数十里山路，被灼热的太阳晒到黝黑，但大家从未抱怨。面对难题，大家一起讨论解决，所有的艰难也因大家的团结一致而变得简单。我想这些经历将会成为我们青年成长路上的宝贵财富。

一路上我们看到人们为了改变窘境而昂扬向上的努力拼搏，我不禁问自己：这些贫穷的人们从未放弃过奋斗的希望，可为何到现在仍旧如此贫穷困苦，没有得到好的改善呢？都说旁观者清，可我却从未想明白过。一路上的故事终结，除了伤感他们的伤感，悲伤他们的荒凉，感动他们的真诚与善良，震惊他们的骨子里的毅力和骨气，我们却不能给他们留下些什么。国家在针对广大农村地区的贫困人口进行扶贫攻坚战，唯有众志成城，才能不辜负那些期待。

裴斯泰洛齐曾说：“实践和行动是人生的基本任务；学问和知识不过是手段、方法，通过这些才能做好主要工作。所以，人生必须具备的知识应该按实践和行动的需要来决定这说明智慧与实践永远是分不开的，在实践中可以检验真理，也能培养能力，弥补不足。”通过此次社会实践，深化了我们对基层农村的认识，

西南大学农学与生物科技学院实践团重庆云阳县支队入户调研　陈灵雅 摄

增强了我们建设社会主义现代化国家的历史使命感和责任感。经济落后，一切都免谈。社会应该给予不发达地区以更多的关注，让雨露惠及农村。我们大学生应该加倍努力，服务社会，服务人民，在活动中不断地提升自我，为祖国的强大多出力，多流汗，多动脑，以更为自信的姿态、更为坚定的步伐开拓进取、精益求精，为全面建成小康社会贡献力量。

山区中国梦，扶贫在心中。脱贫攻坚战，已经打响，愿与君携手，踏上漫漫扶贫之路。

（许莹竹　邓婉玉　徐茂源　封小丽　文）

以青春之名　助力精准扶贫

——西南科技大学生命科学与工程学院 2016 年暑期社会实践纪实

2016 年 7 月，西南科技大学生命科学与工程学院积极响应共青团中央及全国农学院协同发展联盟号召，开展以“走进乡土乡村，助力精准扶贫”为主题的全国农科学子联合实践行动。在全国农学院协同发展联盟的指导下，我院与四川农业大学农学院等省内兄弟院校联合发起了全国农科学子暑期联合实践西南片区出征仪式，组织学院师生社会实践小分队赴国家扶贫开发工作重点县——松潘等地开展社会调研和帮学支农实践活动，加强我院学生培养，服务国家脱贫攻坚战略。

农科学子带着一片诚心，来到这块风景秀美的宝地，或于茅檐底下询问农户，热心攀谈；或在小学课堂上悉心教导，循循善诱；或赴万亩基地实地考察，虚心求教；或跋涉于泥泞山间，或徜徉于浩瀚草海，同甘共苦，乐在其中。我们带着使命而来，谨记着母校的谆谆教诲，借此机会希望能以我们最善意的初衷、凝聚的智慧、勤奋的脚步来为广大农民朋友们带来一些帮助，为孩子们带来一丝关怀，为老人们带来一份慰藉。

乡村成为我国全面建成小康社会中的薄弱环节，因此特开展此次社会实践活动，组织大学生到民族地区农村去体验生活，反映农村实况，做好农村与外界沟通的桥梁，并在调查期间带去最新的知识和文化。大学生到农村去，在服务农民群众的实践中可以进一步接触社会，了解国情，增强社会责任感和历史使命感，全面提高素质，走正确的成长成才道路。

为进行此次实践，本小队成员对国家关于农村的相关政策以及法律法规进行了基本的了解，通过查阅资料和询问老师同学等对实践目的地风土人情、民风民俗进行了学习了解，就当前农村所存在较为严重的一些问题，我们做了相关调查和准备，在农业生产技术、农村基础教育、当地农林产业、岷江源生态环境等方面开展工作。

兴农业之所需　助力产业扶贫

“小康不小康，关键看老乡”，习近平总书记多次讲过这句生动而深刻的话，就是希望全党同志看到全面小康的重点和难点所在，懂得没有农村的小康就没有全国的小康这个道理。我们要清醒地看到，尽管乡土中国正在经历千年未有之变化，但农业还是“四化同步”的短腿，农村还是全面建成小康社会的短板。身为农科学子，对于农业、农村、农民有着一份深厚的情感，实践团以基层调研、科技支农、开展支教、旅游规划等方式深入乡土乡村，希望对目前的农村农民有一个直观深刻的了解，并进行一个客观的案例分析，把握他们最紧迫的需求，寻找他们最迫切的希望，响应国家脱贫攻坚战略，把在学校所学到的科学知识和技术

水晶乡水桶村支教　刘璐 摄

运用到实践中去，尽自己的绵薄之力帮助农民脱贫致富，实现学有所用、回馈社会、服务人民的最终目标。7 月 11 日下午，我们抵达学院长期对口科技帮扶基地松潘镇江关雪山香梨合作社进行调研。合作社负责人向队员们讲述了合作社的创建及发展历程，结合自己的创业实际经验，鼓励队员们要坚持学好专业知识，提高专业技能，充分发挥自身优势，脚踏实地定会做出一番成绩。随后，在合作社负责人的带领下，师生们深入合作社的种植园，现场查看雪山梨生长中存在的问题，针对雪山梨果形不周正、挂果率低等问题，提出配置授粉树、人工授粉等切实可行的解决办法。同时，对果园的土壤肥力、树体生长状况进行了现场测定，并对雪山香梨进行了产量预测。“田间课堂”、“技术帮扶”，专业知识的应用实践使得田园硕果累累，同学们深感学院科技脱贫工作的突出成效，对新农村建设和发展充满信心，更愿意贡献自己的绵薄之力。

大棚，想必很多同学都见过，但极少有人亲自搭建过。为了满足我们的好奇心，也培养大家的动手能力，基地负责人在简单向大家做了示范后，亲自指导同学们搭建大棚。同学们齐心协力，很快就完成了几个大棚的搭建。在进行了基地服务建设之后，我们去到了草莓种植园，对栽种的草莓进行人工除草，并在除草过程中向老师询问草莓的栽种、产品管理和产业运营相关方面的知识。松潘的草莓是学院科技扶贫团队在 2012 年引进本地的，从选种、试种到基地建设，再到科学规范的种植技术，小小草莓渐渐发展大产业，充分利用松潘当地的气候条件，结合温差种植错季草莓，在旅游旺季使得农民收入大幅增收。同时，通过航空运送到全国各地，高原的草莓走向了全国，高原的农民逐步实现脱贫致富。在负责人的指引下，实践团队开始了除草工作。这看似微不足道的除草工作，让队员们体会到面朝黄土背朝天的艰辛，更学习到专业领域的知识。老师们从专业角度对种植和农业除草方面的知识进行了讲授，草莓植株旁杂草丛生，与草莓争夺养分、水分和光能，降低草莓等作物的产量和品质，同时增加管理用工和生产成本。但由于农业生态园生产过程不能使用化学除草，只能通过物理、人工、机械以及其他适宜方法进行杂草防治。因松潘县海拔较高，日照充足，采用种植前的技术和薄膜覆盖法能达到很好的除草效果。

7 月 13 日下午，学院联合实践团队深入定点帮扶对象水晶乡水桶村，开展精准脱贫入户调查摸底工作。本次入户调查以调查问卷和访谈调研方式为主，小组分别就园艺产业、养殖产业、中药材产业、旅游产业等进行了逐户调研。同时，实践团队深入贫困群众家中与他们亲切交谈，就收入来源、致贫原因和亟须解决问题等进行了充分细致的沟通，做好情况记录和汇总统计，为建好精准的脱贫档案和后续脱贫工作提供翔实的资料。实践遵循“建立联系、找准问题、精准帮扶、长期相助”的原则，团队与贫困户结亲结对帮扶，在老师的带领和指导下，经小组讨论，与贫困农牧民达成长期帮扶脱贫方案，一定程度上切实解决农民最关心的生产困难和问题。同时，同学们也挨家挨户地发放生命学院自己整理的一些关于病虫害防治知识，进行现代农业知识推广，提高农户的农业知识水平。在进行问卷调查和贫困户调查过程中，因少数民族居民众多，部分存在语言沟通障碍，团队请了年轻的翻译，有效保证了工作的正常进行。科技的普及和推广对农村发展和农民脱贫有着至关重要的作用。在团队推广和普及农业知识的同时也进行了农服务平台“农天下”手机 APP 的推广，给贫困户请来“带不走”的农业专家。在几天的社会实践中，团队发现很多农户的生产实际中有很多技术问题和困惑，而如果相关农业专家和技术人员不在现场，便无法第一时间解决农户问题，这让农户们着急又无奈，而“农天下”手机 APP 的应用高效、便捷地解决了这个问题，从而能够实现长期、持续的技术帮扶。该 APP 将分散在各地的师资力量、技术经验通过手机平台集中起来，为农民群众提供专业的指导和服务，实现了专家、学子和农民的线上及时沟通互动，高效便捷地解决农业技术服务和推广体系的时空障碍问题。

7 月 14 日，2016 年中国黄龙·松潘西沟第三届蓝莓节在松潘县西沟蓝莓生态园盛大开幕。我院作为协办单位参加了开幕式。开幕式结束后，实践团队来到了蓝莓种植园进行现场技术指导，对酸碱度和可溶性固形物含量进行了精准测定，将课堂搬到田间与果农面对面现场示范授课。期间，结合农户的不同问题和困惑有针对性地发放大量果树栽培技术资料，传授果树新技术、新观念，推广西沟高原蓝莓新品牌。同时，团队对蓝莓生态园的草莓蓝莓间作进行了技术支持，从提高产品品质、提升整体经济效益的角度给出了建议和意见，对蓝莓的深加工、多元化发展和品牌文化的塑造制定了相应的推广策略。

7 月 14 日上午，实践团队跟随指导老师来到松潘县丰坪村，传播推广农业科技知识，更新农民观念。松潘县部分偏远地区，大多数农民的文化程度偏低，

黄龙·松潘西沟蓝莓园蓝莓节　刘璐 摄

对农业科技知识掌握少、理解能力不高。来到白羊坝村后，团队挨家挨户地进行农业生产知识的宣传，了解到白羊坝村种有大黄、天麻等中药材，而蔬菜作物主要是白菜，大田作物玉米占据了绝大部分。因此，实践团队拿出事先打印好的知识清单和技术资料，一一对应地发放给村民们。实践团队充分结合农民的实际需要，有针对性地采用大众化的语言，短小精悍的事例，生动形象的比喻深入浅出地说明了抽象的道理，让农民群众理解和掌握相应的知识，解决实际的问题。同时，各种技术资料送往松潘县平安村社会管理综合治理委员会，以方便农民们随时取用所需。

松潘县始终坚持区位资源优势和产业建设相结合，建设优质反季节蔬菜、高原中低温食用菌、特色水果、高半山中药材生产基地，积极发展“公司＋专合组织＋基地＋农户”的现代农业经营模式，扶大、扶优、扶强一批上规模、有特色、高效益农业和农业产业化龙头企业及农民专业合作组织，倾力打造特色支柱产业和“川藏高原”农产品品牌，积极推动“一村一品”特色农业迅速发展，为农民增收致富和特色现代化农业发展开辟一条新路。

驻足岷江原生态　重走长征路途遥

松潘县是岷江源头，是红军长征一、二、四方面军走过的地方；是红军长征途中党中央停留时间最久的地方；是红军长征过草地时的出发地。重走长征路，循革命先烈足迹，寻红色中国梦，可以坚定大学生永远跟党走的信仰，在实践中勇于担当，在实现伟大中国梦的进程中做出力所能及的贡献，为构建美丽中国梦注入正能量。

关注岷江生态环境，助力农村产业发展，通过关注岷江生态环境现状，生态保护方案，探讨经济发展与环境保护的协调之道，增强大学生对农村现实问题的了解，并尝试为解决这些问题提出自己的观点和依据，从而提高解决现实问题的综合能力。到民族地区农村去体验生活，反映农村实况，做好农村与外界沟通的桥梁，并在调查期间带去最新的知识和文化。有助于提高同学们的组织协调能力、独立思考能力和分析解决问题的能力，从而提高自身的综合素质，为将来走上工作岗位打下良好的基础。大学生到农村去，在服务农民群众的实践中可以进一步地接触社会，了解国情，增强社会责任感和历史使命感，全面提高素质，走正确的成长成才道路。

7 月 13 日，我们来到了红军路上的“红军邮局”进行参观，拍摄了大量松潘当地红色记忆图片、视频，并求助松潘当地政府、媒体，获取相关红色记忆珍贵史料。在我们进一步熟悉中国工农红军长征路线、了解长征途中重大历史事件的基础上感悟长征精神的内涵，激发了我们继承和弘扬长征精神的情感。同时通过收集整理资料、小组合作、全班交流和设计情境培养其自主探究、团结协作的精神和创新意识。亲眼发现长征沿途的新变化，亲身体验和感受长征的艰辛与豪迈。整体构思以重温长征为线索，关注长征沿途地区普通人的生活状态和人生经历，展现当地风土民情、民间文化和民生及社会发展状况，通过该活动进一步促进红色革命区的经济与旅游的发展。通过社会各行业公众领军人物与普通民众的组合参与重走长征路，全社会共同重温这段历史的同时，共同关注人类最自然和本色的奋进精神，并通过活动中相互交流和沟通，为构建“和谐社会”做出积极的贡献。

同时，我们团队去到岷江源进行保护生态环境的宣传。本次宣传以倡议书的形式传达，细心给人们讲解岷江环境保护的重要性、岷江环境现状、岷江环境治理的必要性，耐心劝诫农民减少化学农药和化肥使用、禁止向河床倾倒固体垃圾情况、非法采挖河沙等情况。

岷江是长江上游左岸一级支流，发源于岷山南麓松潘县郎架岭，由西北向东南流经四川盆地西部，于宜宾市合江门汇入长江。作为我国水利开发最早的河流之一，岷江流域建有多处水电站。松潘是岷江的发源地，生态环境的好坏对整个岷江流域都有着重要影响，关系到人们生产生活的质量、农业、工业等诸多方面的发展。如何珍惜、保护、节约水资源，从思想和行动上统一起来进行水生态文明建设，我们也为他们提出很多倡议和建议。

关爱留守儿童　守护成长天空

教育是民生的重要内容，教育公平也是社会公平的核心部分，实现十八大提出的教育目标，必然对全面建成小康社会、对促进社会实现更大意义上的公平正义有着重大意义。松潘县水晶乡水桶村是纯藏族群众居住的村寨，与隔壁村共用同一所小学：水晶乡第一小学。该小学是一所希望小学，现有学生 77 人，大部分是留守儿童。

7 月 12 日，“近心尽力”实践团队来到了松潘县水晶乡水桶村小学开展扶贫支教活动。扶贫先扶智，教育扶贫是彻底稳定脱贫的重要推手，也是阻断贫困代际传递的重要途径。实践团队以支教活动为契机，深入乡村孩子们身边，建立一对一的帮扶关系，助推精准脱贫。实践团队到来后，深入孩子们中间，积极主动了解孩子们家庭、生活和学习等情况，与他们进行亲切的交流和互动，建立良好的感情基础。

7 月 13 日，在学校的安排和协助下，实践团队成员对帮扶贫困户家庭的孩子开展一对一课业辅导，耐心讲解孩子们的问题和困惑，指导他们更好地完成了老师布置的作业。同时，结合孩子们的诉求，带领他们阅读课外书，让孩子们在轻松愉快的环境中开阔眼界、丰富知识，使孩子们在健康的环境中更加全面茁壮地成长。带领孩子做一些素拓活动，给孩子们讲解一些基本的医疗常识和科学小百科，让孩子们在高寒地区学会保护自己，提高身体机能。

在调研走访中，我们发现当地大部分家庭都是由爷爷奶奶带着孩子，爸爸妈妈都在外地工作只有过年的时候才能回家照顾孩子，平常只能靠电话联系，导致很多小孩子变成名副其实的留守儿童，虽然这些孩子表面上看起来和其他孩子都一样，但其实他们中的大部分心理上都有一些自卑。所以我们积极开展了心理健康与安全教育，留守儿童与父母心连心——爱心电话活动，建立了大学生志愿者与留守儿童之间一对一的帮扶关系，对特别困难的孩子我们给他们送去了助学大礼包，献出我们小队的温暖，希望他们可以好好学习，打造出属于自己的一片天！

以青春之名义　将扶贫进行到底

“艰辛知人生，实践长才干”。通过本次实践，本小队完成了科技扶贫、关爱留守儿童、重走红军长征路等多个实践项目。经过小队成员的讨论与总结，我们认为松潘当地某些乡镇贫困的原因是多方面多层次的。首先，西南山区的自然环境比较恶劣，不适合大面积种植经济作物，而且多变且极端的气候对果蔬的生长和贮存造成了巨大的影响。其次，当地的环境与经济发展状况导致了青壮年劳动力的大量流失，多数年轻人都外出打工，导致带动地区经济发展的主力人群严重不足。再次，当地没有形成特色的产品产业链，没有能带动地区发展的龙头企业，家家户户依旧是小农形式的种植低产值的普通作物。最后，当地教育条件的相对落后严重制约和影响了当地农业等多产业的发展。

扶贫工作任重而道远，我们坚信在习近平总书记的坚强领导下，“全面建成小康社会”一定会实现！

（吴均　余游　文）

南华故事

——云南农业大学农学与生物技术学院 2016 年南华实践纪实

2016 年 8 月 4 号，坐标云南省楚雄州南华县沙桥镇，云南农业大学农学与生物技术学院“走进乡土乡村，助力精准扶贫”暑期实践团此行的目的地。晨光熹微，副驾上的团委书记刘正杰老师回过头目光坚毅地看着大家，爽朗说道：“我们出发吧！”风吹过 G56 国道，沿途绮丽的景色扑面而来，让人目不暇接又转眼即逝。此次“三下乡”实践活动对我们而言，是一次未知而又向往的“旅行”，从昆明出发驱车三个半小时抵达沙桥镇，我们将在这里开展贫困村农户调查与科技扶贫工作。

实践小队与学院驻村工作队员合影 李茂兴 摄

云南省楚雄州南华县地处滇中高原，是川、滇的交通要道，素有“九府通衢”的美誉，是茶马古道上的商贸重地，是全省73个国家级扶贫开发重点县之一。沙桥镇是南华县重要的中心城镇，是通往滇西和东南亚地区的咽喉要冲，史称“凤山镇”，有“八郡通衢”之称。

农学与生物技术学院“走进乡土乡村，助力精准扶贫”暑期实践团由学院中草药专家字淑慧副教授、刘涛副教授及学院团委刘正杰博士、李茂兴老师带队，由10余名本科生组成。为更好地完成此次实践任务，学院团委在出发前一个月就已经开始筹划，并着手前期的策划与准备工作。包括准备宣传资料：安全使用农药知识宣传资料、花卉、蔬菜防病防虫知识宣传资料、番茄栽培技术、家畜常见疾病防治手册、辣椒栽培技术、安全使用农药与秸秆还田等资料1000余份；准备视频资料：包括高产玉米、高产水稻、畜牧养殖、农作物病虫害防治等视频10余份。

同时，策划好活动流程安排，进行队员的招募及培训，做好了团队分工（宣传组、调查组、后勤组），强调了团队纪律。根据全国农学院协同发展联盟联合实践方案确定本次活动的主题内容，准备驻村队员调查表、农户调查表、政府村干部调查表等材料，将实践活动细致划分，讨论实践过程中可能遇到的问题、困难，并布置实践任务。

农学与生物技术学院党委书记李富生教授在南华县挂职县委副书记兼南华县扶贫工作队总队长，对我们此行尤为重视。在驻村扶贫工作队队长敖平星博士和队员唐然博士的带领下，我们一行到达沙桥镇人民政府。沙桥镇党委书记欧阳文经、副镇长罗正国热情地接待了我们。欧阳书记在沙桥镇会议室对“三下乡”队员们表示热烈欢迎，并声情并茂地介绍南华县沙桥镇的基本情况，包括地理地貌、人口组成、经济现状、资源条件、农业基础与发展情况、特色产业、民族风情等。在聆听与交流中，同学们对沙桥镇有了进一步了解，使我们此行所开展的工作更具针对性。欧阳书记向我们强调了近几年来农业的发展现状，提及马云、巴菲特等商业大亨对农业的重视，鼓励我们积极投身现代化农业建设事业，增强“学农爱农，服务三农”的使命感。李富生书记在会上也再次强调了此行的相关背景与意义，特别希望同学们在全国农学院联合实践的大背景下，用所学的知识为精准扶贫做贡献。

会后，已事先知道消息的农户陆续前来参加中午的报告会，我们对农户进行了一对一的问卷调查。虽然个别农户不识字，但是在调查组小伙伴耐心的协助下，他们依然很热情朴实地回答了问卷调查表上的内容。

针对沙桥镇中草药种植现状，我们科技扶贫南华小分队的字淑慧副教授和刘涛副教授面向沙桥镇附子和重楼种植大户和科技人员分别作了关于《附子规范化种植技术》和《云南中药材生产概况及滇重楼栽培技术介绍》的培训报告。参加培训的农户热情高涨，两位副教授对于农户现场提出的问题做了详细解答。报告会后，字淑慧副教授还特意来到田间地头，现场为种植户进行附子高产规范化种植技术的指导，种植户们表示受益良多。由于这一天也是小镇赶集的日子，人群开始在商铺、街道上熙熙攘攘的多了起来，天气有点闷热。中午，我们把物资搬到街上，在邮政储蓄银行前边的空地上搭建好帐篷。在沙桥镇街头，队员们进行粮食作物、花卉及中草药等种植、病虫害防治等相关资料的发放，进行现场讲解和宣传，现场解答疑难问题。为当地农民科普了主要农作物的种植技术及病虫害防治，使当地农民对农业科技有了更加深入的了解。我们走街串巷发放宣传单，小镇民风淳朴，大家还是比较愿意接我们的传单。在生活中，很多人对接传单的经历会比较深刻，也许大部分人还是有抵触心理；倘若接了，又有多少人会细读。宣传单会不会被他们遗弃在某个阴暗的角落卷入垃圾堆，或者看了又能给他们多少实质性的帮助，或者它的宣传力度太小不能普及到千家万户。也许我们的力量微不足道，但我们还是尽最大努力来完成这项任务，给村民们一些力所能及的帮助。原来老天爷也在忙得不亦乐乎，一场酝酿已久的瓢泼大雨终于如期而至，我们被这大雨困得寸步难行，手头的工作也暂告一段落。小镇处于发展建设阶段，主干道被压得坑坑洼洼，摇摇晃晃的车子驶过时溅起一些泥水。在师生们的努力下，宣传单很大一部分都被来赶集的农民们装上箩筐带回家。期间也不乏前来帐篷咨询问题的种植户，他们对我们小分队的工作表示了肯定与支持，希望政府以后多给他们提供一些技术上的帮助与资金上的扶持。我们第一天的活动也拉下帷幕。

第二天，我们在云南农业大学扶贫驻村队员敖平星博士和学院李富生书记的带领下，来到沙桥镇新华村。敖平星博士给我们讲解了新华村扶贫现状，李书记则希望学生们积极参与社会实践，将知识用到精准扶贫工作中来。座谈会后，我们冒着大雨、踩着泥泞的山路开始向山腰上那炊烟袅袅的房子走去，一路上考察了当地的农业生产，梯田里的水稻长势良好，金秋的稻香让人心旷神怡，流连忘返。

跋山涉水，我们终于抵达农舍。这里位于大山深处，山清水秀，但同时也有中国农村普遍存在的贫穷与落后问题。我们走访了其中三个定点扶贫的农户，小分队的老师同学们与农户促膝而谈，并做了家庭情况问卷调查。在问卷调查中，我们也了解到国家与政府相应的科技扶持与资金补助在贫困户之中也得到了落实。

实践小队在新华村贫困农户家开展调查 李茂兴 摄

其中一户人家令我们印象深刻，农业是家里唯一收入且较低，子女都在上学，且户主常年生病做手术开销较大欠下外债，让本来就风雨飘摇的家雪上加霜。还好情况得到政府部门的重视与支持，给予了他们家一定的资金扶持，该农户家庭情况有所改善。当今，我国社会保障制度发展迅速，但目前确实还存在一些问题，主要是社保门槛太高，难以覆盖全社会。我国的经济增长很快，而社会保障落后于经济增长，有失平衡。也许加大社会保障的再分配因素和消除贫困的制度能力，双管齐下，对广大要脱贫的人民来说，才会治标治本。我们希望并坚信到2020年全面小康社会的春风将吹遍祖国960万平方公里的土地。

为期两天的暑期科技扶贫与贫困农户调查实践活动在大家的团结协作下圆满结束，活动得到了沙桥镇政府的大力支持。我们本次实践服务活动实现了“走进乡村乡土，助力精准扶贫”的目的，扩大了农学与生物技术学院师生在基层社会的影响力，也使得我们更加坚定了学农爱农，助力扶贫的信念。

云南农业大学农学与生物技术学院开展暑期“三下乡”活动，通过开展内容丰富、形式多样的文化、科技和卫生服务，推广农村安全使用农药及农业健康可持续发展技术，倡导健康文明的生活方式，来促进农村经济社会的发展。想农民所想，急农民所急，以争取社会全体群众对农村经济建设和精神文明建设的支持与配合，共同建设社会主义新农村。打造精品团队，团队的力量给了家一般的温暖，是我们前行的动力。我们以践行“第二课堂”坚持以长才干，做贡献为原则，在活动中了解社会，认知社会，传播科技，服务农村，充分体现云南农业大学农学与生物技术学院大力弘扬和培育民族精神，促进发展的积极作用。推进青年大学生开阔视野，增长社会阅历的进程，履行奉献青春、奉献智慧的时代诺言，抒写实现宏伟蓝图的壮美篇章，为我国社会主义新农村的发展以及国家脱贫攻坚工程尽一份力量。

“走进乡土乡村，助力精准扶贫”，我们在路上！

（刘正杰　李茂兴　文）

华南大地

实践不是一场自上而下轰轰烈烈的输血运动，逃不过一日三餐，家长里短。而对当下社会的思考和认知，正是在这一段段呢喃中变得厚重。

我们从不曾以贫困的解决者自居，只愿做一根助力的拐杖，一头尝试，一头前行。

每段生活都有终点。踏上归途，我们互道：青年，应从容独立地面对社会，踏踏实实地付诸行动，像泥土般厚重坦荡，而不似尘埃般高蹈轻浮。

铁肩担重任　赤心系民生

——广西大学农学院学子 2016 年暑期社会实践活动纪实

铁肩担重任，千里奔波，驱进深山村落，宣科技，传知识，兴调研，夙兴夜寐，殚精竭虑，助力精准扶贫，舍农科学子其谁?

赤心系民生，数日奔波，深入乡村基层，查村情，济民需，促农业，早出晚归，出谋划策，推动共同致富，瞻农院队伍无私!

2016 年 7 月，广西大学农学院积极响应团中央、全国农学院协同发展联盟

博士团向留守儿童捐献文具用品　陈平 摄

发起的全国农科学子助力脱贫攻坚联合实践行动的号召，组织三支扶贫队伍共68名师生奔赴广西那坡县广西大学第一书记挂点村、三江县等地开展“走进乡土乡村，助力精准扶贫”暑期社会实践活动。

七月，骄阳似火，暑气炎炎，有这样一群意气风发的年轻人——广西大学农学院的学子，他们响应时代号召，吹起“青春”号角，在广袤的农业沃土上，挥洒汗水，播种希望。

具有家国情怀的农科学子，怀着感恩的心踏上了支农支教的旅途。一路风景，一路沉思，窗外辽阔的田野、挺立茂盛的大树小草，还有远方若隐若现的绵延群山，已在视线中一一飞奔登场，又转眼间呼啸而去。宛若一帧帧流动的风景，看似雷同，却又处处闪动着活跃的美感，又好似一幅徐徐展开的水墨画卷，总有意想不到的惊喜呈现眼前，或枝头扑棱而起的轻盈飞鸟，或荒原不知名的惊艳花朵。一根电线杆、一个信号灯、一座火车站、一辆迎面驶来的列车，都有着它们独特的力度与美感。一次又一次，透过火车的车窗，体会到了各种事物不同的美。记得裴斯泰洛齐说过：实践和行动是人的基本任务，学问和知识不过是手段和方法。如果不是这次“三下乡”的实践，我们这些温室中的农科学子，永远不知道国家乡野中的窘境，永远不知道我们所学的知识对农民、农业、农村来说是何等重要。

农业不举，百业不兴。“农，天下之本，务莫大焉。”不去实践，就难懂生活的辛劳；不去参与，就不解真实的社会。深入农村，亲近农民，亲近土地，这一点对于每一个农科学子尤为深刻和重要，学院暑期实践活动宣讲会上被激发的一腔热血仍在心中汩汩流动。我们用心学习领会习近平总书记精准扶贫系列讲话精神，用双脚丈量贫困地区的现状，用双眼观察地方政府扶贫的举措与反响，用双手奉献点滴力量。

在一个月的时间里，我们张扬青春的活力，实地调研贫困地区农业现状，为贫困地区农业发展献计献策，奉献点滴力量。社会实践活动期间，三支扶贫队伍共完成调查问卷1500多份，实地走访调研300户贫困户，开展2场农业科普座谈交流会、1场专业培训会，现场指导1000多户农民种植技术，整个团队试图通过帮助贫困地区发展农业实现脱贫尽绵薄之力。

通过参加暑期社会实践活动，让我们对农业有了新的认识。作为农科学子，只有真正心系三农问题，扎根于土地，才能让“精准扶贫”不再仅仅是一种宣言，而升华为一种态度，一种信仰，一份情怀。农民需要我们，农村需要我们，农业需要我们，农科学子就应该首当其冲，站出来，为祖国出力。不忘初心，精准扶贫，任重而道远。

恰好去过　刚好遇见　缘来不浅

“三下乡”，像梦一场，悄悄飞扬，抵达孩童奇妙稚趣的心房，共筑农院师生“精准扶贫”的梦想。悄悄地荡漾，悄悄地……

炎炎七月，我们的“三下乡”队伍怀着无比激动的心情，踏上了开往柳州三江的汽车，开启了为期 11 天的“聚焦教育扶贫 助力精准扶贫”支农支教的暑期社会实践。路上的坑洼不平，汽车一直在颠簸前行，我们不停地往窗外望，欣赏沿途大自然赋予每个地方不同的美景，感叹大自然的鬼斧神工。山路盘绕，上坡，九十度的大转弯，给我们的行程增加了不少的刺激。

夜幕降临，月上柳梢，我们团队终于到达了目的地高滩屯。刚下车，充斥我们视野的不是简陋的学校大门，不是巍巍屹立的四层教学楼，而是一群站在校门口边捧着饭碗焦急地等待我们到来的孩子们。刚下车，孩子们高兴地欢呼：老师来了！老师来了！老师来了！那一瞬间，一路上所有的疲惫都消失了。还有闻讯赶来的村民们，古铜色的脸上洋溢着欢乐的笑容，欢迎我们的到来。这一幕，永远留在了我们的心目中，岁月流逝，抹不掉。

高山林立，漫山杉树的山脚下孕育了这个屯淳朴的苗族风情。他们日出而作，日落而息，祖祖辈辈都生活在这里，过着“面朝黄土背朝天”的传统生产生活方式。由于地方较偏僻，交通不方便，没有先进的生产技术，梯田的生产活动，大多家庭都还保留着牛耕。他们的收入来源都比较单一，生活较为艰苦，但是更多的是一种清贫的安宁，有着属于他们自己的快乐时光：穿着苗服的老人膝下绕着年幼的孙子，他们脸上的皱纹充盈的是安详；孩子们的脸上洋溢着甜美的笑容，苗寨天然各色的泥巴和野花野草一样能带来无穷无尽的乐趣；为生活辗转奔波的中年人把教育子女和赡养老人当成一生最重大的事业在悄悄努力，默默耕耘。飘曳的炊烟，蜿蜒的小道，清澈的溪流，壮实的瓜棚，憨厚的耕牛，悠扬的苗歌，飘香的油茶，醇香醉人的白酒，都是他们生活的印记，心灵的音符。早上，喝上一碗油茶，迎着朝阳，踩着露珠，哼着苗曲走在屯里的小路上，开始了一天的工作；晚上，戴月而归，在“听取蛙声一片”的庭院里中互说一天的劳作，所见所闻。他们永远是土地和乡村的儿子。农忙时埋头在地里耕作：种瓜，点豆，插秧，采茶，丰收，沉重的农活在他们手里井井有条，农闲时结伴外出务工，也总是充当最踏实、最努力的那个角色。无论再苦再难，从来没有被生活的重担压弯了腰。为人父母的，他们虽然对现状有些无奈，但是会竭尽全力，为孩子撑起一片天地，都希望孩子走出大山，去外面的世界看看，去闯一闯。

孩子的声音永远是屯里最嘹亮的主旋律。每天早上，东方刚露出鱼肚白，一个篮球场大的学校操场上便成了孩子们的游乐园，他们嬉戏、打闹、追逐，欢呼的声音唤醒了屯里的生机，带来了一天所有工作的动力；课堂上，他们积极活跃的身影永远是我们支教的动力。我们没有办法忘记他们将亲手做的手工双手递给我们时眼睛的澄澈；没办法忘记看到他们千奇百怪的创作时的惊喜；没办法忘记接触到一颗小心灵的伤痛时内心的疼惜。课间休息时间，孩子们总会找大哥哥，大姐姐们拍照，聊天，玩耍，丝毫没有陌生感，每当这时，总会看到孩子们天真无邪，就像高滩屯的天空那般明净。每晚，在走廊里望着依旧挂在辽阔夜空里的明月，静静的、快乐地觉得心中已然多了一份值得珍藏的美好回忆。

走出校园，亲近大自然，孩子们心目中的那个充满疑问的小宇宙一发不可收。我们用专业课上学到的知识，带着这一群调皮，有着好奇心的孩子探索屯里的大自然奥妙。教会他们认识一些常见植物的名称，辨认单双子叶植物……之后的放学时光，走在路边，他们会停下脚步，弯下腰，对平时视而不见的“绿色东西”观察更为细致，甚至还能说出其名。就这样，孩子们的世界里对苗寨的一草一木又有了更为可爱的认识。

“贫困不是可耻，羞于贫困才是耻辱”，屯里的孩子们也有自己的一片天空。走进那用石头砖砌成的岁月斑驳可见的墙壁，看到残破不堪的木床，那在滑坡旁边悬挂的猪圈，已经被暴雨冲得地基都空了，随时都可能倒塌。在这场面的背后还有三姐妹那成长的环境牵动着我们的心。自从爸爸去世，妈妈改嫁之后，这三姐妹相依为命，生活费仅靠小学辍学外出打工的姐姐寄回。尽管生活艰难，缺少父母的呵护与疼爱，但是她们三姐妹从来没有放弃过，独立自强，埋头于学习当中，就是希望能够凭自己的努力，走出大山，实现自己的目标。小小的屯，大大的世界，柳州三江县高滩屯孩子们心灵上的那片净土有一颗梦想的种子，在勤奋上进的汗水浇灌之下，正在悄悄地萌芽，生长……

今夕何夕，青草离离。长亭古道，凉凉西风。不及一句“老师，你什么时候再来”，我们会有一届又一届的志愿者接过接力棒，一年复一年回来见证孩子们的成长。愿高滩的孩子像这块土地上大片大片蓊郁的杉树，茁壮成长。

念念不忘　青春接力

骄阳四射的暑假，注定是另一个故事的开始。我们二十个意气风发的小伙伴一起相约广西那坡县念头村，开展“聚焦互联网+农业、助力精准扶贫”的活动，在那个美丽的地方用青春的热情开始，又用感动记录过程，而我们都希望故事未完待续，一批又一批的“我们”用青春继续接力这份厚重而深沉的对那片土地的爱。

队员们深入那坡县念头村开展入户调研　罗雯文 摄

一份热情，全新出发。透过玻璃，一排排的树木从眼前掠过，不由得心潮澎湃，早起的困意早就抛到了脑后。这次“三下乡”活动路途较为遥远，6个小时的长途汽车让部分志愿者觉得特别的难受，但一下车村庄扑面而来的新鲜空气，看到如诗如画的念头村风景，旅途的疲惫渐渐褪去。就这样，一份行囊，一份热情，我们带着我们的态度踏上新的征程。

一份淳朴，亲如一家。一路欣赏路边的风景，车子缓缓进村，驻村干部朱书记很热情好客地迎接我们，我们住在农户家，他们的村民热情打散了我们所有的顾虑。为与村民之间更好的交流，我们开展了篮球友谊赛、爱心支教、文艺晚会、简单座谈、关爱慰问孤寡老人、播放小电影等活动，让我们印象最深刻的是小孩子们对小电影播放时，那期待与好奇的眼神。这一幕，让我们的志愿者感触颇深，这里的孩子需要看看外面的世界，需要与这个时代接轨。在爱心支教的活动中，小朋友们羞涩的脸庞、认真的学习、青涩的歌声和灵活的舞蹈，在我们的点点鼓励中变得更勇敢。在短短的五天与我们愉快的相处，健谈的村干部、热情的村民、纯真的孩子，那坡念头村给我们太多的暖意。

一份调研，用心执着。念头村相对而言比较贫困，现代科技的元素极少可见，我们运用现代科技以“互联网＋农业”的形式帮助当地农民更好地了解新的农业营销模式，运用科技解决农业生产中所存在的问题。例如，开展“互联网＋农业”及“农天下”APP宣传册的派送、“互联网＋”路演、“互联网＋农业”创业成功案例展示宣传活动、“互联网＋农业”营销手段宣传及农化产品展示及推广活动，为当地村民普及互联网＋农业的理念，帮助当地农村农民树立“互联网＋农业”的思维，帮助当地种植大户在互联网上销售农产品，让“互联网＋”成为当地农村精准扶贫的重要发力点。同时，宣传与讲解农业方面的知识是远远不够的，需要实践，才能出真知。我们与村民面对面地在田间地头，进行了实地技术交流与指导。主要针对念头村的水稻、玉米、姜等农作物进行病虫害防治、水稻稗草去除以及稻田养鱼的管理等进行技术交流指导，形成了病虫害防治和稻田养鱼方案。

一个故事，未完待续。我们现在虽然离开了念头村，完成了暑期实践的任务，但是精准扶贫工作还远远没有结束，返校后，广西大学农学院实践团继续落实开展针对重点帮扶户的大病轻松筹项目、一对一学生帮扶项目、念头村稻田养鱼技术及病虫害专业分析、念头村小学多媒体教室建设等后续工作。我们将与念头村村民在一起，为着同一个目标而努力，帮助念头村能够早日实现脱贫致富，奔向小康。

五天，白驹过隙，“三下乡”的到来仿佛就在昨天，而离别却在今日；五天，虽然时间不长，但离别总是让人依依不舍；五天，我们留下了汗水，收获了欢笑与喜悦。世上最念念不忘的就是那淳朴的村民，还有这如诗般的土地……

“那”片土　未完待续

2016 年 7 月，博士团走进那坡的那片土，身体力行，深入调研，直面最真实的三农问题，对那坡的 3 个村、8 个屯，60 余户进行了入户调研，采集到最真实、最可靠的数据和信息。通过调研当地农业发展现状、看望老党员、捐赠牛大力中草药苗等形式，开展系列支农支教活动，为实现贫困地区脱贫奉献农科学子的绵薄之力。

我们通过调研当地实际情况，找寻制约当地农业发展的因素，通过走访活动，感触颇深。俗话说得好，“要致富，先修路”，道路是交通的主要枢纽，也是限制当地发展的重要因素。达腊村的崎岖小路，整个村子只有一条主路，村里面小路狭窄，连摩托车通行都困难，更不用说大卡车了。正因为道路不畅通，使得达腊村的许多贫困户在建房子、出行、发展农业种植业等诸多方面都受到很大的阻碍。

那坡风景优美，达腊村的风景醉人，山间云雾缭绕，空气湿度很大，感觉每一口呼吸都是那么美好，好似人世间的烦恼都被抛到了脑后。真的比很多旅游宣传片上的画面还要撩人，置身其中，宛若仙境，真有一种“飘飘乎遗世独立，羽化而登仙”之美。就好像把自己一下子抛到了天界，脱离了这尘世间的凡俗。那么问题来了，这里是不是可以发展旅游业呢？尤其是生态旅游业，答案是肯定的。然而交通问题又成了一个挡在大家面前的难题，由于处于山区，所以这里的交通不便，通讯不畅。每年农历的四月十五达腊村都会举办他们一年一度的“跳弓节”，届时游客纷纷慕名而来，然而此时的交通真的就像血栓病人的血管，各种堵各种尴尬。

我们不禁深思：落后的交通，使这个村子人民的生活水平和经济发展受到了很大的限制。或许修路对于一些比较富裕的村庄来说并不是难事，但对于贫困落后的达腊村村民来说，并不是那么容易解决的问题。国家的“村村通工程”早已基本覆盖了全国的各地，但是当地基于现实的原因，经济比较落后，人民生活贫困，国家的补助并不能真正解决当地的实际问题，因此我们需要伸出援助之手，帮助他们共修致富之路，我们为他们积极呼吁，希望通过我们的努力，政府及社会的爱心人士能够给予一定的物力支持。

山高路险，山多地少是达腊村地形的精辟概括。在人均耕地面积不足 0.6 亩的情况下，想要靠农业脱贫的确是件不易之事。这里的人们却都有一个脱贫致富的梦，在我们的走访调研中，有一户贫困户张叔叔。张叔叔 50 多岁，早年一直在广州做腐竹加工工作。现在家中有位年迈的母亲需要照顾，所以不能外出务工。膝下一子一女，女儿已经出嫁，儿子读高职高专因为交不起学费二年级辍学在家准备外出打工。在我们跟他交流脱贫致富的时候他提出了自己的观点。他说："那坡山多地少每户只有 2～3 亩地，如果想通过种植业脱贫致富是不可能的。他自己有丰富的腐竹加工经验，自己每天可以消耗 50 斤黄豆，而且投入资本比较低，但是有一个比较担心的问题就是销路问题，因为他们屯距离那坡大约 30 公里而且都是山路，只能自己开摩托等交通工具去县城。豆制品很容易坏掉，所以希望政府能够帮他们联系一下销路，如果可以的话他愿意带动周围十几户人家一起做腐竹加工。"

如果能找到销路，能够形成一个产业链，那么可以带动更大范围的经济发展。比如当地有位黄大哥，由于他们村子海拔比较高，不适合长庄稼，所以他便养牛，然后发动全村村民形成了一个产业链。具体说就是，他负责养牛，村民们负责种牧草、收牛粪沤成有机肥，他收买生牛，形成了一条完美的产业链。联想到之前有位老乡想要带领大家一起做腐竹和养猪，那么是不是可以将"种大豆—做腐竹—养猪—猪粪有机肥种大豆"也形成一个产业链呢？这就涉及比较前沿的生态农业以及循环农业了。山清水秀的地方种出来的瓜果蔬菜肯定香甜；青山绿水养殖出来的家禽，肯定肥美。最关键的是无公害，纯天然。如此循环往复的利用这些得天独厚的条件是值得我们深入研究的。

俗话说："授人以鱼不如授人以渔"。使那坡的村民真正脱贫，是教会他们脱贫的方法。针对在调查过程中发现的一些问题，我们开展了 1 场座谈会、开设专题讲座 1 场、专业培训 1 场、近百人得到了技术理论指导，上百人直接与博士团成员交流农业种植知识和技术，直接和间接指导 1000 余人农业种植技术。通过在村里召开座谈会、科技讲座、现场咨询会以及技能培训的方式，传播现代农业生产管理新理念"互联网＋农业"的思维模式，推广"农天下"APP 的使用，讲解现代农业背景下的土地流转经营管理模式以及“农业时代的新星”青年农场主的成长过程，以科技武装农民，从思想层面彻底改变原来陈旧、落后的观念和看法。“师者，传道授业解惑也”，针对病因，对症下药，有针对性和目的性的传授知识和技能，使农民学到“真本领”，做到知识和技术的“脱贫”。

如果说实践是检验真理的唯一标准，那么深入基层、踏入田间地头与农民交流观察，则是检验我们农科学子理论知识是否掌握和具体运用的试金石。让服务三农更具实效，将亲自进入生产苗圃或田间地头进行实地指导作为实践重点之一。我们的第一调研小分队去了属于山区的百林自然村。去的路上明显能感觉到这里的交通不便，基础设施比较薄弱，农民生活比较困难。路还是泥巴路或者石头路，一方面道路狭窄存在安全隐患，另一方面该村位于山里面，道路曲折。团队此次去百林村的目的是捐献中草药牛大力苗。牛大力作为目前在我国尚未产业化的一种经济作物，一方面可以作为药材，另一方面可作为保健用品发展。投入产出比很大！在学校的帮助下，我们预计为百林村提供20万种棵苗，预计产值120万元，就目前的市场行情来说，一旦实现产业化种植，收入十分可观。牛大力作为目前经济效益好的一种中药材，在前期调研中确定百林村的自然环境适合种植，希望此行有助于其改善产业结构，成为今后那坡的“造血和输血”产业。此外，除了对当地的中草药进行调查和技术指导外，我们还对当地的油茶生长中出现的一些病害做指导，力图提高油茶的产量和质量。

那坡，最引起我们关注的不仅仅是当地经济发展现状面临的问题，还有那里最淳朴，最纯真的人们。通过走访村里贫困小学、空巢老人和慰问老党员，以捐赠图书、文具等物资的方式，给他们送去温暖和关爱，让留守的孩子和孤巢老人感受到我们和社会的关心和关注，助力教育和关爱“脱贫”。

短短的“三下乡”社会实践的时光飞逝流去，那漫山遍野的油茶，那随风而动的悠悠清香草，那田垄上无处不氤氲的迷人的绿，那善良，朴素的人们，一直烙印在我们的脑海；那条泥泞坑洼，窄窄小小的唯一主道，那破旧不堪的木危房，那想致富而又对于现实无奈的眼神，一直萦绕在我们心中。精准调研，精准扶贫，路漫漫其修远兮，农科学子将上下而探索！

（滕丽华　黄建頔　朱冬冬　贾永灵　文）

青春映乡土　聚智富农家

——海南大学走进乡土乡村开展暑期社会实践，助力精准扶贫

“春种一粒粟，秋收万颗子”，眼下正值春末夏初，草木茂盛，万物葱茏，秋收的期盼印在每一位农人的心中。对海南大学农学院的师生来说，这同样是一个耕耘沃土，充满希望的季节。时光回溯到 2016 年暑期，海南大学农学院积极响应全国农学院协同发展联盟的倡议，与全国四十余所大学农学院一同开展行

队员们与留守儿童在一起　李洋 摄

动，走进乡土乡村，助力精准扶贫。

南国之夏，天气格外炎热。年轻的我们无惧烈日，兵分五路前往海南省 5 个国家级贫困县的 12 个乡镇、22 个村实地调研。通过本次暑期社会实践，了解了贫困地区现状，学习了当地精准扶贫中的“特色种植”、“特色养殖”、“互联网 + 农业”和“旅游 + 农业”四种有效模式；共收集有效问卷 796 份，撰写访谈记录 11 万字，获得 16 组调研数据，通过数据分析总结了致贫原因、拟定了扶贫措施。希望能合理利用大学有限的资源，为解决国家贫困问题，实现“小康路上一个都不能掉队”贡献青春的光与热。

访贫问苦　一片深情系乡土

“农为四民之本，食居八政之先”，农业自古都是百姓安身、国家为政的邦本。十八大以来，习近平总书记关于“三农”的论述，更坚定清晰地指出了其重大而深远的意义——“没有农村的小康，特别是没有贫困地区的小康，就没有全面建成小康社会”、“在同心共筑中国梦的进程中，不能没有数亿农民的梦想构筑”、“中国要强，农业必须强；中国要美，农村必须美；中国要富，农民必须富”。

这些信号，如同春雨润泽神州大地，让贫困地区农民看到了脱贫致富的希望，也让所有农科人备受振奋，又深感重任在肩。

对海南大学农科学子来说，这更是一份寄托着无限期待的使命。

人们常用“插根扁担都能活”来形容宝岛海南，一流的光热条件和无重化工重金属污染的土壤让这里的绿色优质农产品供不应求，海南成为全国有名的菜篮子、果盘子。可以说，海南发展农业既可富裕农民，又可服务全国，大有文章可做，大有潜力可挖。

早在 2013 年，习近平总书记视察海南时就明确指出，海南要把中央制定的强农惠农富农政策贯彻落实好，使热带特色农业真正成为优势产业和海南经济的一张王牌，不断开创“三农”工作新局面。

几年来，尽管海南农业发展取得了一定进步，但农业“王牌”不王的问题没有得到根本解决，广大农民脱贫致富奔小康的梦想还难以实现。据统计，截至 2016 年 1 月，海南省有 47.4 万农村贫困人口，5 个国定贫困市县，300 个贫困村，既有连片的贫困区域，也有分散的贫困农户。大部分贫困村、贫困人口分布在中部少数民族地区、西部干旱地区、北部火山岩地区。

贫困的症结在哪里？如何精准扶贫，对症施策？这些问题一直萦绕在我们的脑海中。幸运的是，在2016年的暑假，我们通过参与全国农学院协同发展联盟“走进乡土乡村，助力精准扶贫”实践活动，有了一个亲身“把脉问诊”的机会。

保亭、琼中、白沙、五指山、临高这五个国家级贫困县，都位于海南岛中西部，山地偏多，交通不便。我们乘车沿着蜿蜒的山路而行，窗外一片郁郁葱葱。越往那片浓绿深处走，路越来越窄，贫困人口也越来越多。

“足蒸暑土气，背灼炎天光。力尽不知热，但惜夏日长。”时值炎夏，海岛毒辣的阳光像尖锐的针扎入皮肤，鸡、鸭、猫、狗等家禽家畜，都懒洋洋地躲在房檐、树荫下。而田间地头里，农民们戴着海南特有的竹斗笠，依旧扛着锄头弯腰劳作，汗水浸透了衣衫，面庞被晒得黝黑。

当这一幕真真切切出现在我们面前时，我们不禁有些觍颜。要不是参加了这次暑期社会实践，在大学教室吹着空调的我们，哪里感受得到农民的辛苦，哪里体会得到浪费粮食是多么可耻。

更让我们隐隐心痛的是，尽管我们国家逐步强大，尽管农民们辛苦劳作，但仍有那么一部分人过着拮据贫穷的生活，经历着我们难以想象的痛苦。

我们看到了陈旧已久，破烂不堪的小砖瓦房；看到了为医保问题而忧心忡忡的瘦削干瘪的老人；看到了带着无奈而自卑的眼神的残疾青年；看到了因无钱医治，手上留下狰狞烫伤伤疤的九个月小孩……

守着天然大温棚，为什么过不上好日子？我们一边感慨贫困农民辛酸的生活，一边不断地探求、思索。

从调研数据看，贫困县普遍教育落后。在我们发放的调查问卷中，贫困县农民初中及以下的占58.3%，高中、中专占30.4%，本科、大专占10.9%，研究生占4%。这充分体现了海南省贫困县居民受教育水平较低，人们思想比较落后，对教育缺乏重视。其中，初中及以下学历占比最多，这主要是因为国家义务教育为九年，家庭的贫困以及求学的艰难使很多人都放弃了求学。其次，教育质量不佳导致多数人在初中或高中毕业后没有能力继续深造就读，从此荒废了学业。由于交通不便，没有高科技产业立足，即便有高学历人才也会很快流失，来到这里的人才更是少之甚少。人们逐渐对教育变得不重视，教育质量也愈加低下，就此形成一个恶性循环，间接地导致了其贫困。

此外，贫困县农民经济收入来源主要是第一产业，产品附加值不高，来源单一。从调研数据看，海南省贫困县经济收入来源中第一产业占75%，第二产业占15%，第三产业占10%。第一产业是直接作用于自然界生产的初级产品，海南省贫困县拥有良好的自然资源与特色，但当地人仅局限于初级产品的展示与售卖，对产品的加工无新颖之处，附加值不高，致使其第一产业虽占比重大但实际盈利状况并不佳。第三产业在经济生活中占有十分重要的作用，然而当地人的第三产业最为落后，且仅有的服务业也是较为落后的保洁等工作。

同时，耕地利用率不高，缺乏科学种植、养殖技术；思想观念相对落后，缺乏竞争意识；受自然灾害影响较大；政策保障不足等也是造成贫困的主要原因。

调研过程中，我们与村里的孩子相见，并送给他们一些小礼物。这些孩子多是留守儿童，小小年纪就已经承担起照顾弟弟妹妹，照顾爷爷奶奶的责任。他们看上去就像小大人，却又是那么敏感脆弱。在孩子的成长中，最重要的是父母的陪伴。孩子缺失了父母的爱，也等同于缺失了安全感。对孩子而言，精神上的缺失恐怕是物质的富裕永远无法填补的。

在离开之前，我们对他们的祝愿都是好好读书，用知识改变命运。这是农村孩子改善生活的最好出路。有些农户轻易让孩子辍学，就是为了解决温饱问题。固然我们都明白这是无奈之举，然而没有知识，这种情况只会愈演愈烈，这一代穷，下一代穷，下下一代可能还穷！

边走边悟　老乡致富有门路

走村进户的访贫问苦，让我们对贫困农民的辛酸境遇感同身受，更坚定了我们知识报国，力争让广大农民早日脱贫致富的决心。我们相信，播下的种子，只要精心呵护，终会开花结果；广袤的农村，终归是充满希望的热土。

这种信心和底气并不是凭空而来。在实地调研中，我们看到了不少初显成效的案例。

在临高县波莲镇多贤村，我们参观了红心柚子基地。谢镇长介绍说，该基地占地约5000亩，同时基地引进新的技术，以红心柚子和香蕉间种的模式进行种植。作为扶贫帮困的重点项目，政府投入资金3 000万元左右，科技公司投入约

队员走访贫困户　朱贵坤 摄

两千万元，并负责技术方面的帮助。另外一方面，农民提供土地，以此每年将得到一定的分红，农民还可以通过参与种植，直接赚取其相应的报酬，做到真正意义上的互惠。这种扶持与运营模式让红心柚子种植基地不断发展、壮大，也让农民在实现精准扶贫的道路上增添了希望。

南圣镇树仔菜的种植过程并不是一帆风顺。2005 年，“树仔菜铬含量超标”的传闻使得五指山当地种植树仔菜的合作社受损严重，树仔菜种植一度处于瘫痪状态。直至 2013 年，在中国热带农业科学院专家的指导下，该基地的负责人黄子坚重新尝试种了 5 亩树仔菜。科技是第一生产力，改善种植技术后，树仔菜镉含量可以降低至 0. 02～0. 03 mg/kg，达到无公害标准并且产量不受影响，至此，五指山树仔菜得以继续发展，并成为五指山蔬菜产业示范基地，还与中国热带农业科学院开展相关技术合作。

琼中黎族苗族自治县长征镇是海南省扶贫工作重点示范镇、省农业发展示范镇，当前正以“种桑养蚕”“稻鱼共生”“黑山羊养殖”“山林阉鸡无公害化”项目等为主线，以发展热带农业高效化、速成化、集约化、效益化为着力点，助力该镇精准扶贫。其中，长征镇新村泥鳅稻田养殖示范基地养殖面积14.3亩，在改造稻田，建设围网和进排水管道后，投放泥鳅苗15万尾，由合作社成员轮流看守。2015年已经实现第一批成品泥鳅的销售。同年5月又投入18万尾，9月又收获第二批成品。这些项目开拓了新的脱贫致富路，帮助当地人科学种植，发展高效的农业产业，使养殖规模化、标准化，带领群众脱贫致富。

当最新潮的互联网与最传统的农业嫁接在一起，会碰撞出什么样的火花？在临高县皇桐镇，我们详细了解了“互联网+农业”这一发展模式。据介绍，随着市场经济的深刻改革，农村电商蓬勃发展，皇桐镇在县委县政府的领导下，在省烟草专卖局的支持下，利用当地农产品资源优势，成立了临高首家农村电商平台“皇桐农鲜汇”，搭建了一条百姓与互联网相连接的直通线，借助网上商品销售、网上商品推广及网上营销服务，整合各类农特产品资源，把新鲜的农副产品快速的送到客户的手上，推动就业创业、促进农民致富。

“皇桐农鲜汇”作为一个建立在微信公众平台上的电商平台，用户只要关注该公众号便可通过该渠道了解或购买该平台上出售的产品。它的建立，让皇桐镇农产品告别单一的销售模式，利用互联网足不出户就实现了农产品的销售。尽管目前网络电商平台处于起步阶段，但在镇政府的引导与大力支持下，这一“互联网+农业”的销售模式将会在周边村形成辐射影响，推动相关产业快速发展。

农业除了“+互联网” 还能加什么？

在海南加快建设国际旅游岛，推广全域旅游的背景下，何不尝试一下“农业+旅游”呢？在这方面，保亭黎族苗族自治县已经先行一步。

保亭县的旅游资源和旅游业态比较丰富，有甘什村的槟榔谷、什进村的度假村、番亭村的自主旅游业等。尽管模式不同，但都带动并促进了周围村庄的经济发展和农民增收。

比如，海南槟榔谷黎苗文化发展有限公司入驻甘什村后，建成了槟榔谷5A级风景区，并且逐步形成了一个企业与农业发展命运共同体，包容性发展的模式，带动了当地的经济发展。公司租赁村民土地，为村民在景区内提供商铺，村民可以自己经营商铺或者转租他人，同时，公司还为村民提供岗位，此举不仅为村民提供了稳定、轻松的工作环境；还扩大了农产品市场，使村民们人均收入日益增长。

番亭村则是另一种模式。番亭村是保亭镇美丽乡村游示范点，没有公司入驻，村庄在最大限度上保留了原生态景观农业，秉持“不砍树、不拆房”的理念，村民在政府的组织和帮助下接待游客，休闲娱乐的项目由村民提供和表演，村民在接待游人的同时还进行种植，在农忙时一般不接待游客，这样既发展了旅游业，也没有荒废土地。番亭村的发展更像是农家乐的形式，游客不仅欣赏了美景，还可以参与到各种项目中，如“跳竹竿舞”，趣味游戏等，切身体验了海南少数民族的风土人情，实现了游客“住在农家、乐在农家、玩在农家”的三点标准，并大力发展田园晚间生活，弥补了其他景区夜晚活动较少的不足，与“槟榔谷”、“呀诺达”等一起打造一个完整的旅游互补模式。

事实证明，只要因地制宜、精准施策、精准帮扶，农村贫困人口脱贫致富奔小康并非难事。作为农科人，我们更有责任为实现这一美好的愿望，不断钻研、探索，贡献青春的汗水与智慧。

知行合一　再上征途收获足

暑期社会实践的时间，有限而又短暂，但它带给我们的收获却是丰厚与持久的。这是一次将“论文写在大地上”的有益尝试，让我们更加深刻地体会到：不去实践，就难懂生活的辛劳；不去参与，就不解真实的社会。深入农村，亲近农民，亲近土地，对每一个农科学子尤为深刻和重要。

现在回想起来，那烈日下的汗流浃背和被灼伤的皮肤，那蜿蜒山路上的头昏脑涨和胃里的翻江倒海，那进村访户的问卷调查和挑灯夜战的数据整理，都是有价值的、幸福的。

因为，农民需要我们，农村需要我们，农业需要我们，农科学子应该责无旁贷地站出来，到祖国最需要我们的地方去，这是农科学子的信仰和情怀所在。

“艰辛知人生，实践长才干。”从实践的准备期开始，我们就要独立地联系实践地政府和相关部门，接触形形色色的人，处理复杂的关系。在挫折中，我们逐渐学会了坚定内心，自强自立，不断改进，凡事都要依靠自己。

五指山市实践小队的胡碧澄同学清楚地记得，下乡调研的第一天就发现所拟的问题与当地实际不太贴合，调研过程中很多村民都不太愿意接受访问。而且农村大多是儿童和老人在家，年轻人都出去打工了，又加大了问卷调查的难度，这大大挫伤了队员们的激情。不过，大家没有放弃，午餐时和队中其他组交流，询问进展，讨教方法，组内讨论下午的出行和对策。午休后，大家斗志昂然地去畅好乡乡镇府了解基本情况，在村里继续调研。尽管一路上遭受了很多拒绝，但大家不断摸索，一直保持着奋斗激情，直到傍晚带着疲惫和收获乘车回到住宿的地方。吃过晚饭，大家又开始整理访谈记录和访谈提纲，总结这一天的行程，根据实际情况临时改了调研主题，优化了问卷设计。

“知识要转化成真正的能力，要依靠实践的经验和锻炼。面对日益严峻的就业形势和日新月异的社会，研究生更应该严格要求自己，转变观念，不要简单地把每日的科研作为将来的谋生之路。”琼中实践小队的康秀晗同学认为，这是一次以行促知，知行合一的难得机会，有助于培养自己的社会实践能力和交流能力。

康秀晗感慨地说，研究生平时以实验为主，理论知识非常丰富，但社会实践和社交能力相对薄弱。在调查初期，发现自己空有大量理论知识，但对于村民们真正的问题，却并没有太多的方法，学校所学的理论知识和现实有很大的差距，大量知识都需要重新开始学习摸索了解，为此，当让我们结束这次暑期社会实践活动时，我们总觉得学到的比在学校里学的多，也更加有意义。

“读太久的书，却没走太远的路”，这是马海璺同学的感悟。他认为，大学生是象牙塔里一条道走了二十年、成年了的孩子。社会照顾我们，却也隐瞒着我们；长辈期待我们开拓进取，但并不大相信现在的我们能开拓进取。这次暑期社会实践，是一次体察世情，磨炼意志，自我成长的过程。

其实，我们的收获不仅仅体现在理论知识上，更有心灵的触动与激励。

在远离城市喧嚣的白沙农村，我们观摩了当地的稻鸭养殖基地和白沙陨石坑咖啡基地。咖啡基地里，负责人陈总告诉我们，被采摘下来的咖啡豆，经过晾晒，烘干，运至工厂深度加工，才得到我们现在市面上的咖啡豆。

醇香的咖啡，是经过多道程序淬炼而成的，生活似乎也是如此，那些厚积薄发的人，总是经历过风风雨雨，才绽放出自己的光彩。陈总的创业经历便是一个很好的例子。他从以前过着打零工的拮据生活，到现在成立咖啡基地，过着小康生活，其中的曲折艰难不言而喻。他的成功，除了来自他独到的商业眼光，还有摆脱贫困，改变现状的决心和永不放弃的坚持。

暑期实践结束前，我们与当地镇政府相关人员交流反馈时了解到，当地政府曾尝试为农民提供新的出路，然而却因其积极性不高，最终计划付诸流水。那些农民大多只能看到眼下能不能获取收入，而不会将眼光放长远。在海南这个地方，或许是因为天气炎热，或许是因为物产丰饶，一些当地人身上有一种得过且过、慵懒的性子。在我们调查的农户里，不乏四肢健全却好吃懒做、无病呻吟的人，须知成功的机会从来是靠自己把握的，这个世界上不会有人永远都为你妥善安排好一切，自己的路从来都是自己走出来的。

连雨不知春去，一晴方觉夏深。海南的夏天似乎来得更早一些，很多同学又开始为今年的暑期社会实践做着准备。在星辰大海的征途上，我们的脚步从来都不会停止。

（周霞　文）

青春之我　如雁随行

——华南农业大学农学院2016年暑期社会实践纪实

2016年7月19日早晨，迎着朝阳，怀着无比忐忑与激动的心情，我们去往广东省英德市英城镇开展暑期农科学子联合实践计划暨华南农业大学“雁行计划”。

我们此次活动的目的是：通过对村民进行电商相关知识的培训，使其更多地学习和了解电商，并为村民提供电商平台，通过电商的形式出售竹笋来增加当地

在廊步村委会与竹笋种植大户交流　付春玲 摄

村民的收入，帮助该村的竹笋产业电商化，同时也带动该村附近的其他地区学习了解电商，实现村民的竹笋增收。

活动开始前，李劲松同学提前跟下乡点联系沟通，为后续队员探路，方便队伍进行下乡活动，队长董丽红积极准备下乡宣传资料，协调队员认真搜集项目材料，队员们也积极地完成各自的准备工作。

第一天，我们一早乘坐火车来到英德市，下车后由两位当地人员开车接送我们去往黄洞村。在一路的颠簸之后，我们终于到达黄洞村，村里景色宜人，处处蝶舞花香，蜿蜒的溪水旁是尽是葱郁的林木，零散分布其间的竹笋非常夺目。

下车后，我们向附近村民介绍此次下乡的主要目的是帮助当地笋农借助电商平台，给予农户更多的销售选择渠道，并且帮助当地大户注册公司、办理食品安全认证等相关手续，将自家竹笋以合理的价格推广到更多的地方。当地农户听后，都非常乐意协助我们开展下乡活动。一名当地大哥热情地作为我们调研的向导，我们也就近开始了竹笋调研活动。黄洞村里竹林葱郁，一棵棵竹笋破土而上，有长有短，短的刚刚出土，长的直逼人的腰间。大哥说，竹笋不是所有的地上部分都可以食用的，它是一节一节的生长，每一节的青筒间隔着可以食用的部分，竹笋上的病虫害很少，不需要施肥或施药，但目前面临的最大问题是竹子开花，一颗竹子开花，会导致大片竹子死亡。平日里，年轻人在外打工，而年长的人在家照管小孩兼顾偶尔修剪竹子，等到每年的七月，人们便统一回村子里来收割竹笋。

作为一个靠天吃饭的农民，笋农的生活真的很不容易，黝黑的皮肤上一道道触目惊心的伤疤是他们辛苦劳动的见证。对于笋农，他们一年竹笋的收获时间也只有短短的 7、8、9 三个月，鲜笋的价格一斤也只有 8 毛，笋干一斤 15～20 元钱，但 100 斤的鲜笋也只能得到 4～5 斤的笋干。对他们来说，直接销售或简单的粗加工，这些方法所带来的利益都是微薄的。笋农们迫切需要一种方法去改变这种现状。

随后，我们在大哥的带领下驱车前往当地竹笋加工厂，队员们刚进门就闻到厂子里微微的酸味，走近细看，工人们正在分装鲜笋，整个生产流水线是这样的：农户们先将收割的竹笋泡制在清水中，以免竹笋变色变味，之后由工人用网将竹笋从清水池中捞出放在切割机器的传送带上，经切割机切割后成条状落入框中，再经称量后分装。工厂设备简单，整个工厂的唯一目的就是切割竹笋，并未对竹笋进行相关的包装工作。

电商时代的笋农，很多是无奈的，因为他们当中大多数已近中老年，即使他们对电商很有兴趣，新鲜事物的学习及理解还是存在一定的困难。这也是我们这次活动所面对的最大的，也是急需解决的问题。其次，农民朋友还反映，在种植或饲养的过程中，他们会遇到很多问题，他们急需一个技术上的专业对接，需要一些专业的意见，而我们现在正是缺少这个可以给农户提供技术支持的平台。

之后的几天，我们陆续联系了当地的村委会和街道办事处，商量着如何开展此次活动的重点——宣讲活动。通过与办事处主任积极的沟通和协商，我们确定了宣讲会场地（在廊步村街道办事处的会议室举行），联系确定了当地电视台的采访调查工作，办事处主任帮助我们联系通知了当地竹笋大户前来参会。在宣讲会期间，队员开始问卷调查工作，当地人民非常配合也支持我们的雁行计划活动，在与他们的交流沟通中，我们发现当地农户非常愿意与我们合作交流，他们都有一颗积极沟通、乐于接受新思想新技术的心，与他们的交流沟通也非常愉快。调研了解到，黄洞村由于地理位置的原因，笋农常常将自家生产的笋就近卖给小贩，再由小贩卖给加工公司或是台商等，而竹笋价格常常是由收购方决定，有时每斤 10 元，有时每斤 20 元。宣讲会中，我们了解到前段时间非常火爆的“农村淘宝”在当地其实并不受欢迎，大致原因如下：①农户对于网上售货渠道的不信任；②“农村淘宝”并未真正帮助农户去销售当地农产品，反而将重点落在向农户推销产品，使得农户对其丧失了销售好感。虽然如此，农户们对于如何利用电商平台销售竹笋的话题依旧非常感兴趣。

这些天来的“三下乡”活动，我们五个女孩每天晚上挤在一张 1.5 米×1.8 米的床上睡觉，每个人横卧在床上，虽然留给每个人的空间狭小，但是我们依然睡得很舒适，大概这就是心灵的慰藉吧。阿哥阿姐和农户的热情款待，以及当地人民的善良勤劳，都深深感动了我们。人常常只有这个时候才会感叹如果成为超人该多好，当他人以友善与真心相待的时候，你便会竭尽自己的所有去回报。作为一个团体，我们之间的相处也很快乐，下乡生活的不便使我们懂得了互相理解

课余时光，我们舞动青春　秦得强 摄

与帮助，学会在平淡枯燥的生活中寻找生命的滋润与慰藉。

综上，这次雁行计划活动我得到了如下几点感悟：

(1) 广州发达的贸易文化渗入到了当地的农村小户，村民有很高的对外贸易销售意识，积极接受新思想新技术，心态开放且善学。

(2) 竹笋在当地很普遍，销售对象多集中于外地，但很多农户不懂得销售包装，大多将自家农产品销售给小贩，再由小贩买卖给大的工厂。而工厂急需的任务是办理有机食品认证、食品安全认证等。

(3) 电商农业在当地至今未形成规模的销售平台。

此次下乡活动进展顺利，在帮助农户的同时我们也收获了友谊与感动。致力于打造生态电商农业的我们，这只是我们向未来前进的一小步。深入农村深入农户给我们带来了更多的思考与设想，活动的完美实施也为我们日后的社会实践坚定了信念。感谢一路上的父老乡亲，感谢一直照顾我们的阿姐、阿哥。最后，感谢团队里的每一名队员，是大家的共同努力才取得了今天的成果，愿日后我们能依旧如雁群一样，借助彼此不同的专业学科优势，再次相聚一起以高效优化的方法服务三农。

（张雨婷　秦得强　李劲松　文）